Vera Sandberg

Frauen nach der Paarungszeit

Vera Sandberg

Frauen nach der Paarungszeit

Warum wir jetzt viel wollen und Männer so wenig bieten

Brigitte Buch
im
Diana Verlag

FSC
Mix
Produktgruppe aus vorbildlich bewirtschafteten Wäldern und anderen kontrollierten Herkünften
Zert.-Nr. SGS-COC-001940
www.fsc.org
© 1996 Forest Stewardship Council

Verlagsgruppe Random House FSC-DEU-0100
Das für dieses Buch verwendete
FSC-zertifizierte Papier *Super Snowbright*
liefert Hellefoss AS, Hokksund, Norwegen.

BRIGITTE-Buch im Diana Verlag

Redaktion: Claudia Krader
Herstellung: Gabriele Kutscha
Satz: Christine Roithner Verlagsservice, Breitenaich
Druck und Bindung: GGP Media GmbH, Pößneck
Printed in Germany 2010

978-3-453-28530-9

http:/www.diana-verlag.de

Für meine Freundinnen

Inhalt

Leben nach der Paarungszeit

Über fünfzig – und ganz Frau

Die Paarungszeit ist vorbei – die Fortpflanzung ist abgeschlossen, die Mutterfunktion ist umgestellt von Gebären und Versorgen auf gegenseitige Liebe und Achtung, das Großmutterglück ist eventuell im Anmarsch. Was jetzt? Was für Frauen werden wir?

Ist die Weiblichkeit auf dem Rückzug, wenn die Wechseljahre im Anmarsch sind? Bleiben Erotik und Sinnlichkeit auf der Strecke, wenn der Körper allmählich seine Form verändert? Werden Liebe und Sex unwichtiger, wenn Männer nicht mehr Schlange stehen?

Im Gegenteil. Jetzt haben Frauen Zeit und Muße für ein Frauenleben aus dem Vollen. Auch ohne knackig-straffen Körper mit Idealmaßen. Was Frauen jetzt brauchen, ist das Gefühl, ganz Frau zu sein. Die Mär von der Tarnkappe, die Frauen dieses Alters unsichtbar macht, ist von gestern. Immer mehr Frauen ab fünfzig sind fit, körperbewusst, sexy und anspruchsvoll. Sie verändern das öffentliche Image der sogenannten älteren Frau.

Keine muss sich heute mehr voreilig als Auslaufmodell mit drohender Arthrose verstehen. Keine sollte vorzeitig im geschlechtslosen Einheitsbeige der Seniorenwandergruppe abtauchen.

Die bekannten Altersgrenzen werden derzeit durch Frauen frisch aufgemischt. Auch Siebzigjährige sind noch schön und stark, wenn sie Glück haben, genug Bestätigung bekommen, aktiv leben, erfolgreich berufstätig sind.

Frauen in der Mitte des Lebens leben heute ganz anders als ihre Vorgängerinnen. Weil sie gesünder und fitter sind, weil sie besser gelernt haben, was ihnen guttut, weil sie eigenständig geworden sind, weil sie ihre Kraft kennen, weil sie nach der Emanzipation die neue Weiblichkeit wiederentdecken.

Ohne Mann – und keine Endzeitstimmung

Als ich die Idee hatte, das weibliche Befinden nach der Paarungszeit zu erkunden, war ich gerade sehr fröhlich. Verliebt, zufrieden mit mir. Gesund und munter. In gleichmäßiger, wohltuender Bewegung. Es war Sommer, und ich dachte: Leute, macht euch nicht heiß, fünfzig oder sechzig sein ist heute wie vierzig! Es ist noch (fast) alles drin für uns. Bleibt schlank und neugierig, dann klappt's auch mit der Liebe. So in der Art. Das war bisher mein überwiegendes Gefühl beim Älterwerden. Auch weil ich die geborene Optimistin bin und nicht gewillt, das zu ändern – in dem Alter!

Nun sitze ich hier, draußen wird es Winter, Nieselregen mit einzelnen, unentschiedenen Schneeflocken dazwischen, die Wolken hängen gelblich und tief über blätterloser Landschaft. Und ich bin gerade gar nicht richtig fröhlich.

Der Mann der letzten drei Jahre ist weg. Meine Güte, denkt es in mir, hört das denn niemals auf? Anspruchsdenken mischt sich mit einem Schuss Endzeitstimmung.

Einen Anspruch auf Glück hatten wir nie, das weiß ich, auch nicht mit achtzehn. Dennoch hat er uns begleitet, ist mit uns älter geworden, aber nicht geringer.

Jetzt interessiert mich: Wie gehen wir Frauen ab fünfzig eigentlich mit dem Gefühl um, dass wir nicht mehr jung sind und noch nicht alt? Ich beobachte: Viele von uns eint die Überzeugung, insgesamt besser geworden zu sein. Die Jahre haben sich gelohnt.

Wir haben etwas geleistet, viel erreicht. Dabei wird man nun mal nicht dümmer, sondern stärker.

Aber uns verbindet zugleich die Sorge, langsam an Attraktivität zu verlieren. Wohin geht es optisch mit uns, wie kommen wir der Sache mit dem Bindegewebe und der Schwerkraft bei? Vor allem: Welche Rolle spielt das jetzt? Ist Schönheit bald kein Thema mehr? Und was ist, wenn wir uns einen neuen Partner wünschen? Müssen wir da im Seniorenheim fischen gehen?

Gefühlssachen. Heute erleben wir sie so. Morgen sehen sie anders aus.

Eine merkwürdige Zwischenzeit, die wir gerade durchwandern. Es gibt ein Nicht-Mehr und ein Noch-Nicht.

Manche Veränderungen, besonders die sichtbaren, haben etwas Bedrohliches. Aber auch die Begrenztheit von Zeit macht Panik: Alles schaffen wir nicht mehr. Und dann denken wir, wenn der Himmel so trüb ist wie heute, schnell mal: Mir geht die Zeit aus.

Alles oder nichts – das ist natürlich nicht die Frage. Zum Glück gibt es die Erfahrung, dass sich ein Tief verzieht, oft so schnell, wie es gekommen ist. Aber die Gedanken ans Alter schieben sich immer öfter dazwischen, wenn uns etwas nicht gelingt.

Warum? Muss das sein? Wie kommen wir da raus? Können wir nicht einfach aufhören, unsere gelebten Jahre als Last zu betrachten, und uns freuen, dass wahrscheinlich noch ziemlich viele vor uns liegen?

Man kann es nämlich so und so sehen, das Älterwerden. Es gibt dieses herrliche Pfeifen im Walde. Den Witz, mit dem wir der Angst davon laufen. Ich bin gern älter! Noch mal zwanzig? Um Gottes willen, nur das nicht! Alle Nachteile der Jugend – von Pickeln bis zum ersten, beinahe tödlichen Liebeskummer – werden aufgezählt. Das wollen wir nun wirklich nicht mehr! Nein, wirklich, wirklich nicht. Aber so aussehen, als ob ... na ja, ist ja Quatsch. Wir tun unser Bestes, und das muss genügen. Und es genügt auch!

Aber es gibt eben auch diese Wehmut: Ach, wie sich alles ändert. Die Zeit wird so schnell. Wir können nicht mehr alles anziehen. Kein Kind mehr kriegen. Die Schwerkraft zerrt am Gesicht und am Gesäß. Die Ehe wird alt, uralt, fast schon scheintot vielleicht, oder sie ist bereits weg. Durch. Und wir sind auf dem Partnermarkt – und natürlich weit und breit kein halbwegs anständiges Angebot. Allein bleiben und älter werden – klingt wie Krebs und Herzinfarkt zugleich. Dabei könnten wir wahrscheinlich besser allein klarkommen als damals, da wir noch den Vater zu unseren künftigen Kindern suchten.

Jetzt kommen uns aber die Geschichten von der unsichtbaren Frau in die Quere, die wir angeblich ab vierzig, allerspätestens mit fünfzig werden: übersehen, beiseitegeschoben, überflüssig – vor allem in der Männerwelt. Und es ist eben eine Männerwelt, immer noch, in der wir leben. Emanzipation, ja, wir haben sie für uns durchgeboxt. War wirklich lustig, die BHs zu verbrennen. Die Unis zu stürmen, den alten Herren, die an der Macht waren, lange Nasen zu drehen.

Aber nun haben wir auch all die Nachteile der selbst eroberten Eigenständigkeit. Sind nicht unbedingt abgesichert und versorgt, stehen auf eigenen Beinen – und wenn die wackelig werden, wackelt es bedrohlicher als einst, da man Omi nicht einfach hängen ließ. Als sie aber auch mit einem Altenteil unterm Dach der Kinder vorliebnahm und abends Strümpfe strickte. Wir dagegen, wenn wir noch was wollen, müssen uns weiter mühen, stehen weiter in der Konkurrenz mit anderen und sind vor allem unseren eigenen, gnadenlos kritischen Augen ausgesetzt.

Wir, stolze Solitäre aus wilderen Zeiten, werden nun älter. Gelernt haben wir das nicht.

Liebe als Gegengift

Älterwerden ist ja kein Verdienst. Und es ist auch keine Schande. Es ist. Punkt. Jeder hat es. Jeder muss es. Vom ersten Atemzug an.

Nur wir – wohlstandserzogen, schönheitsfixiert, jugendlichkeitsorientiert – machen eine höchst komplizierte Angelegenheit daraus. Eine Art Lebenskunst. Nie wurde Älterwerden so misstrauisch und sensibel beobachtet wie heute. Nie war es ein derartiges Problem.

Da es aber nun so ist, wie es ist, muss jede von uns sich mehr oder weniger stellen. Wir werden älter. Und wir müssen entscheiden, wie wir es werden. Es gibt unzählige Möglichkeiten: Von der totalen Ignoranz bis zur elenden Larmoyanz ist alles drin. Im besten Falle tragen wir es mit Humor und einer gewissen oberflächlichen Leichtigkeit. Über Falten, Fett & Co. lachen, sie mit geeigneten Maßnahmen einigermaßen im Zaum halten – und ungeniert weiterleben. Eine bewährte Methode. Sich nicht verrückt zu machen gehört dazu – und trotzdem besser auf sich zu achten. Denn die Veränderungen, die Körper und Seele jetzt durchmachen, warten auf Antwort. Keine kann den Zahn der Zeit aufhalten. Aber das Beste draus machen, das kann jede.

Jeden Tag gelingt es anders. Als ich fünfzig wurde, habe ich mich prompt in einen zwölf Jahre jüngeren Mann verliebt. Wahrscheinlich unbewusst mein Gegengift für dieses Datum. Es war an der Ostsee, es war Sommer. Wir waren wenig bekleidet und braun gebrannt. Ein Sommermärchen, wie ich es mit siebzehn nie erlebt hatte.

Derweil ich an der Ostsee herumtollte, wurde meine beste Freundin nach über fünfundzwanzig Jahren Ehe von ihrem Mann verlassen. Sie fragte sich in langen Nächten: warum? Sie zog Bilanz, sah einen Trümmerhaufen. Mehrere Jahre harte Aufräumarbeit lagen vor ihr. So ist das, wenn man mit fünfzig sein halbes Leben verliert.

Ich hatte mich in meinen Trümmern längst kreativ eingerichtet. Meine erste Scheidung lag lange zurück, die zweite auch. Und ein Provisorium jagte das nächste. Ich hatte es immer als Makel empfunden, mein Lebensmosaik. Jetzt dämmerte mir, dass mir einiges erspart geblieben war.

Unser gefühltes Alter klaffte eine Zeit lang auseinander. Inzwischen ticken wir wieder ähnlich. Meine Amour ist vergessen, ihre Trennung verschmerzt. Wechselnde Phasen mit und ohne Mann haben sie abgelöst, sowohl bei mir als auch bei ihr. Was gibt's Neues bei dir? Wie geht's? Die regelmäßigen Fragen am Telefon betreffen auch unsere Romanzen, unsere Versuche, doch wieder einen Mann zu finden, mit dem zu leben sich lohnt. Unsere Enttäuschungen, dass sich wieder ein solcher Anfangsverdacht als schwachsinnig erwiesen hatte, unsere Traurigkeit darüber und nicht zuletzt unsere Chuzpe, alles nicht so schwerzunehmen.

Unsere früheren Vorstellungen, wie wir in diesem gesetzten Alter sein würden, sind sämtlich geplatzt. Nichts ist wie ursprünglich gedacht.

Das meiste ist einfach viel besser.

Älter werden – anziehend bleiben

Zwei Trends zeigen sich derzeit: das Jammern übers Altern. Und das Lob des Älterwerdens. Tolle, begehrte, bewunderte ältere Frauen auf der einen Seite, Abwertung des Älterwerdens auf der anderen.

Wir, die wir mittendrin stehen und es erleben wie eine Operation am offenen Herzen, wir können uns auf die eine oder auf die andere Seite schlagen. Also: Ab fünfzig will uns keiner mehr, kein Mann, keine Firma. Tja, es gibt Beweise. Altersarmut beispielsweise ist weiblich. Die andere Sicht: Jetzt geht's erst richtig los. Wir sind fit, stark und schön. Wissen besser, wer wir sind, was wir wert sind, was wir können, wollen, brauchen. Weder sind wir abgehängt noch eingerostet, weder technikfeindlich, noch moderesistent. Klar, dass letztere Einstellung mehr Spaß macht. Manchmal ist sie aber auch anstrengender.

Viele Frauen kennen beide Empfindungen dicht beieinander. Mal wird diese ungeheure Lebenskraft deutlich, die mit den Jahren gewachsen ist, und mal die Hilflosigkeit gegenüber der eigenen Vergänglichkeit. Beides ist wahr. Und beides zusammen macht die Jahre nach fünfzig spannend und uns Frauen in diesem Alter unergründlich, schillernd und attraktiv. Das Wissen um sich selbst macht schön, die Angst vor Falten macht hässlich. Der Wunsch nach Verwirklichung lang zurückgestellter Wünsche macht aktiv, die Furcht, dass vieles schon vorbei ist, bremst. Wechseljahre – so bekommt der Name einen tieferen Sinn. Wir wechseln unsere Befindlichkeit. Und unterm Strich steht: In uns stecken jede Menge Überraschungen.

Wissen macht attraktiv

Das Schönste am Älterwerden ist das Schlauerwerden. Es passiert, wenn wir nichts dagegen tun, genauso wie das Dickerwerden. Wir bauen Wissen an. Es geht nicht verloren, wenn wir es benutzen, es im aktiven Bestand halten sozusagen. Unser wunderbares Gehirn hat unbegrenzte Speicher, es ist elastisch bis zum Ende. Wir müssen es nur in Betrieb halten. Nicht so schnell vor der Handybedienungsanleitung kapitulieren zum Beispiel. Das Gehirn schrumpft zwar, wie man früher glaubte – aber nur wenn wir es im Stich lassen.

Langsamer werden die Schaltprozesse im Kopf, das ist wahr, aber diese kleine Verlangsamung wird dadurch wieder ausgeglichen, dass neues Wissen auf altes trifft, Erfahrungswissen genannt. Das wiederum erleichtert und beschleunigt Entscheidungsprozesse, macht das Denken Älterer sicherer und effektiver. Zu allen Zeiten saßen deshalb weise Ältere an den Spitzen der Gesellschaft. Auch bei uns sind die Dreißigjährigen mit ihrer frischen Kreativität, mit ihrem Leistungshunger und der neusten Ausbildung eher nicht in Spitzengremien vertreten. Da regiert die graue Masse. Das gereifte Gehirn.

Von Angela Merkel wird niemand hören, wie schwer es ist, alt zu werden. Sie ist in unserem Alter im Zenit ihrer Macht angekommen. Sie hat Gestaltungsspielräume, von denen Jüngere nicht mal träumen können. Schön ist sie nicht, aber das war sie auch vor fünfundzwanzig Jahren nicht.

Es ist eben alles keine Frage der Zahlen. Wir verfügen über die ganze mentale Kraft der letzten Jahre, wir wissen unendlich viel mehr als am Beginn unserer Reise, und wir sind immer noch ein offenes System – lernen also weiter.

»Amboss oder Hammer sein« – Goethes martialischer Vergleich, drängt sich auf. Es gibt viele Arten, alt zu werden. Die eine, die sich öffentlich immer mehr durchsetzt, ist die selbstbewusste, die kämpferische.

Die unlängst entdeckte Plastizität des Gehirns verspricht lebenslange Entwicklungsfähigkeit. Einzige Bedingung: ein aktives, ereignisreiches, bewegtes Leben. Sagen wir einfach: das Leben jung leben, egal, wie alt wir sind.

Selbsterkenntnis

Ich sehe der Dämmerung draußen zu und spüre drinnen tiefe Zufriedenheit. Meine Mitte, teuer erworben, wertvoll, aber immer wieder angefochten. Der Sturm vom Morgen hat sich gelegt. Mein gewesener Freund hat mir in E-Mails seinen Charakter erklärt. Ich hatte es geahnt – es wird nichts mehr. Neben der Trauer steht das ungewisse Gefühl, dass es für etwas gut sein könnte. Dass es noch etwas Neues für mich gibt. Später. Mein Leben war immer überraschend. So wird es wieder sein. Und für die Trauer ist trotzdem Platz.

So weit, so gut. Älterwerden als Chance zum Besserwerden. Mit der Drohung im Hintergrund, es vielleicht nicht zu schaffen, vielleicht doch nur ein Babyface mit Falten zu sein. Oder ein Auslaufmodell ohne Zukunft. Ein sexloses Mutti-Omi.

Die Angst: Das war's. Mehr ist nicht. Sie ist verständlich. Aber sie darf nicht obsiegen. Jeder Tag stellt ein neues Gleichgewicht her. Heute Kraftpaket voller Ambitionen, morgen ein Häufchen Zweifel ohne Ideen. Alles die Hormone, diese unberechenbaren Biester? Zum Teil auf jeden Fall. Aber es gibt auch eine Haltung jenseits der Stimmungsschwankungen. Die können wir uns erkämpfen. Kampfgeist brauchen wir jetzt mehr denn je. Die Entschlossenheit, Chancen zu nutzen. Jede Chance zu nutzen, jeden Sonnenstrahl, jeden schönen Moment. Und aus jedem das Beste zu machen. Ohne Humor und eine ziemlich große Portion Selbstironie geht das nicht. Wer sich selbst bitter ernst nimmt, kommt nicht gut durch diese Jahre der Neubestimmung, der Selbstfindungskämpfe, in denen sich einfach alles ändert.

Einmal saß ich mit meinem Sohn in einem Straßencafé in Berlin-Prenzlauer Berg. Ich trug Seidenkleid, Stiefel und Lederjacke, die Sonne schien, der Erdbeersmoothie war klasse. Ich sah mir den Sohn voller Stolz von der Seite an. Alles sehr schön. Auf einmal lief eine Frau mit einem Fahrrad durch das Bild. Auf dem Gepäckträger ein Korb mit Obst und Blumenstrauß. Sie trug weite Leinenhose, passende Bluse und einen Zopf. Die Frau stimmte, sie gefiel mir.

Und ich sagte zu meinem Sohn: »Guck mal, wenn ich so alt bin wie die Frau mit dem Rad, dann möchte ich ungefähr so aussehen.«

Mein Sohn sagte: »Mami, du *bist* so alt.«

Ich verschluckte mich beinahe an einem Stück Erdbeere. Musste mächtig kichern über die Fehleinschätzung der Dinge, wobei unklar blieb, wer sich irrte – er oder ich. Für einen Dreißigjährigen sind alle ab vierzig *so alt*. Aber was sagt das über uns? Gar nichts. Da stehen wir drüber. Da lachen wir drüber. Meine Meinung.

Verschobene Lebensphasen

»Was macht die Liebe?«, fragt mich eine befreundete Kollegin, die ich lange nicht gesehen habe.

Ich, bewusst zweckoptimistisch: »Sie lebt noch. Und bei dir?«

Sie ist seit drei Jahren Witwe. Und sie sagt: »Danke, dass du fragst, mir gefällt einfach keiner.«

Sie ist ein ganzes Stück über sechzig. Und sie ist mein Vorbild. So viel erlitten, so viel geschafft – und so schön. Gerade hat sie sieben Kilo abgenommen und freut sich der engen Röcke, in denen sie nun durch die Büroflure schwebt.

Auch wenn wir immer länger leben, die Lebensphasen bleiben erhalten: Kindheit, Jugend, Erwachsenenalter, Wechseljahre, Alter – die dazugehörigen Daten verrutschen allerdings deutlich nach hinten.

Ein gewisser Zweckoptimismus hat seine Berechtigung. Wahrscheinlich ist das Sechzigwerden heute der Einschnitt, der vor Kurzem noch die Fünfzig war. Während die Ü-Fifties sich subjektiv wie eben Vierziggewordene fühlen. Vierzigjährige dagegen werden oft zum ersten Mal Mutter. Fünfunddreißigjährige starten in ihren ersten Job. Dreißigjährige rennen von Party zu Party wie Teenager. Wir sind alle länger jung und werden folglich später alt. Das ist gut so, denn wir leben viel länger.

Die gewonnene Zeit wollen wir nicht als Greisinnen verbringen, sondern als frisch gebliebene Frauen in der gefühlten Lebensmitte – auch wenn uns höchstwahrscheinlich keine weiteren fünfzig Jahre zur Verfügung stehen.

Wussten wir gestern noch, was eine richtige Oma ist, verschwimmt das Bild dazu spätestens dann, wenn wir selbst es sind, die ihr erstes Enkelkind schaukeln.

Meine Cousine, neunundvierzig, bildschön mit Lockenmähne bis zum Hintern, hat einen neuen Freund. Den musste sie nicht nur ihren erwachsenen Söhnen vorstellen, sondern auch ihren beiden Enkelkindern. Sie fanden ihn nett und wollten gleich mit ihm rodeln gehen. Drei Opas, drei Omas – für Kinder heute kein Problem. Eine Oma, die tolle Ohrringe trägt und sich mit Lippenstiften auskennt – ganz normal.

Immer länger zieht sich die Fast-noch-jung-Phase hin. Immer enger rutschen die Generationen zusammen. Die Jüngeren akzeptieren Ältergewordene, weil sie kein Feindbild mehr abgeben, offen, beweglich, modern, wie sie sind. Im Gegenteil, sie bewundern sie, viele bezweifeln, dass sie ihr Leben jemals so in den Griff kriegen werden wie ihre Eltern.

Wenn Männer nicht mehr pfeifen

»Tja«, sagt eine Freundin, die ihre Haare seit zwanzig Jahren grau werden lässt – inzwischen sind sie fast weiß, »wir sind eben nicht mehr siebzehn.«

Und sie kneift sich mit großer Geste in die Hüfte, deren Üppigkeit wirklich nicht der Rede wert ist. Und sie sagt, dass sie schneller müde wird, dass sie weniger Wein verträgt, dass Männer nicht mehr nach ihr pfeifen. Sie wird im Sommer fünfzig. Und sie hat eine mächtige, altersbedingte Sinnkrise. Damit ist sie nun wahrlich nicht allein. Fünfzig ist für viele *die* Horrorzahl, sie vergessen, dass es bald auf die Sechzig zugeht, wenn nichts dazwischenkommt. Das Problem ist aber nicht die Zahl auf der nächsten Geburtstagstorte. Es ist das Leben, das sie zu diesem Zeitpunkt führt: schlecht bezahlter, stressiger Job, eine kranke Tochter, ein Mann, der früh verrentet ist.

Neufindung, Neuerfindung steht an, wenn wir fünfzig werden. Ein Einschnitt, das müssen wir zugeben, wie vielleicht die Konfirmation. Es gibt kein Ritual für dieses Datum, es ist eher peinlich. Kein Mensch würde sich heute eine goldene Fünfzig über die Tür hängen, wenn er zur entsprechenden Geburtstagsparty einlädt.

Meine Freundin fliegt zu diesem Zweck in die Karibik, die Feier fällt aus. Ich habe mit Schlag fünfzig meinen ersten und letzten Joint geraucht, etwas Verruchteres war mir nicht eingefallen, um gegen die scheinbar gebotene Gesetztheit zu revoltieren.

Das kann ja jede halten, wie sie will. Fünfzig ist und bleibt ein Schnitt. Und wir sollten Verbandszeug für die Seele bereithalten. Ein langer Flug zum Sehnsuchtsziel ist eine gute Idee. Eine heiße Liebschaft natürlich auch. Ein halbes Jahrhundert Anwesenheit auf diesem Planeten und vielleicht fast noch einmal so viel. Das hat Gewicht. Das hat Bedeutung. Das muss einen Sinn haben.

Also Schluss mit dem öffentlichen wie privaten Gejammer übers Älterwerden. Es ist nicht nur verlogen, es ist auch völlig überflüssig. Auch wer gerade Sorgen hat, mit dem Job, mit der Ehe, Geld oder Kindern – das Alter ist nie schuld, im Gegenteil, dass wir älter sind, kann gerade in Krisenzeiten ein Vorteil sein. Wir haben uns bisher immer aufgerappelt, wenn etwas schiefgegangen ist, viele Lösungsstrategien kennen wir. Unser bisheriger Weg ist ein Schatz, den wir gut verzinsen können. Dass Dinge nicht leichter werden, nur weil wir jetzt älter sind – logisch. Aber schwerer müssen sie deswegen auch nicht werden. Wir reden es uns ein, dass ein Minuspunkt in der Lebensbilanz hinzukommt: das Alter. Wir können genauso gut einen Pluspunkt draus machen.

Jetzt geht's vor allem darum, was wir machen, *bevor* wir richtig alt sind. Jedes Zeichen von Ältersein als Katastrophe zu empfinden ist Selbstverletzung. Faltenpanik ist das Letzte, was wir jetzt brauchen. Und vorzeitiger Rückzug aus den schönen Lebensspielen mit Sex und Erotik – keine Lösung.

Als ich vierzig wurde, sagte eine zwölf Jahre jüngere Freundin: »Wenn vierzig so ist, dann habe ich keine Angst.« Der geseufzte Glückwunsch meiner jüngeren Freundin zeigt: Wir haben Verantwortung. Für die, die nach uns älter werden. Spannend genug, um alle Chancen wahrzunehmen. Niemand ist abgemeldet, der es nicht erlaubt.

Wer glaubt, er sei zu alt für den Arbeitsmarkt, der schaue sich die vielen Jungen an, die erst gar kein Bein in die Tür irgendeiner Firma bekommen. Alter allein ist *nie* der Grund, weshalb etwas nicht gelingt. Es ist immer auch der ganze lange Weg dahin, den wir zurückgelegt haben. Freiwillig, in eigener Regie. Wer glaubt, die Männer wendeten sich alle von uns ab, weil wir älter sind, der rede mal mit einer achtunddreißigjährigen Singlefrau, die so gern endlich ein Kind will, aber nicht von einem One-Night-Stand.

Wir ernten, was wir gesät haben. Wie alle vor uns. Der große Unterschied: Wir ernten länger. Und: Wir sind unbescheidener. Wir erwarten Besseres als die Menschen, die sich noch für Krieg und Massenmord zuständig fühlten und aus Trümmern herauswühlen mussten.

Wir haben große Glückserwartungen, hohe Ansprüche an Gesundheit, Wohlstand und Anerkennung. Das sogenannte Altenteil kommt für uns nicht infrage. Schockiert ist, wer eine der verbreiteten Krankheiten abfasst, die sich naturgemäß ab einem gewissen Alter häufen. Eine Freundin hatte Brustkrebs, ein Freund hat neuerdings Diabetes, eine bekommt neue Zähne implantiert, und eine andere hat bereits eine neue Hüfte. Arztbesuche und Besuche im Krankenhaus häufen sich spätestens ab fünfzig.

Unschön. Eine Frechheit des Schicksals. Das ist für uns verwöhnte Mitteleuropäer nicht vorgesehen. Wir wollen nicht nur »young at heart« sein, sondern auch in den Beinen, im Kopf, und wir wollen auch so aussehen. Das kann allerdings nur Arbeit bedeuten – Arbeit an sich selbst.

Tabus brechen

Wir sehen jünger aus als unsere Mütter in dem Alter. Das genügt. Vorgetäuschte Jugendlichkeit ist nicht der Weg zum Glück. Sie ist peinlich, sie ist unhaltbar, sie bekommt uns nicht. Gefühlte Rest-Jugendlichkeit drückt sich in der Lebenshaltung aus, in Sprache, Mimik, Gestik, Kleidung, Aktivität. Und diese Dinge sind auch optisch wirksam. Alles andere ist Pillepalle.

Vergebliche Liebesmüh.

Weil gut aussehen nicht immer auch jung aussehen heißen muss. Sondern: gepflegt, individuell, lässig oder modisch, fröhlich, selbstbewusst. Christiane Hörbiger mit ihren einundsiebzig Jahren wird mit dem Satz zitiert: »Ich will nicht besonders jung aussehen, ich will besonders gut aussehen.« Und das gelingt ihr.

Jünger aussehen geht ganz anders als mit schmerzhafter Mühe, mit Blut, Schweiß und erheblichem finanziellen Aufwand. Jünger aussehen können alle, die sich jünger fühlen und deswegen jünger leben. Ab fünfzig muss Schluss sein mit Resignation, Gesetztheit und Bravsein. Jetzt kommt das Alter, in dem wir nicht mehr viel zu verlieren haben, nichts mehr beweisen, keinen nennenswerten Aufstieg mehr planen, dafür ungeniert auf unser Glück setzen müssen.

Die berühmten Hippiezwillinge Jutta Winkelmann und Gisela Getty, einst Freundinnen der weltweit begehrten Platzhirsche Mick Jagger und Bob Dylon, sagten bei der Berlinale 2010 in die

Kamera: »Wir haben damals das Jungsein erfunden. Jetzt erfinden wir das Alter neu.«

Wie viel Selbstbewusstsein, wie viel Souveränität stecken in diesen beiden Sätzen. Sie gelten für eine ganze Generation. Sie enthalten eine schlichte, alles ändernde Wahrheit. Älterwerden ist neu zu entdecken, ist eine Entdeckung wert. Wir schauen uns zu, haben mächtige Möglichkeiten. Alles, was galt, gilt nicht mehr. Genau wie damals, als wir jung waren und das erste Mal die Antibabypille nahmen.

Einst sah man die Hippiezwillinge schmollmündig, barbusig und brünett auf Fotos, heute schauen sie schlau unter blond gefärbten Ponys hervor. »Weil graue Fusseln leichter hell zu färben sind«, sagen sie. Bei dunklen Haaren sieht man die weißen Ansätze schneller. Coole Pragmatikerinnen. Stolze sechzig Jahre alt, jede von ihnen.

Unlängst zeigte der überraschend erfolgreiche Kinofilm *Wolke neun*, dass nicht nur junge oder jung-getunte Körper zum Leben und Lieben taugen. Sehr verdienstvoll. Das grandiose Echo bedeutet: Ein Tabu wurde gebrochen, das längst keins mehr sein sollte. Wir labten uns an den Bildern und dachten: So sieht's bei mir noch lange nicht aus! Wenn das kein Aufruf zum lockeren Sex ist.

Weißhaarige Models sind sensationell gut gebucht. Modelagenturen für Ü-Fifties haben zu tun, alle Wünsche zu befriedigen. BRIGITTE zeigt neuerdings Mode an schönen Frauen aus dem Alltag – manchmal mit Falten, auch mal mit Bauch und viel echtem Leben im Gesicht – ein ganz neues Erfolgsmodell.

Schönheit des Alters, vielleicht kommt sie eines Tages ohne Botox aus? Wenn die Älteren sich emanzipieren, wenn ihre noch zaghafte Emanzipation Fahrt aufnimmt – gegen überkommene optische Diktate, gegen altbackene Diskriminierung.

Wenn wir einer gepflegten, wachen Neunzigjährigen in das von Silberfäden umwirkte Gesicht sehen, sagen wir erstaunt: Wie schön sie ist! Alter und Schönheit schließen einander nicht aus. Nur wir, die wir noch lange nicht neunzig sind, tun uns schwer, unsere einzigartigen Gesichter zu lieben und zu ehren. Viele von uns schauen viel zu wehmütig zurück in die scheinbar glatte Periode. Aber da hatten wir gegen Akne oder Pausbacken zu kämpfen und nicht gegen Zornesfalten und eigenwillig gewellte Kinnlinien.

Falten als faule Ausrede

Symbol für alles Schreckliche am Altwerden sind die Falten – unsere Buhmänner. Wir spüren Sorgen, Lebensschmerzen und sehen: Falten. Ihnen lasten wir alles an, was eigentlich im Gehirn stattfindet. Unentschlossenheit, Bequemlichkeit, Versagensangst, Stimmungsschwankungen, Sinnlosigkeitsgefühle. Und vieles mehr. Alle Lasten, die ein Leben mit der Zeit ansammelt, werden auf einen Haufen gepackt. Und drüber steht: Altwerden.

Es verhält sich etwa so wie mit dem Spruch: Nur wer nichts macht, macht keine Fehler. Wer also Jahre ansammelt, sammelt auch Erlebnisse. Gute wie schlechte. Die guten, so sind wir verwöhnten Mitteleuropäer der Nachkriegszeit gestrickt, die guten also, über die reden wir nicht viel: Das ist normal. Dass es uns gut geht, ist klar. Die schlechten, die ziehen wir uns rein. Die sind die Fehler im System. Etwas klappt nicht? Das kann nicht sein! Ich bekomme etwas nicht? Das geht doch nicht!

Unsere Gedanken und Gefühle beschäftigen sich oft mit dem Optimieren. Wir versuchen auszumerzen, was nicht schön, nicht toll, nicht wunderbar ist. Und daran scheitern wir grandios.

Denn so ein Leben gibt es nicht. Auch nicht in unseren reichen Friedenszeiten. Es gibt Krankheiten. Es gibt Verwerfungen in der Jobwelt. Es gibt übersteigerte Glückserwartungen. Es gibt Liebesdramen. Abschiede, Einbußen, Enttäuschungen. Je länger wir Zeit hatten, desto mehr davon treffen uns. Das Alter ist es nicht, was uns zu schaffen macht, es ist die vergangene Zeit, die uns nicht nur Sahnetörtchen gebacken hat.

Joachim Fuchsberger, zweiundachtzig Jahre und schon mehrmals sehr krank, sagte es neulich in einer TV-Talkrunde ganz klar: Ob es einem gut geht, hängt im Alter sehr davon ab, wie man lebt.

Das Alter kann sehr schön sein, wenn wir haben, was wir brauchen. Er hat ganz bestimmt nicht nur Geld gemeint.

Der neue Mann lohnt sich noch

Ehe wir uns individuell wie kollektiv vor dem Älterwerden gruseln, schauen wir uns mal die Rahmenbedingungen an, unter denen wir das tun oder lassen. Die Gesellschaft, in der unser individuelles Schicksal spielt: Wir werden immer älter. Jeder Einzelne. Und alle miteinander. Um 1900 lag die Lebenserwartung in Europa zwischen vierzig und fünfundvierzig Jahren. Heute werden Frauen im Schnitt einundachtzig und Männer fünfundsiebzig Jahre alt.

Wir leben länger, und das ist toll! Nebenbei: Auch deswegen lohnt sich ein neuer Mann. Wir können uns kaum vorstellen, die nächsten dreißig Jahre solo zu bleiben, aber so lange kann unsere Gastrolle auf der Erde noch locker dauern. Meine Oma hat mit sechzig gesagt: »Ach, ein neuer Teppich, das lohnt sich für mich nicht mehr.« Für uns lohnen sowohl neuer Teppich als auch Neuanfang im Bett.

Stellen wir uns vor, wie es sein wird, solange wir da sind: Es wird immer mehr Ältere geben – Altsein kann demzufolge nicht länger ein Makel sein. Das hilft, sich anzunehmen. Es kann ja nicht sein, dass eines Tages die Mehrheit der Bevölkerung sich selbst ablehnt und leise weinend dem ersten, kurzen Drittel des eigenen Lebens nachhängt. So wird es nicht kommen. Dafür sind wir alle viel zu effizienzgesteuert.

Langes Leben – langes Glück. So denken wir. Und das ist auch gut so.

Dennoch verwehren wir dem Älterwerden bis heute jegliche Wertschätzung. Es ist ein Problem. Es ist ein Schrecken. Es ist eine Peinlichkeit. Aber von Rücksichtnahme und Datenschutz kann keine Rede sein. Jeder bekommt seine Zahl in Klammern, wenn er in irgendeinem Zusammenhang öffentlich auftaucht. Man stelle sich vor, von jeder dieser Personen würde der jeweilige Stand des Girokontos veröffentlicht. Das gäbe ein Geschrei. Aber das Alter, das pappt man uns an die Stirn, egal wie wir das empfinden.

Paradox: Alle werden immer älter. Und alle schämen sich und gruseln sich und verleugnen sich. Je älter wir werden und je mehr Ältere es gibt, umso unsinniger wird dieses Verfahren. Wir brauchen einen viel lässigeren Umgang mit der Zahl im Pass. Sie sollte uninteressant sein. Nebensache. Zuerst mal für uns selbst. Was wir wollen, können, spüren, tun – das sind wir. Und nicht nur irgendeine Frau im mittleren Alter. Es ist absolut unsexy und selbstzerstörerisch, mit einer persönlichen Kennzahl zu hadern, die aus der Anzahl der mit dem Leben verbrachten Jahre besteht.

Noch einmal zum Merken: Eine heute Sechzigjährige hat im Schnitt noch 24,6 Jahre zu leben. 2050 wird es doppelt so viele Sechzigjährige geben wie Neugeborene. Dann wird Deutschland voraussichtlich zehn Millionen weniger Einwohner haben – die demografischen Eckdaten der künftigen Altenrepublik, deren Konturen sich jetzt abzuzeichnen beginnen.

Wir vernehmen doppelbödige Botschaften: Wenn es weniger Junge gibt, wird Ältersein die Norm. Wir dürfen uns freuen. Die Zukunft gehört den Alten. Schon kraft ihrer großen Zahl. Nur: Das begeistert keinen so richtig. Denn bei dieser Rechnung angekommen, warnen Politiker und Demografen – selbst längst nicht mehr dreißig – im Chor vor einer »Altenschwemme«: Immer weniger Junge, die für immer mehr Rentner arbeiten müssen, explodierende Kosten bei Rente, Gesundheit und Pflege. Krieg der Generationen, Altersarmut, Pflegenotstand. Die kindische Abscheu vor dem Altern bekommt täglich neue Nahrung. An schlechten Tagen schreit es in uns: Ja, sei einfach in Ruhe alt und halt die Klappe. Freu dich an den Primelchen im Garten und warte auf die Enkel. Geh spazieren und sei froh, dass du noch nicht im Rollstuhl sitzt.

Aber beim Alter gleich an Pflege zu denken ist geschmacklos. Unter den Siebzig- bis Fünfundsiebzigjährigen sind derzeit rund fünf Prozent pflegebedürftig. Ab neunzig freilich steigt die Quote auf zweiundsechzig Prozent. Aber trifft das auch auf künftige Neunzigjährige zu – dann, wenn wir so weit sind? Eher nicht, sagen Realisten, da wir immer länger gesund bleiben. Das sogenannte Siechtum verkürzt sich. Deswegen werden wir ja so alt.

Noch haben wir kein vernünftiges Verhältnis zu all diesen Zahlen gefunden, noch hantieren wir abwechselnd mit angstvollen Vermutungen und vagen Hoffnungen, es möge alles nicht so schlimm kommen. Sind die Alten nun eine Plage? Oder eine Chance? Eine Zielgruppe? Oder ein Finanzierungsproblem? Kunden des 21. Jahrhunderts oder Omis mit Windeln? Sind wir die mit den sexy trainierten Beinen in schicken hohen Schuhen oder die mit den Stützstrümpfen über den Krampfadern?

Wir sind all das. Und noch viel mehr. Es gibt sie nämlich gar nicht – *die* Alten. Es gibt Menschen über fünfzig, die sind »young at heart«, wie man so schön sagt, die gehen ins Fitnessstudio, die sind aktive Fernreisende. Oder stille Genießer, Weinkenner, Gourmets. Sie sind Singles auf Partnersuche. Oder sie liegen bereits im Pflegeheim im Bett. Sie gehen regelmäßig zur Bridgerunde. Oder sie laufen mit neunzig noch Marathon.

Wir ab fünfzig sind vor allem eins: sehr, sehr unterschiedlich. Denn je mehr Zeit wir auf Erden verbringen, umso verschiedener schwingen die Synapsen, desto eigenwilliger werden unsere Wege, Ansprüche und Fähigkeiten. Wachsende Lebenserwartung bringt: Diversifizierung. Vielfalt. Individualität.

Ältere sind nicht einfach Grauköpfe mit großer Lebensversicherung oder Minirente. Sie sind Individualisten. Sie haben ihre einzigartigen Erfahrungen, ihre sehr speziellen Biografien. Sie waren in Afrika im Entwicklungsdienst. Oder bei Siemens am Band. Sie haben Deutschland wieder aufpoliert. Oder haben hinter der Mauer auf bessere Zeiten gehofft.

Die einen werden mit Freude länger arbeiten, nicht auf eine mickrige Rente angewiesen sein. Die anderen werden gesundheitlich verschlissen dem Rentnerstand entgegenfiebern. Wenn Politiker und Wissenschaftler sich Sorgen machen, wie die Alten in Zukunft zu finanzieren sind, dann müssen sie allmählich die unterschiedlichen Bedürfnisse und Potenziale in Rechnung stellen. Und nicht jeglichen Optimismus vergessen.

Unlängst war ich als »komische Alte« mit meiner Tochter auf einem Konzert. Die Band war mir natürlich unbekannt. Es hieß: Sie machen eine Klassik-Jazz-Rock-Mischung. Ah ja, dachte ich und ging mit, weil meine Tochter mich eingeladen hatte. Drei ihrer Freundinnen mit dabei. Wir saßen auf Treppenstufen, und wir wippten mit Köpfen und Füßen, es war viel gute Laune im Saal. Und ich genoss diese tollen Mädchen um mich herum. Kein Gramm Wehmut war dabei – ich holte für alle Sekt. Und war wieder zwanzig. Für volle zwei Stunden, es tat verdammt gut.

Soll heißen: Es wird spannend mit uns selbst. Es geht noch längst nicht um Rente, Pflege, obwohl die Stichworte über uns damokeln. Vielmehr geht es um gründliche Reflexion des Bis-Hierher. Und um Neujustierung des Wie-Weiter.

Wirklich alt sein ist viel später

Da hat sich etwas verändert im Zeitgefühl. Als ich fünfzig wurde, bekam ich Panik: Jetzt ist alles vorbei. Was nicht ist, das wird nie mehr. Und ich nahm mir den ersten wesentlich jüngeren Freund meines Lebens. Schmeichelhaft, aufregend, eine Zeit lang. Ich verstand zum ersten Mal die Männer, die das tun – ich verstand aber nicht, dass sie dabei bleiben. Bei mir hielt es so lange, bis ich einundfünfzig war.

Inzwischen sind Jahre vergangen, und jedes Jahr brachte Neues mit. Meinen Freund, mit dem ich nun schon so lange Schweigen teile. Krebs, den ich überraschend schnell besiegen konnte. Freude an meinen Kindern, die immer mehr sie selbst werden und mir immer besser gefallen.

Heute habe ich wieder mehr Zeit vor mir. Mehr gefühlte Zeit. Das Fallbeil des fünfzigsten Geburtstages hat mich nicht geköpft, das Leben ist weitergegangen. Der befürchtete Alterseinbruch ist ausgeblieben. Und so wird es auch eine ganze Weile bleiben. Mit der zahlenmäßigen Zäsur – fünfzig, sechzig – passiert erst mal gar nichts. Älterwerden ist jeden Tag. Und wir haben sehr viel Zeit dafür.

Ich denke, wer bis jetzt nicht auf dem Abstellgleis gelandet ist, wird auch weiter fröhlich durchs Leben fahren, nach eigenem Fahrplan, mit überraschenden, wunderbaren Haltestellen.

Seit meine Mutter nicht mehr lebt, stehe ich oben an der Spitze der Pyramide. Als nächste Generation bin ich dran, das ist klar. Ich bin jetzt Vollwaise. Mit siebenundfünfzig. Meine Mutter kam mir überhaupt nicht alt vor. Achtundsiebzig ist sie geworden. Sie war oft unlogisch, manchmal verspielt, sogar leicht verpeilt. Und sie hat uns gezeigt, wie Jungbleiben geht: das Alter nicht zu schwernehmen. Wir können braune Flecken auf den Wangen haben und Gehänge an den Oberarmen und trotzdem keine alte Frau sein.

Das geht, wenn die Neugier bleibt, wenn der Humor bleibt, wenn die Eitelkeit bleibt. Wer gegen die Schwerkraft der Jahre lebt, bleibt länger jung. Manchmal sogar bis zum Ende.

Wirklich alt sind wir etwa ab fünfundsiebzig. Von der Wissenschaft wird erst der als alt bezeichnet, von dessen Jahrgang mehr als die Hälfte gestorben ist. Fünfzig ist also noch gar kein Alter. Es ist eine Lebensphase mit allen Möglichkeiten.

Unsere Kinder werden wohl ihr hundertstes Lebensjahr erreichen – und mindestens neunzig Jahre gesund bleiben, rechnen Wissenschaftler vor. Die Überlebenschancen der Menschen nehmen eine rasante Entwicklung. In den letzten hundertsiebzig Jahren ist die Lebenszeit in den Ländern mit der höchsten Lebenserwartung alle zehn Jahre um zweieinhalb Jahre gestiegen. Das heißt umgerechnet: jeden Tag um sechs Stunden.

Am Beispiel Schweden zeigt sich: Frauen müssen sich im Alter aufs Alleinleben einstellen. Bis sechzig gibt es etwa genauso viele Männer wie Frauen. Mit achtzig kommen drei Frauen auf zwei Männer. Mit hundert sind es sogar sechs Frauen, die einem gleich alten Mann gegenüberstehen.

Interessant ist, dass neuesten Forschungen zufolge genetische Faktoren nur zu 25 Prozent Einfluss auf die Lebensspanne haben. Lebensumstände und Gesundheitsverhalten sind viel wesentlicher. Genauso wie das gefühlte und das tatsächliche Alter sich nach hinten verlagern, ist es mit dem körperlichen und geistigen Verfall.

Was sagen uns diese Zahlen und Fakten? Dass wir eine ganz neue Lebensplanung brauchen. Wirklich alt sein ist viel später. Abbau und Ruhestand stehen nicht auf dem Programm.

Die neuen Alten

Wir haben die eine wichtige Aufgabe: uns noch einmal selbst zu erfinden. Als neue Alte. Rollenvorgaben gibt es nicht. Die Alten von heute, deren Hilflosigkeit und Einsamkeit uns solche Angst machen, sind anders, als wir es vermutlich sein werden. Sind die jetzt Fünfundachtzigjährigen nicht dieselben Eltern, denen wir vor dreißig Jahren schon gesagt haben: Das machen wir neu, das machen wir anders? Und warum sollte das jetzt nicht wieder genauso sein?

Statt sie angstvoll zu beobachten, können wir andere Schlüsse ziehen. So werde ich es nicht machen, zum Beispiel. Ich werde nicht für ein Haus leben, das im Alter völlig unpraktisch ist. Ich werde nicht in einer Ehe bleiben, die zum Klotz am Bein wird. Ich werde nicht zu früh vom Job zurücktreten. Ich werde nicht dick. Nicht denkfaul und nicht technikfeindlich. Ich werde keine aufopferungsvolle Großmutter, weil ich auch als Mutter nicht auf meine eigene Entwicklung verzichtet habe. Ich werde eine Patientenverfügung machen. Meine Organe der Wissenschaft vererben. Ich will selbstbestimmt in den Tod gehen – wenn es so weit ist.

Diese Möglichkeiten gibt es für uns. Für die vor uns war es nicht opportun, sich allzu viele Gedanken über sich selbst zu machen. Wir sind die durchtherapierte Generation. Wir wissen mehr über uns als alle zuvor. »Nabelschau« hat meine Mutter gesagt, wenn ich über meine Gefühle nachdachte oder gar darüber reden wollte. Sie verachtete die Beschäftigung mit dem »Seelenquark«. Sie hatte aber auch Gespenster abzuwehren, von denen ich nicht einmal albträumen muss.

Mit dreizehn durchlebte sie Flucht und Kriegsende. Das prägt. Daraus folgt eine ganz andere Art, alt zu sein, als ich sie mir vorstelle: wegschieben, wegsehen, übergehen. Bis zum Ende blieb sie die Fröhliche. Wie es hinter der Fassade aussah, das wusste keiner.

Viele von uns haben Mütter, die keine Zeit, keine Chance, keine Lust hatten, auf sich selbst zu achten. Als wir geboren wurden, saß ihnen der Krieg noch in den Knochen. Oder zumindest eine ganz andere Erziehung. Viel Liebe fehlte damals. Vielleicht hätten sie drei Jahre lang ununterbrochen weinen müssen, wenn sie sich klargemacht hätten, was ihnen geschehen war. Deutsche Strenge und Disziplin gaben ihnen Orientierung und Halt. Ließen sie funktionieren. Uns ein Nest bauen. Die Sensibilität, mit der Kinder heute beobachtet, gefördert und geliebt werden, die fehlte den meisten von uns.

Wir hatten zu essen, wir waren sauber, wir waren pünktlich zu Hause. Das genügte. Wie mühsam, uns selbst eines Tages ernst zu nehmen, uns selbst zu verstehen, wo es doch nie auf dem Lehrplan stand. »Nimm dich nicht so wichtig«, das haben wir zu hören bekommen. Und wir haben gesehen, wie Mütter sich zurücknahmen, wie sie darunter litten und wie sie deswegen anderen ein schlechtes Gewissen machten. Jedenfalls waren sie selten glücklich. Jetzt sind sie alt und gebrechlich. Oder sie waren es vor ihrem Tod.

Manche werden altersmilde, rufen an und fragen doch tatsächlich, wie es uns geht. Die meisten aber wollen erzählen, wie es ihnen geht. Sie haben ein Defizit an Selbstachtung, an Aufmerksamkeit. Und sie wissen nicht einmal, warum es so ist.

Ihr Altersprozess, ihr Abschiednehmen ist naturgemäß bitterer als bei Frauen, die aus dem Vollen gelebt haben. Die ihre Gefühle und Bedürfnisse ernst genommen haben. Die sich sexuell ausgetobt haben. Wir können sie angstfrei begleiten. Bei uns wird es anders sein – dann, eines Tages.

Wenn wir, die Babyboomer, die in den 1950er- und 1960er-Jahren Geborenen, in Rente gehen, werden wir anders leben, lieben und arbeiten als alle Seniorengenerationen vor uns. Wer einen interessanten Job hat, wird ihn behalten wollen. Zu Zeiten des angekündigten Fachkräftemangels eine ideale Kompensation. Schon heute arbeiten in den Betrieben mehr über Fünfzig- als unter Dreißigjährige. Letztes Jahr klagte ein siebzigjähriger Autoverkäufer auf Weiterbeschäftigung – er bekam recht. Vielleicht ein Trendsetter?

Vielleicht wird alles bunter, wenn es mehr Ältere wie uns gibt mit all unseren Verschiedenheiten.

Vielleicht werden wir irre kinderlieb, wenn Babys immer rarer werden – und jedes Kind hat dann sechs Tanten und fünf Omas.

Vielleicht werden Frauen eines Tages vier Kinder wollen, weil Muttersein eine geschätzte Seltenheit wird.

Vielleicht wird unsere dumme Abscheu vor dem Alter in angemessene Verehrung kippen.

Vielleicht hilft uns die Medizin dann richtig – nämlich präventiv.

Vielleicht lernen wir wieder Solidarität.

Menschen sind nicht berechenbar.

Warum Mütter und Großmütter nicht als Vorbilder taugen

Da wir also keine gültige Handlungsanweisung haben, wie wir mit den jung gebliebenen Bedürfnissen in unseren älter gewordenen Körpern klarkommen, schauen wir besorgt auf unsere alten

Eltern. Wie ist es bei denen? Lieben die sich noch? Sind sie schon kleiner geworden? Welche Zipperlein plagen sie? Was haben sie aus ihrem Leben gemacht?

Wie sind sie denn wirklich? Eine Umfrage im Freundeskreis zeigt: Einige leben nicht mehr. Sie waren natürlich die Guten. Andere murren und jammern den ganzen Tag, vorzugsweise am Telefon der Tochter, die eigentlich gerade ihr eigenes Geschäft zu leiten hat. Viele lieben das Gespräch über Krankheiten, gern auch bei Kaffee und Kuchen, ohne eklige Details auszusparen. Einige sind ein einziger geballter Vorwurf an ihre Töchter, dass sie in einer anderen Stadt leben, dass sie einen neuen Mann haben, dass sie nicht dauernd zur Verfügung stehen. Ältere als Belastung – daher stammt die Furcht. Auch einmal so zu werden, so grantig, so ungerecht, so egozentrisch.

Aber: Vielleicht waren unzufriedene Eltern das schon früher? Vielleicht ziehen sie mit ihrem negativen Auftreten das Fazit eines missratenen Lebens? Frauen dieser Generation waren noch Rollenvorgaben untertan, die wir längst abgeschüttelt haben. Sie waren dabei, als wir anfingen, alles anders zu machen. Sie waren unsere Zielscheiben. Ihnen haben wir gezeigt: Ihr seid kein Vorbild! Verständlich, dass sie rückwirkend hadern.

Meine Mutter tat das nicht. Sie war rücksichtslos und egoistisch genug, immer zu arbeiten, auch zwei Wochen nach meiner Geburt. Ich habe ihr zeitlebens wenig Talent zum Muttersein vorgeworfen. Jetzt ist sie tot. Und mir fällt auf: Sie war mir und anderen nie eine Last. Sie hat sich um sich und ihr Glück selbst gekümmert und hat das auch von anderen erwartet. Sie ist sogar fröhlich gestorben.

Mein letztes Bild von ihr: Sie lächelt! Was für eine Botschaft. Liebe dich selbst! Das hat sie getan, als eine der wenigen ihrer Altersgruppe. Eine Vorreiterin, der ich dankbar sein kann.

Unsere Angst vor einem deprimierenden Alter, in dem sich unsere schlechten Eigenschaften verstärken, können wir getrost vergessen. Es gibt keine Beweise dafür, dass das unweigerlich passiert. Im Gegenteil. Bewiesen ist: Frauen werden im Alter etwas männlicher. Männer werden etwas weiblicher. Im Zuge der hormonellen Veränderungen, die wir alle durchmachen, werden wir Frauen also in der Regel autonomer, selbstbewusster, durchsetzungsstärker. Wir könnten auch sagen: im positiven Sinn aggressiver.

Männer wiederum werden oft weicher, empfindsamer. Vielleicht passen Männer und Frauen im Alter besser zusammen als in der Jugend? Es gibt nichts auf der Welt, das nicht zu irgendetwas gut ist.

Die sinnlose Angst vor dem Alter stammt auch von unserer Angst vor dem Unbekannten. Wir kennen es nicht, unser Alter.

Wir haben weitgehend ohne traumatische gesellschaftliche Erschütterungen gelebt. Das Erschütterndste, was wir politisch erlebt haben, war die Vereinigung der beiden deutschen Nachkriegsstaaten. Für manche hat das das Leben umgekrempelt, für viele hat es nur neue Reiseziele im eigenen Land erschlossen. Wir kommen aus der Gleichmäßigkeit. Aus dem Wachstum. Aus dem Jugendkult. Und da wir aus der gemäßigten Zeit stammen, aus dem Gleichmaß der Tage und Jahre, kann der beginnende Verlust des Gewohnten sehr beängstigend sein. Deswegen die neuen Botoxjunkies. Die teuren Reparaturarbeiten am alternden Ich. Grundsätzlich ändern werden sie nichts.

Anders und viel besser wird unser Zustand dann, wenn wir nicht ständig unter dem höchstnormalen Lauf der Zeit leiden, sondern das Alter freundlich begrüßen.

Selbst der unweigerliche körperliche Verfall dürfte sich bei vielen von uns anders und vor allem sehr viel später einstellen. Wir haben anders gelebt und uns anders ernährt, wissen mehr über Fitness und Wellness, wir sorgen besser für uns, lieben uns selbst.

Meine Oma war eine alte Frau, als ich ihr zur Pflege übergeben wurde, da meine neunzehnjährige Mutter lieber arbeiten gehen als ihr Baby füttern wollte. Es gibt ein Foto, da hält die Großmutter mich im Arm, sie hat graue Haare zum Knoten gebunden, sie trägt eine geblümte Schürze, ihre Figur ist undefinierbar. Als ich einmal nachrechnete, wurde mir klar: Auf diesem Foto ist sie sechsundvierzig! Sie ist mit siebzig ins Seniorenheim gezogen – auf eigenen Wunsch. Sie war Witwe, sie war müde – vom Krieg, vom Tapfersein, vom Ausgebombtsein, vom Hungern und Armsein. Sie ist siebenundneunzig Jahre alt geworden. Achtundzwanzig Jahre hat sie im Heim verbracht – unter Menschen, die sabbernd im Rollstuhl saßen, während sie noch gut laufen und Kreuzworträtsel raten konnte.

Vielleicht hat sie sich ja als lustiges Küken unter den bedauernswerten Greisen gefühlt, und das hat ihr heimliche Freude bereitet. Ich will es hoffen. Sonst muss man leider denken: was für eine Verschwendung von Lebenszeit. Wie traurig. Und was für eine Warnung.

Meine Oma war fünfzig Jahre lang alt – mehr als die Hälfte ihres Lebens!

Sie hat von Liebe und Sex nicht viel erfahren. Ihr Liebesleben ist quasi ausgefallen. Zwei Weltkriege haben ihr Leben dominiert. Um Männer ging es ihr nie. Nur ganz spät, im Seniorenheim, als sie nicht mehr ganz klar war im Kopf, hat sie Sehnsüchte offenbart, hat erzählt, wie hübsch sie einst war. Und wie die Männer sie umschwärmt hatten. So sehen unerfüllte, tapfere Frauenleben vor uns aus.

Unsere Tapferkeit zeigt sich anders. Wir bestehen auf Erfüllung!

Abschied vom Märchenprinzen

Ich kenne viele Frauen, die seit fünfunddreißig Jahren in derselben Wohnung leben. Noch dazu mit demselben Mann. Manchmal, ganz leise, beneide ich sie um ihre Sicherheit, um die Kontinuität. Aber seit einiger Zeit ist mir klar, das hat auch einen Haken. Ich beobachte: Angst vor Veränderung. Und die ist eine wirklich schwere Behinderung beim Älterwerden.

Viele hassen Veränderungen. Alles soll bleiben, wie es ist, schließlich geht es ihnen überwiegend gut. Seit Platon wissen wir zwar: Alles fließt. Nichts bleibt, wie es ist. Und Goethe formulierte: »Alles, was entsteht, ist wert, dass es zugrunde geht.« Nur auf uns selbst angewendet, macht diese schlichte Erkenntnis schlechte Laune.

Änderungen sind unbequem. Deswegen ist Älterwerden unbequem. Aber Älterwerden ist der Fluss des Lebens. Jeden Tag, jede Stunde, ja, jede Sekunde geschieht es. Unaufhaltsam. Nur der Tod befreit uns vom Ticken der Lebensuhr. Wir sollten denken, dass so ein universeller Prozess uns Menschen lieb und selbstverständlich ist. Dass wir ein so wesentliches Moment unseres Daseins spannend und wertvoll finden. Dass wir das Älterwerden begeistert lernen und zelebrieren. Nichts von dem. Wir starren angstvoll auf gewisse Daten, verheimlichen sie schamhaft und stellen üble Rechnungen auf, was das massenhafte Älterwerden von immer mehr Menschen kostet.

Ja, sind wir denn verrückt geworden?

Es ist doch toll, wenn ich schon fünfzig Jahre auf der Welt bin. Fünfzig Jahre, in denen es fast immer bergauf ging in unserer Gegend. Und vermutlich bleiben uns noch mindestens dreißig Jahre Zeit zu erleben, was demnächst geschieht. Was sind denn Rentenprozente gegen das Erlebnis Leben?

Ja, natürlich brauchen wir Geld zum Leben. Aber wir brauchen mehr als das. Unentwegtes Starren auf die Rente – das macht so grauenhaft alt, wie wir lieber nie werden wollen.

Warum lacht eigentlich alle Welt über Johannes Heesters? Erwarten wir, dass er still ist, weil er das Glück hatte, so alt zu werden? Gibt es Vorschriften für Ältere?

Es war noch nie leicht, Abschied zu nehmen. Und Älterwerden ist Abschied. Jeden Tag, jede Stunde. Kein Grund zum Jammern. Jeder Abschied ist ein neuer Anfang. Jede Falte eine Erfahrung. Jede Enttäuschung enthält Wahrheit.

Wir müssen nicht Abschied nehmen von Söhnen, die an die Front fahren, wir müssen nicht Abschied nehmen vom Frausein, müssen keine Kittelschürze überstreifen und keine grauen Haare zum Knoten binden. Keine Benimm- und Anstandsregeln lenken uns, keine gesellschaftliche Norm oder Moral steht warnend am Wegesrand zum höheren Alter. Wir haben es von allen Älteren bisher am besten getroffen.

Wenn ich eine hippe Boutique in Berlin-Mitte betrete, werde ich heute nicht mehr so kritisch beäugt wie noch vor sechs, sieben Jahren. Erstens wissen sie dort, dass ich Geld ausgeben kann, zweitens war ich vielleicht schon mal da, und das sieht man. Das war vor wenigen Jahren anders. Da sah ich das Desinteresse in den Augen der jungen Verkäuferinnen. Jetzt haben sie etwas kapiert. Ein bescheidener Anfang. Mode gehört nicht mehr allein den Jungen. Von der Mode müssen wir uns schon überhaupt gar nicht verabschieden. Wir müssen sie für uns nutzen, dafür ist sie da.

Wir müssen andere Abschiede nehmen: von der Bequemlichkeit. Vom Anspruchsdenken, vom Versorgtwerden, von der verstaubten Idee, Sex, Kochen und Wäschewaschen gegen soziale Sicherung zu tauschen, von der Erwartung, dass es weitergeht wie bisher. Vom ewigen Mädchensein, von jeglichen Prinzessinnenträumen. Vom männlichen Retter und Helfer.

Wir hatten die Freiheit, jung zu sein, wie wir es wollten, nun haben wir die Freiheit, alt zu werden, wie wir es wollen. Diese Freiheit ist anstrengend.

Schöner Altwerden ist unbequem. Aufregend und lustig. Und: Es hält jung!

Geld macht mächtig

Meine Freundin war gerade auf den Galapagos-Inseln. Ein Jugendtraum. Ein teurer Traum. Fast einen Kleinwagen wert. Aber den braucht sie nicht, sie hat einen größeren. Die Karriere ist gemacht. Job und Ehe haben sich gerechnet. So ist es bei vielen, die kurz vor dem Durchbrechen der Schallmauer zum Altwerden stehen.

Nun ja, das Geld, das besitzen wir, wir Älteren. Das wissen inzwischen alle. Der Reichtum stammt noch aus anderen Zeiten, er steht im Widerspruch zur vielbeschworenen Altersarmut. Es gibt natürlich beides. Und es ist nicht nur eine Frage des Alters, wie es uns ergeht, sondern auch eine Frage des Platzes, den wir in der Gesellschaft einnehmen.

Marketingstrategen und Werbeleute haben längst begriffen, was sie an uns haben, weil sie besonders gut mit Zahlen umgehen können. Daher laufen sie uns hinterher, wie wir das ganz gern von knackigen Liebhabern hätten. Kein Wunder, sie sehen in uns einen fetten Happen: 31 Millionen Konsumenten über fünfzig mit einem geschätzten Nettovermögen von zwei Billionen Euro. Mit einer Pro-Kopf-Kaufkraft von 21 244 Euro im Jahr. Eine sagenhafte Summe von zweieinhalb Billionen Euro wird demnächst vererbt – die Erben sind im Durchschnitt fünfundfünfzig. Lebensversicherungen schütten pro Jahr 66 Milliarden an glückliche Überlebende aus.

Unsere Generation: ein starker Wirtschaftsfaktor.

Aber die jüngeren Planer und Macher tun sich schwer mit der neuen Wirtschaftsmacht. Zwar haben sie endlich begriffen, dass Kaffeefahrten, Gehhilfen, Windeln und Treppenlift nicht die geeigneten Produkte sind, unsere Millionen zu pflücken, und die Idee der Seniorenkaufhäuser ist gründlich gefloppt. Es zeigt sich, dass auch Ältere Design und Ästhetik schätzen, dass sie außer Geld auch Sex haben. Und denselben Sport lieben wie Jüngere auch. Aber durchschaut haben die jungen Verkaufsexperten uns als Käufer noch lange nicht.

Um an die kaufkräftigen und genussfreudigen Älteren heranzukommen, haben sie uns erst einmal schicke Namen gegeben: Best Ager. Generation Gold. Silver Ager. Master Consumer. Ob nun Gold oder Silber – die Begriffe funkeln, schmeicheln. Und sie belustigen auch: Das immer noch ziemlich hilflose Marketing meint damit tatsächlich alle jenseits der Fünfzig!

Bemühen wir uns um eine genauere Definition der Best Ager, sind wir ganz schnell beim »gefühlten Alter«. Wer sich so fühlt, heißt es, sei ein Best Ager. Na klasse. Viel Spaß also beim Rechnen. Wir schmunzeln und wenden uns unseren eigenen Angelegenheiten zu – nicht ganz unbeeinflusst vom unklaren Image unseres Alters.

Dabei könnten wir einfach kichern: In Wahrheit ist sie nicht zu fassen, diese Menschengruppe um die fünfzig, nicht mehr jung, noch nicht alt.

Die Schönheitsindustrie sieht sicher mit Recht in uns ungeheure Wachstumschancen, da wir alle länger jung wirken wollen. Sie verspricht: Wir schneidern euch euren Körper! Mit uns – ohne Falten! Blond statt grau! Der Jugendwahn als Waffe gegen das Altaussehen.

Um uns Schönheitsmittel andrehen zu lassen, müssen wir aber erst mal glauben, es nötig zu haben. Wer mir einen neuen Body verspricht (was sowieso Blödsinn ist), der suggeriert zuvor, dass meiner nicht mehr taugt. Versteckte Abwertung des Älteren steckt in fast jedem Lob für uns.

Aber wir lassen uns nicht so leicht in Trends stopfen. Wir sind kritische Kunden. Wir probieren Laserstrahlen, lesen Horrorgeschichten über Liftings, wissen, dass Cellulitis ausschließlich mit Training beizukommen ist. Ob wir entsprechend handeln, ist eine ganz andere Frage. Wer sagt, dass wir ab fünfzig alles richtig machen? Nicht mehr rauchen, keine Rotweinnächte mehr durchmachen? Nicht mehr naschen? Nicht mehr auf einen Kerl reinfallen?

Derweil wir uns weiter ausprobieren, weiter vibrieren, variieren und die üblichen Fehler machen, sind andere damit beschäftigt, irgendwie an unser Geld heranzukommen. Eine mehr oder weniger verständliche Absicht der gebeutelten Industrie. Und Stochern im Nebel.

Was wollen sie, die störrischen Alten? Wer das wüsste, hätte die Lizenz zum Gelddrucken. Und so versuchen sie ihr Glück: Eine deutsche Motorenschmiede baut Autos mit höhenverstellbaren Sitzen, die Belüftungs- und Massagefunktionen bieten. Auch Zuziehhilfen für Türen, Nachtsicht- und Fahrerassistenzsysteme sollen reifere Autofahrer einfangen. Ältere kaufen zwar achtzig Prozent aller Neuwagen – aber eben nicht die mit dem Image »altengerecht«.

Ein Kaffeeröster hat mit einem Mobilfunkanbieter zusammen ein Einfachhandy entwickelt und bot auch schon mal Treppenlifte an – ab 5000 Euro. Alles gut gemeint. Aber die Älteren kaufen derweilen locker an der Werbung vorbei: zum Beispiel Harley-Davidson-Motorräder, die schweren Kultmaschinen. Deren Käufer sind im Schnitt zweiundfünfzig Jahre alt. Und sogenannte Silver Surfer – Internetuser über fünfzig – sind pro Woche 8,8 Stunden im Netz – häufig bei Online-Partnerbörsen. Selbst hippe Modeketten stellen sich deutlich sichtbar auf uns ein – und erzielen gerade damit steigende Umsätze.

Die Problemfälle der Zukunft sind übrigens heute nicht fünfzig, sondern zwanzig und gehen gerade einer ungewissen beruflichen Zukunft entgegen. Rentenpunkte sind dabei ihr allergeringstes Problem. Wovon sie im Alter leben werden, ist völlig unklar. Vergessen wird aber beim Gruseln: Bis dahin vergeht viel Zeit. Und Zeiten ändern sich. Gesellschaften lernen – wenn sie es müssen. Siehe: die Leistungen der Nachkriegsgeneration. Eben noch hatten sie in Luftschutzkellern auf das Ende gewartet, gleich darauf haben sie aufgeräumt. In ihren Köpfen und im Land.

Also Kopf hoch und die Silberlocken bunt gefärbt: Viel wird sich ändern. Zumindest die Sozialsysteme, die Arbeitswelt, vor allem aber unsere Gewissheit dessen, was uns zusteht, auch in der Liebe.

Wie wir leben wollen

Nicht mehr jung und noch lange nicht alt. Weil die Frage, wie das denn geht, so ungeklärt ist, haben wir eine Wahnsinnszeit vor uns. Nicht Abbau muss unseren Alltag bestimmen, sondern Staunen und Neugier. Ausgehen, sich aufbrezeln, reisen, kochen für Freundinnen, Unbekannten schreiben im Internet, neue Bücher lesen, Qigong, Yoga und Meditation entdecken, Radtouren machen, ins Kino gehen, allein mit einem Rosé auf dem Balkon sitzen, Fotos scannen und eine Diashow für die Kids zusammenschneiden – die Zeit reicht nicht für alles. Genau wie damals mit zwanzig. Wer untätig herumsitzt, ist nicht zu alt, sondern selbst schuld.

Manchmal müssen wir auch innehalten, Gedanken nachhängen, Gefühle sortieren. Es ist so viel passiert, und wer hektisch weiterrennt, nicht innerlich sammelt und auswertet, verschenkt Möglichkeiten, die uns gerade in dieser Zeit zuwachsen.

Was jetzt dran ist: Beseitigung von Altlasten, Befreiung von unnötigen Seelenqualen. Welche Freundschaft trägt? Welche ist eher nur Tradition? Habe ich jemanden vernachlässigt, der meiner Aufmerksamkeit eigentlich wert wäre? Ich habe gerade meinen achtundsechzigjährigen Onkel und seinen Sohn, meinen Cousin, näher kennengelernt. Früher schienen sie ziemlich uninteressant. Irrtum, heute sehe ich, wie liebenswert sie beide samt ihren Partnerinnen sind. Ein Gewinn.

Wir können unseren ganzen Lebensfilm abrollen lassen. Und unsere Geschichte weiterdrehen. Was für ein Luxus.

Hören wir doch einfach auf, über das zu klagen, was in Wahrheit das Leben ist: ein breiter Strom mit Schnellen und Untiefen, mit trägen Abschnitten und ausgedörrten Uferzonen, ewige Bewegung, ständige Veränderung.

Die Suche nach sich selbst, die Selbstfindung, ist in vollem Gange. Vergessen wir nicht: Nicht nur Bilanz und Fazit stehen auf der Tagesordnung, sondern vor allem auch Perspektive.

Das Älterwerden beginnt mit unserem ersten Schrei auf dieser Welt, geht weiter mit den ersten mutigen Schritten von der Mutter weg. Es findet einen vorläufigen Höhepunkt in der brummigen, ruppigen Pubertät. Da glaubten wir eine ganze Zeit lang, über unser Ich Bescheid zu wissen: Ich trage Jeans, ich habe schöne Augen, ich werde Tierärztin, ich lese gern, ich liebe Jungs mit dunklen Haaren.

Wir bekommen einen Umriss, eine Grenze nach außen, unsere Abgrenzung zur Umwelt.

Ständig gibt es Angriffe auf das, was wir einmal für uns gefunden haben. Der einzige Junge, der sich für einen interessiert, ist rothaarig. Der Jeanshintern der Freundin ist eindeutig besser. Bio und Mathe haben die doofsten Lehrer, sodass die Zensuren in den Fächern, die zur Tierärztin führen, am miesesten ausfallen.

Wir schalten um. Studieren BWL. Oder lernen Verlagskauffrau. Wir verlieben uns in einen Blonden, andere Werte drängen sich nach vorn. Könnte er der liebe Papa meines Kindes sein? Weiterhin lese ich gern, für meinen Jeanshintern gehe ich joggen. Ich unterscheide zwischen Zielen, die ich erreichen kann, und solchen, die ich fallen lasse. Ich werde erwachsen.

Das alles wirkt auf uns wie ein permanenter Aufstieg. Wir formen uns aus, werden wer. Werden Ich. Immer mehr. Und dann kommen die Querschläger.

Liebeskummer hatten wir auch mit siebzehn, Krisen schon beim Abitur, Existenzangst nach dem Studium. Aber das ist alles nichts gegen die Erkenntnis, dass wir kein Kind mehr bekommen können, dass die Ehe zu Ende ist, dass der Beruf nicht die Erfüllung brachte, dass sich erste Fältchen zeigen.

Angst. Die Angst vor dem Alter klopft zum ersten Mal an die Tür, wenn ein vages Gefühl des Scheiterns entsteht. Wenn wir spüren, dass wir eben nicht noch drei Wurf haben, wenn die Zeit für Weichenstellungen extrem schrumpft, wenn überhaupt schon eine Menge Zeit vorüber ist. Wenn wir uns nicht mehr jung fühlen.

Wann das passiert, ist bei jedem unterschiedlich. Enttäuschungen aber, Einbrüche, die erleben wir alle. Und wir nehmen sie umso dramatischer wahr, je mehr Kerzen auf der Geburtstagstorte brennen. Warum? Weil die Zeit läuft und läuft und läuft.

Was man mit zwanzig noch hundertmal ändern konnte, ist nun zur Tatsache geronnen. Die Dinge sind gelaufen, wie sie eben gelaufen sind. Das ist es, was sich wie Altsein anfühlt. Lange, bevor wir wirklich schwächer werden, lange vor den echten Falten, schwächen wir uns selbst mit der Angst, nicht mehr zu schaffen, was wir schaffen wollten.

Schluss mit der Scham

Das Beste für uns alle wäre: Schluss mit der falschen Jahrgangsscham! Stehen wir endlich dazu, demnächst scharf auf die fünfzig oder sechzig zuzugehen. Geben wir ein neues Vorbild ab: So sieht eine Fünfzigjährige aus. Aufrecht, gut in Form, sexy gekleidet. Voller Pläne und Ideen. Je mehr solcher Frauen ihr Alter unbeirrt nennen, desto schneller ändert sich unser öffentliches Image. Jünger geschätzt werden – in Wahrheit diskriminiert es unsere Altersklasse hinterrücks.

Aber meine Bekenntnislust bleibt mir manchmal im Halse stecken. So einfach ist es eben nicht. Ich kenne mindestens drei Gründe, mein wahres Alter zu verschweigen.

Erstens: materielle Gründe. Noch herrschen weitgehend altmodische Wertvorstellungen. Und die sind, gelinde gesagt, altersfeindlich. Genauer gesagt, altersrassistisch. Als Bundeskanzlerin ist es vielleicht cool, Mitte fünfzig zu sein. Aber was ist mit den anderen? Viele, die in dem Alter noch Arbeit haben, dürfen dankbar sein. Sie vergessen viel zu bescheiden, dass sie sich diese Ehre selbst verdient haben – indem sie einfach gut waren und gut sind. Und sie fürchten insgeheim, dass man nur vergessen hat, sie zu feuern. Also flüstern oder nuscheln sie ihren Jahrgang auf Anfrage nur noch, oder sie berufen sich darauf, eine Dame zu sein. (Das macht erst recht alt!)

Die Wahrscheinlichkeit, Job, Ehe, Gesundheit, ja, das Leben selbst zu verlieren, steigt mit wachsendem Alter. Der natürliche Lauf der Dinge – sich gegen ihn zu stemmen, ihn zu beklagen: Energieverschwendung.

Wer Glück hat, stirbt erst kurz vor seinem Tod. Bis dahin haben wir alle mit gewissen Veränderungen zu tun, die manchmal Angst machen. Über die wir nicht sprechen. Die nicht schmeichelhaft sind. Für die wir aber nichts können. Wir wehren uns gegen vorzeitigen Verfall. Manche so heftig, dass sie dafür eine Tapferkeitsmedaille verdienen.

Wenn eine Gesellschaft mehr zählt und rechnet als mitfühlt und hilft, hat sie fürs Alter keinen anständigen Platz. Das macht den eigentlich undramatischen Prozess vor dem eigentlichen Alter nicht eben lustvoller. Vierzigjährige wissen das, spüren das, haben den Trend selbst kreiert.

Jedes Jahr ist eins näher dran an einer Bedürftigkeit, von der die wenigsten wissen, wie sie genau aussehen wird. Wer seinen Jahrgang leugnet, leugnet das Damoklesschwert, das über uns allen baumelt. Macht sich also, solange es geht, ein schönes Leben. Verständlich. Sinnvoll. Schade aber fürs Altersimage. Wenn mehr fitte, tolle, witzige Ältere offen zu ihrem Alter stehen, wird sich die Haltung zu uns jungen Oldies ändern. Hochachtung, Respekt – das ist es, was eine Frau in unserem Alter verdient, wenn sie ihr Leben genießt, wenn sie dabei einen erfreulichen Anblick bietet und die Welt an ihrer Energie teilhaben lässt. Aber wir lernen noch, stecken in der Ambivalenz: Alle wollen alt werden, aber alt sein, das will keiner.

Der zweite Grund, sein Alter hübsch für sich zu behalten: Vorurteile. Darüber, wie man denn in dem gewissen Alter so zu sein hat. Das Alter macht scheinbar alles gleich. Du bist fünfzig? Aha, Wechseljahre, Fettpolster, festgefahrenes Denken, Langeweile. Und wenn du dem hässlichen Bild nicht entsprichst, kriegst du einen Bienchenstempel: »Sie hätte ich aber viel jünger geschätzt!« Dankeschön, das brauchen wir! Den ständigen Hinweis darauf, dass wir eigentlich scheiße sind, man es aber – zum Glück – noch nicht sieht.

Mit dreißig wurden wir nicht in einen Topf geworfen mit Gleichaltrigen, die sich zum Beispiel Pommespolster zulegten, nicht wussten, was sie werden wollten, und ihre Pubertätspickel nicht im Griff hatten.

Aber mit fünfzig, da sind wir vor allem eins: fünfzig! Und weil das keine ausfüllende Beschäftigung ist, haben viele keine Lust, ehrlich darüber zu reden. Ich will mich nicht verteidigen, ich will nicht dafür gelobt werden, dass man es nicht so sieht – wenn das Licht günstig ist.

Ich will nicht dauernd belästigt werden mit der Frage nach meinem Alter. Nicht, weil es so schrecklich ist, sondern weil es so wenig über mich sagt! Sicher, ich werde kein Kind mehr bekommen, aber vielleicht Enkel. Ich werde auch den Job nicht mehr wechseln – hoffentlich. Er ist nämlich der tollste, den ich mir vorstellen kann. Aber ich ändere bestimmt bald wieder meinen Haarschnitt, tausche radikal den Inhalt meines Kleiderschrankes, und meine Bekanntschaften sind ebenfalls beweglicher Natur. Dass ich weder dreißig noch vierzig bin, das sieht jeder, und das ist okay. Der Rest ist doch wohl nebensächlich.

Fragt mich lieber, welche Musik ich höre, woran ich gerade arbeite, woher ich mein neues Kleid habe, mit welchem Kerl ich demnächst ausgehe. Ich lebe nämlich. Und bin nicht vorrangig älter geworden.

Älterwerden ist keine Tätigkeit und auch kein Verdienst. Wenn die Jüngeren eher realisieren würden, wofür sie ihre kostbare Zeit gut gebrauchen könnten – nämlich sich ein erfülltes Leben zu schaffen, das auch im Alter Spaß macht –, dann müssten sie nicht mit vierzig diese Alterspanik verbreiten, die uns Fünfzigjährige dann total fertigmacht.

Der dritte Grund, das eigene Alter zu vertuschen, ist ein ganz persönlicher, hausgemachter: Scham. Die Trauer über verpasste Möglichkeiten. Je mehr Lichter auf der Torte stecken, desto mehr belasten uns die ganz normalen Defizite. Das Alter als simpelste Erklärung für gefühltes Versagen.

Ich werde nicht eingeladen, nicht geliebt, nicht geschätzt? Ich bin zu dick, habe keine Ahnung, was mir steht? Na, ganz klar, weil ich nicht mehr neununddreißig bin! Ist schön einfach.

Innerlich spüren wir, wo wir falsch abgebogen sind, wo wir feige waren und bequem. Dass wir die Weiterbildung zur Filialleiterin hätten machen müssen, dass wir der Einladung eines Jugendfreundes hätte folgen sollen, dass wir unseren Kindern mehr Konsequenz hätten zeigen können, genauso wie dem Ehemann. Vielleicht wäre alles schöner jetzt, wenn wir damals auf den Wunschstudienplatz gewartet und nicht auf Mama gehört und eine Banklehre gemacht hätten. Nun stehen wir vor den Ergebnissen, manche gefallen uns nicht – das Alter hat damit nichts zu tun.

Achten Sie mal drauf: Sichere, gesicherte, zufriedene Menschen geben ihr Alter oft lockerer zu, kokettieren geradezu damit. Wer sich schämt, nicht mehr jung zu sein, schämt sich in Wahrheit seiner Versäumnisse. Und da wir alle eher kritisch als lobend über uns denken, sehen wir an jedem neuen Geburtstag deutlicher, wie wenig perfekt wir sind. Und sehen die Chancen schwinden, doch noch Nobelpreisträgerin oder Supermodel zu werden.

Die beste Anti-Aging-Formel könnte also heißen: nicht so viel wollen, nicht so viel festhalten, geschmeidig bleiben und flexibel.

Unerfüllte Erwartungen, unerreichbare Ziele sind nur dann beängstigend, wenn wir sie nicht gegen andere Erwartungen und neue Ziele austauschen können. Die Ehe ist zu Ende. Zum Beispiel. Ist sie gescheitert? Nein. Sie hat eben nur zwanzig statt sechzig Jahre gehalten. Das ist doch eine lange Zeit. Und ein Teil davon war gut. Meistens. Wer sagt, dass wir in einer Ehe leben müssen – und immer in derselben?

Wir bleiben so lange Herrin in unserem eigenen Leben, wie wir auf Veränderungen locker und offensiv eingehen können. Flexibilität, Anpassungsfähigkeit, Neugier, Offenheit – Haltungen, die unsere Angst vor dem Älterwerden in Schach halten können. Eine Vierzigjährige, die sich alt fühlt, hat *immer* irgendein sehr konkretes Problem. Fühlt sich vielleicht gesundheitlich, finanziell, sexuell unterversorgt.

Das Alter ist es nicht. Sie schiebt ihr Unwohlsein aufs Alter. Das ist leicht, denn es ist anerkannt, dass Altwerden blöd ist. Und es trifft jeden. Wir können nichts dafür. Und wir können nichts daran ändern. Wir sind aus dem Schneider. Wir denken: Es ist schlimm, schon vierzig zu sein. Punkt.

Gucken wir genauer hin, haben die Frauen Probleme mit ihrem Jahrgang, die unzufrieden, unglücklich, enttäuscht vom Leben sind. Die keine Idee haben, wie sie das ändern können. Und das führt direkt zu dem Stoßseufzer: Hilfe, ich kriege Falten! Und fett werde ich auch. Scheiße, wenn man alt wird.

Klimawandel und verpasste Chancen

Ein neuer eiskalter Tag. Der Winterhimmel am Horizont rosa. Der Holzstapel schwindet täglich. Wenn ich die Scheite hereinhole, muss ich den Schnee abklopfen. Die Katze geht nicht mehr gern raus.

Gestern habe ich gedacht: nicht alles aufs Alter schieben. Gute Idee. Aber selbst wenn ich es schaffe, gibt es immer noch die anderen, die seufzen, die ihre schlechten Erfahrungen verallgemeinern wollen: Uns sieht keiner mehr!

Wie oft habe ich schon gerufen: Halt! Für mich gilt das nicht! Ich erlebe es anders! Und dann wird betreten geschwiegen. Ich bin unbescheiden, vielleicht zu selbstbewusst, mindestens unrealistisch. Gut, wenn es sein muss, ein bisschen verrückt zu sein, um dieses Alter zu genießen, dann soll es so sein. Lieber verrückt als unglücklich.

Warum schleudert es uns in unserem Befinden so hin und her? Warum heute so und morgen anders? Mal obenauf, mal ganz klein wie ein Mäuschen? Ist Älterwerden eine zweite Pubertät?

Ja. Natürlich. Da sind die hormonellen Veränderungen, sie können mit uns Schlitten fahren. Was Frauen alles passiert: Depression, Schlafmangel, Stimmungsschwankungen. Und die Veränderungen an Knochen und Haut und Zähnen. Gelenke melden sich, von deren Existenz wir bisher kaum etwas wussten. Das geschieht bei jeder von uns anders. Mal dramatisch, mal schleichend. Und jede muss sich stellen: Es ist die stete Veränderung, die uns mitreißt, die wir jetzt besonders deutlich spüren, weil wir mehr Zeit haben, nach innen zu lauschen. Und weil wir dies oft auch angstvoll tun: Was wird mir die Zeit einbrocken? Osteoporose? Diabetes? Herzstiche? Rückenprobleme? Irgendetwas muss es ja sein. Alle haben was. Das gehört dazu, wenn man nicht mehr neu ist.

Unsinn! Nicht jede hat etwas. Aber viele, die Schmerzen, Verschleiß, Endzeitgefühle durchleiden, verbreiten sich sehr wirkungsvoll darüber. Die Medien berichten episch, weil die Jammerthemen Quote garantieren. Sorgen, Ängste – und das vorauseilend, das ist das Klima, in dem wir leben und älter werden. Es gibt nur eine Möglichkeit, damit fertigzuwerden, ohne dass wir uns selbst die Laune vermiesen: Wir machen da nicht mit! Wir ändern das allgemeine Klima. Durch unser eigenes Vorbild.

Wir könnten zum Beispiel zur Abwechslung mal von den Dingen erzählen, die gut sind. Ich habe heute gut geschlafen. Mein erster Ehemann hat sich per E-Mail in den Allerwertesten gebissen, weil er mich damals betrogen und in der Folge verloren hatte. Jetzt, nach fünfunddreißig Jahren, hätte er mich gern zurück. Haha, das ist lustig, einfach zum Lachen. Meine engste Jeans sitzt toll. Ich recke mich nach der Dusche und habe Bärenkraft. Der Kaffee war göttlich. Und bald habe ich ein aufregendes Date mit einem Unbekannten aus dem Internet. Mein Exfreund hat auch eine SMS geschickt und gefragt, ob wir essen gehen und reden wollen. Ist das nichts? Aber das erzählen wir nicht. Warum?

Schämt sich eine ältere Frau ihrer frischen Triebe? Ihres Übermuts? Ihrer überschäumenden Freude? Sichern Jammern und Klagen uns Aufmerksamkeit und Liebe, während kraftstrotzendes Auftreten Neid und Distanz hervorruft? Oft genug ist es so. Dieser Vorgang färbt das Bild, das manche Fünfzigerinnen kollektiv bieten: ein Haufen gesundheitsgefährdeter, unfroher, mitleiderregender Damen.

Wenn wir unzufrieden sind, ist das ein Signal, sich selbst anzuschauen: Was mache ich aus mir und meinem Leben? Falten und Fett können jedem das Leben vermiesen, aber sie automatisch mit Altwerden gleichzusetzen, als könnten wir nichts dagegen tun, das ist dumm, falsch und Selbstverletzung.

Kein Wunder, dass bei dieser Aura kein Mann Lust bekommt. Aber so sind manche unter uns: Erst jaulen sie über Gewichtsprobleme, dann futtern sie ordentlich Pralinen, und am Ende meckern sie über die doofen Kerle, die sie gar nicht verdient haben – wo sie doch unter dem Speck so ein gutes Herz versteckt haben. Ziemlich unpraktisch, das Ganze.

Es gäbe natürlich bessere Mittel, dem Abbau entgegenzutreten, als zu schimpfen oder Zahlen zu verbiegen. Zum Beispiel weiter ungeniert wie eine Junge zu leben. Sich zu behaupten. Sich schön zu machen. Etwas zu leisten. Zu genießen, dass man da ist. Die altmodischen Älteren, die Fraktion Beige, sind in Wahrheit oft die bequemen (jüngeren) Langweiler von gestern.

Als sie jünger waren, fiel das nicht so auf. Sie glaubten – und wir glaubten ihnen –, dass sie ihr Potenzial noch entdecken würden. Auf einmal sind sie fünfzig, und das Einzige, was sie vielleicht geschafft haben, ist, an Umfang zuzulegen. Sie haben einfach die Zeit verpennt, in der sie sich auf ein lebenswertes Alter vorbereiten konnten. Und mussten.

Und daher bekommt das Alter jenseits der fünfzig sein schlechtes Image – weil Jüngere verkehrt leben. Weil die Zeit fürs Besserwerden davonläuft. Und weil viele eines Tages aufwachen und erschrocken feststellen, dass etliche Züge schon abgefahren sind. Dann fühlen sie sich alt. Richtig mies. Aber das Alter ist nur die Plattform, auf der dieses Gefühl wuchert.

Ich habe meine Mutter an ihrem fünfzigsten Geburtstag gefragt, welche Zeit ihres Lebens die schönste war. Frechheit eigentlich, als ob sie da schon an der Grube stand. Sie sagte etwas sehr Schönes, das ich nie vergessen habe: »Jede Zeit war schön. Jetzt ist es aber am schönsten, denn ich kann viel mehr als früher und fühle mich immer noch schön.« Das ist über fünfundzwanzig Jahre her.

Damals habe ich mich darauf gefreut, älter zu werden. Etwas davon ist sogar übrig geblieben – weshalb ich ungeniert zugebe: Ich bin siebenundfünfzig und fühle mich immer noch gut! Ein Skandal eigentlich, dass ich mir jetzt mutig vorkomme.

Grenzenlose Lust

Zugleich spüren wir natürlich unsere Grenzen. Wenn wir uns gegen die Zeit stemmen, können wir nur verlieren. Sie ist unerbittlich, und auf die Dauer ist sie stärker. Aber wir geben wie Schwerverbrecher beim Verhör immer nur so viel zu, wie uns nachzuweisen ist. Solange es geht, leugnen wir: dass wir älter werden, dass wir Angst haben, dass uns manches schwerer fällt. Dass es uns erschreckt, von immer mehr Leuten mit »Sie« angeredet zu werden, während wir noch fröhlich duzen. Dass es uns geradezu panisch stimmt, wenn wir glauben, unsere sexuelle Anziehungskraft zu verlieren.

Tiere sterben, wenn sie nicht mehr zur Fortpflanzung taugen. Das Animalische in uns fürchtet unbewusst den Tod, wenn die sexuelle Kraft schwindet. Aber schwindet sie denn wirklich? Oder transformiert sie sich nicht vielmehr? Würde sie uns verlassen wie der Lebenssaft einen langsam Verblutenden, könnten wir bald Ruhe haben: kein Begehren mehr. Kein Bedarf an Dates und Flirts. Keine Sehnsucht nach dem großen Unbekannten.

Offensichtlich ist es für viele Frauen aber nicht so. Offensichtlich bleibt uns das Lustgen lange erhalten. Offensichtlich verschieben sich auch hier die Grenzen.

Zurzeit experimentiert jeder beim Älterwerden allein vor sich hin. Manche resignieren und werden fett, andere schmücken sich jünger. Die Versuche, am Außen herumzukurieren, lenken ab vom Wesentlichen.

Viele stecken fest zwischen dem Wunsch nach Sicherheit und der Lust auf Neues. Darf ich, kann ich? Was steht mir zu? Offenbar stellt sich die Frage in der Lebensmitte neu. Unklar unsere Rechte und Pflichten. Unklar unsere Chancen und Kräfte.

Frauen strömen in Weiblichkeitsseminare, spüren ihrer erotischen Kraft neu nach. Suchen Bestätigung in der Wissenschaft oder in der Spiritualität – wünschen sich Beweise, dass sie begehrenswerte, lebendige Frauen sind. Wie viel Unsicherheit in unseren Reihen trotz aller Erfahrung, trotz aller Kraft.

Immer mehr alte Ehen werden geschieden, seit 1975 hat sich die Zahl der Ehescheidungen nach der Silberhochzeit verdoppelt. Die Zahl der Sechzig- bis Fünfundsechzigjährigen und selbst die der über Fünfundsiebzigjährigen, die vor den Scheidungsrichter treten, ist heute doppelt so hoch wie vor zehn Jahren.

Die Folge: Immer mehr frische Oldies strömen auf den Partnermarkt. Ein bisschen Scham, ein bisschen Trotz im Herzen – na und? Sehe ich etwa aus wie eine, die bald sechzig ist?

Der Anspruch an sich selbst und an die anderen, die uns gefälligst nicht abschreiben sollen, ist das eine. Das andere ist: Wie füllen wir die anmaßende Rolle als junge Oldies aus? Was tun wir, um die Tollen, die Fitten, die Anerkannten zu sein, als die wir gesehen werden wollen?

Eigentlich müssten wir uns alle spätestens ab vierzig im Fitnessstudio anmelden. Powern gegen Muskelschwund, gegen sinkenden Energieumsatz – die einzigen Mittel gegen die wesentlichen Naturgesetze, die uns alt aussehen lassen. Wissenschaftler predigen es: Nicht das Alter macht älter, sondern körperlicher und geistiger Bewegungsmangel. Die Gegengifte – Sport treiben, lernen, aktiv sein – sind längst erkannt. Wir können sie jederzeit einsetzen, uns vor Verfall schützen, der längst noch nicht dran ist.

Bushido, H&M, hochhackige Schuhe und sexy Unterwäsche – sofort fühlbare Jungmacher. Neue Handys, neue Laptops, weil wir sie immer wieder neu kapieren müssen.

Daheim die Knöpfe der Fernbedienung drücken und in Gummizughosen Torte löffeln – das passt nicht zum Anspruch der jungen Alten. Das neue Selbstbild macht Mühe. Keiner sagt, es fiele uns in den Schoß. Keiner verlangt, dass wir uns so quälen. Wir können es auch lassen.

Aber Spaß macht das nicht. Spaß macht, die eigene Kraft zu spüren. Sie sichtbar zu machen. Sie bestätigt zu bekommen. Sich sexy, geil und erotisch zu fühlen.

Wir sehen gut aus – nur dauert es im Bad jetzt länger. Das Bild ist übertragbar. Wir können (noch) alles, aber es fällt uns weniger leicht.

Aber was sonst? Wenn uns mindestens noch zwei bis drei Jahrzehnte bleiben, können wir die nicht vorauseilend rollstuhlgerecht verbringen.

In Würde altern?

Ein beliebtes Schlagwort, wenn uns nichts mehr einfällt, was wir dem Altern abgewinnen könnten: in Würde altern. Aber was heißt das überhaupt?

Eine lange Liste fällt mir ein. Jeder Punkt eine Sache für sich, die zu diskutieren wäre: nicht inkontinent werden. Dem Jugendwahn trotzen und in Ruhe fett werden. Keine schicken Klamotten mehr kaufen, geschweige denn anziehen. Eitelkeiten fahren lassen. Sich auf sein feingeistiges Inneres zurückziehen. Auf Enkelchen warten und, wenn sie da sind, für sie stricken.

Männern aus dem Weg gehen, den Blick senken, wenn uns aus Versehen doch mal einer anschaut. Gedanken an Sex verbannen. Alkohol meiden, weil er Kopfschmerzen macht und weil in der Enthemmung doch wieder die falschen Gedanken ins Hirn schießen. Still und bescheiden im Hintergrund wirken. Die Familie zu festlichen Anlässen mit tollen Menüs verwöhnen. Allen zuhören, wie sie von ihrem aufregenden Leben berichten, selbst weise nicken und nichts zu erzählen haben, außer dass jetzt im Garten eine Amsel nistet.

Aufhören, die Haare zu färben. Falten klaglos hinnehmen als Zeichen unserer gelebten Weisheit. Hauptsache, wir sind es auch: weise. Wissenschaftler schätzen aber leider, dass nur etwa fünf Prozent aller Menschen im Alter weise werden. Zur Altersweisheit gehören Wissen über sich und andere, die Fähigkeit, eigene Interessen mit fremden Interessen in einem konkreten gesellschaftlichen Umfeld auszubalancieren. Ziele loszulassen, die unerreichbar sind, gehört zwingend dazu. Ewig jung auszusehen ist nur ein winziger Aspekt unerreichbarer Ziele.

Nur: In Würde altern ist trotzdem ein irreführender Begriff. Er verlangt mehr, als alt auszusehen und sich nichts draus zu machen. Er verlangt, dass wir unsere weibliche Kraft, sagen wir ruhig: Schoßkraft, verleugnen. Unsere Lust am ganz normalen, prächtigen Leben runterfahren, mit körperlicher Liebe und Ekstase und Wildheit brechen. Unser Gefühl verraten, auch nach der Paarungszeit Frau zu sein.

Ja, die Fruchtbarkeit liegt hinter uns. Die Hormone sortieren sich neu. Manche brauchen medikamentöse Hilfe. Hormone. Gleitmittel. Viele brauchen das nicht. Wissenschaftler fanden netterweise heraus: Unsere Orgasmusfähigkeit lässt im Alter nicht nach – im Gegenteil!

Menopause ist auch so ein untauglicher Begriff. Was heißt hier: Pause? Es ist Schluss damit. Und zwar für immer. Unehrliche Umschreibungen machen es nur schlimmer.

Und wir sind immer noch die Frau, die mal die Pille genommen hat, damit sie Sex haben konnte, wann sie wollte. Die Frau, die Kinder geboren hat, der hinterhergepfiffen wurde, die Kollegen bei der Betriebsfeier auf die Finger klopfen musste und die Spaß an schöner Wäsche hatte. Und hat. Warum denn nicht? Sieht schöne Wäsche an einem nicht mehr so schönen Körper nicht immer noch besser aus als Baumwollhemd und Kochschlüpfer? Na klar.

Nichts vom Spaß vergangener Jahre ist uns plötzlich verboten.

Es ist nur schwerer geworden, ihn zu bekommen. Gar nicht mal, weil andere ihn uns vorenthalten wollen, sondern weil wir vorsichtiger geworden sind. Kritischer. Bequemer. Heute Abend auf die Piste? Konzert mit Stehplätzen? Ach, der Krimi ist auch ganz schön. Alleinsein so erholsam. Das ist die Mechanik, die uns von den jüngeren Events vertreibt. Niemand muss dem folgen.

Bescheidenes »in Würde altern« kann also nicht die Alternative sein zum Lebensspaß, den wir uns wünschen. Wir brauchen vielleicht einen alternativen Motor, einen Hybridmotor, der mit anderen Treibstoffen weiterläuft, wenn die sexuelle Anziehung nachlässt, wenn die Erotik stottert, wenn die Selbstverständlichkeit eines Flirts versiegt. Einen Antrieb aus uns selbst heraus, einen, der nicht mehr von außen angeschmissen wird. Schwer, aber unverzichtbar. Die »Lernung«, wie eine liebe Freundin es ausdrückt, diese »Lernung« ist jetzt dran: den Motor in uns selbst finden. Im Leben selbst.

Ich mag es kaum aussprechen, es klingt so weit hergeholt, so abgehoben. Dabei ist es das Erdigste, das Bodenständigste überhaupt. Eine Frau sein, die das Universum in sich trägt, das Wissen um die Dinge des Lebens. Eigentlich tun wir das schon lange. Aber es war immer keine Zeit, uns diesen Dingen zu widmen, ihnen nachzuspüren. Die Sinnfragen in der Pubertät im Schnelldurchlauf abgehakt, dann zur Tagesordnung übergegangen, uns dabei ein bisschen verloren – das hat uns bis hierher gebracht. Bis zu dem Gefühl, es muss noch mehr geben als funktionieren, Geld verdienen, Männern gefallen. Es gibt nämlich uns selbst. Das reicht als Lebensmotor.

Eine Frau sein, die gut mit sich umgeht, weil sie sich liebt. Weil sie Leben in sich trägt. Auch nach der Paarungszeit – das eigene, irre, bunte, schwierige Leben nämlich.

In Würde altern ist daher wirklich kein Ziel. Es sei denn, wir nennen es Würde, wenn wir uns maximale Lebenslust gönnen. Mit allem, was uns Lust macht. Und: keinen beigen Anorak tragen!

Lebensziel »komische Alte«

Ich möchte jedenfalls lieber eine komische Alte werden, als würdevoll vor mich hinzuschrumpeln. Vielleicht schließt das einander auch gar nicht aus. Wann das sein wird, das weiß ich nicht. Ich weiß ja nicht, wann ich wirklich alt bin. Jetzt jedenfalls nicht. Aber wir machen uns so unsere Bilder.

Die komische Alte ist diejenige, die sich einen Dreck darum schert, ob sich das oder jenes noch gehört. Ob sie dies oder das noch tragen kann. Überhaupt, das »noch« spielt nicht so sehr die Rolle in ihrem Leben. Sie lebt einfach. Nicht: noch. Sondern: jetzt. Und ist auch mal unvernünftig, weil das oft mehr Spaß macht als bedenkenträgerhaftes, politisch korrektes Altern.

Komische Alte werden von Jüngeren nicht infrage gestellt – ihre Power ist überzeugend, sie werden bewundert. Man lacht mit ihnen, nicht über sie. Und wenn doch, dann lachen diese mit und sind nicht sauer. Sie wissen ja, dass es komisch ist, eine Alte zu sein, ohne sich so zu benehmen. Komische Alte trinken Champagner, wenn sie wollen, tanzen, wann sie wollen, ziehen eine durchsichtige Bluse an, ohne an die Rückenfalten zu denken.

Seltsamerweise sind wir selbst es, die älter gewordenen Frauen, die sich gegenseitig die Stilpolizei machen. Da wird dann in Frauenzeitschriften begeistert über andere hergezogen, die mühsam gegen das Alter ankämpfen. Genüsslich werden die Altersflecken auf Madonnas Händen kommentiert. Ich habe sie noch nicht gesehen, aber über sie gelesen, das habe ich schon. Sieh an, die Fitnessqueen hat doch nicht alles im Griff. Und? Was nützt uns das?

Häme unter uns Älteren sollte verboten sein. Nicht jede muss, soll, kann es so machen wie Madonna. Aber sie ist ein Popstar, und es ist verständlich, dass sie ihr Äußeres besonders pfleglich behandelt. Täte sie das nicht, wäre das weltweite Gemecker noch größer.

Häme gegenüber anderen Frauen unseres Alters ist uncool und

gehört nicht zum Wesen der komischen Alten. Sie erlaubt sich und anderen alles.

Beispielsweise Schönheitsoperationen: Wer meint, sich das leisten zu müssen – bitte schön. Ich persönlich hätte zu viel Angst vor Schmerzen, Kosten und Unfällen. Wer anders entscheidet, muss mit den Folgen leben. Auch damit, dass es oft komisch aussieht, wenn eine Gesichts- oder Körperpartie geschönt ist und die benachbarte dem wahren Alter entspricht. Lustig ist das nicht, schön auch nicht. Zumindest aber erleichtert es Schissern wie mir die Entscheidung, der Schwerkraft ihren Lauf zu lassen und die Gesichtsmuskeln lieber mit Lachen zu trainieren.

Komische Alte sind lustig.

Sie sagen zum Beispiel: »Wenn dir morgens beim Aufwachen nichts wehtut, dann bist du tot.« Oder wie meine Freundin, die sich mit dreißig Kilo Übergewicht herumplagt: »Wenn ich aus der Badewanne aufstehen will, denke ich immer, Mensch, warum hängt denn die Wanne an meinem Hintern fest? Bis mir einfällt: Das Gewicht bin ich ja selbst.« Und dann lachen wir wie verrückt. Und ich gebe ihr das zweihundertste Diätrezept, das gar nicht nach Diät schmeckt. Und sie kocht es sich auch zweimal. Und dann lachen wir lieber wieder.

Komische Alte sind Realistinnen, aber mit viel jung gebliebenem Quatsch im Kopf.

Sie sehen die Möglichkeiten, die nicht kleiner geworden sind, sondern anders. Sie leben nach dem Motto: Ist der Ruf erst ruiniert, lebt sich's gänzlich ungeniert. Soll heißen: Wer nicht mehr mit Pfirsichhaut und Knackarsch entzücken kann, der konzentriert sich auf andere Vorzüge seiner selbst. Meine dicke Freundin beispielsweise hat ein tolles Dekolleté und wunderschöne Augen.

Das wirklich Komische an der komischen Alten ist: Sie nimmt sich ziemlich ernst. Sie steht nämlich zu sich. Kümmert sich um sich. Sie trägt hohe Stiefel mit unbequemen Absätzen, weil sie das cool findet. Und um hinterher nicht vom Ischias bestraft zu werden, pflegt sie Muskeln und Skelett (natürlich mit Fitnesstraining) noch sorgfältiger als ihre Lachfältchen im Gesicht.

Manchmal verrechnet sich die komische Alte auch. Dann sind die Schuhe doch zu hoch oder der Rock zu kurz. Aber das macht nichts: Das passiert auch Jüngeren. Und wir können uns dann nur wundern über die nackten, tattoo-verzierten und gepiercten Bäuche und Hüften, die sommers wulstig und schwabbelnd durch die Städte geschoben werden. Da können wir nur ganz altmodisch ausrufen: Also, das gab's bei uns früher nicht!

Die komische Alte kann wahrscheinlich gut in Würde altern. Weil sie sich nicht drum schert, was *man* tut oder nicht tut, weil sie spürt, was *ihr* guttut, und das tut sie dann auch. Sich verlieben zum Beispiel. Einen Jüngeren anbaggern und nicht beleidigt sein, wenn er sich wundert. Versuch macht klug, denkt sie. Und oft genug gibt das Leben ihr recht. Und der Jüngere ist fasziniert von ihr.

Die komische Alte kichert wie ein Mädchen, sie mag Mode, mixt sich ihre eigene, sie flirtet ungeniert, und sie nimmt sich wichtig. Die Tatsache, dass der Körper sich verändert, wird von ihrem Gefühl nicht eins zu eins übernommen.

Komische Alte sind wie bunte Blätter im Herbstwald. Er stirbt ab, aber sie leuchten noch lange.

Das Prickeln bleibt

Draußen hat sich der Schnee entschieden durchgesetzt, der schrundige Beton auf meinem Hof ist lieblich weiß bestäubt. Sein ruppiges Wesen verborgen.

Wir haben Make-up, wir haben Pinsel und Tiegel, um unsere Makel unsichtbar zu machen. Nein, falsch: um unsere schönen Seiten zu betonen! Ein bisschen Begeisterung für die eigenen Reize hilft auch vor dem Badezimmerspiegel.

Zweiundsiebzig Prozent aller deutschen Frauen fühlen sich jünger, als sie sind. Was heißt das? Dass sie dachten, in dem Alter würden sie sich anders fühlen? Schlechter. Älter. Hässlicher. Weniger unternehmungslustig. Vielleicht auch zufriedener. Bereit, das Gegebene hinzunehmen. Ruhiger. Anspruchsloser. Aber nein: Es prickelt noch im unteren Bauch, die Flippigkeit der früheren Zeit zuckt durchs Herz. Das Bein wippt mit, wenn im Radio die Stones rocken. Im CD-Regal stehen neben Mozart immer noch Roxy Music und Bryan Ferry. Und der Mund will geküsst sein.

Das haben wir nicht erwartet, dass junge Gefühle uns bis in diese Jahre hinein erhalten bleiben, verfolgen, manchmal nerven. Uns vor Aufgaben stellen. Sich jünger fühlen heißt auch, sich ein jüngeres Leben zu wünschen, sich ein solches zu organisieren. Wie geht das? Die Instrumente, auf die wir zurückgreifen können, stammen aus unserer Jugend.

Flirten, tanzen, sich modisch anziehen, ausgehen, spontan

sein, Spaß haben, aktiv sein, Neues erleben, Leute kennenlernen – ganz normale Bedürfnisse des ersten Lebensdrittels. Sie sind auch im letzten Drittel nicht passé. Falls sie eine Zeit lang im Alltag wenig Chancen hatten, kommen sie genau dann zum Vorschein, wenn wir wieder mehr Zeit für uns haben, wenn uns aber zugleich auch bewusst wird, dass die Zeit eindeutig endlich ist. Ein irritierendes Zusammentreffen von Wissen, Ahnung und Gefühlen. Vielleicht ist es für manche Konfusion verantwortlich, die traditionell als hormonbedingte Laune in den Wechseljahren betrachtet wird.

Auch die Seele baut um. Menschen werden im Alter introvertierter, selbst gewohnheitsmäßige Stimmungskanonen werden ruhiger. Das Leben spielt sich immer mehr innen ab. Es ist einfach eine Menge, was wir dort angesammelt haben. Und außen gibt es weniger Neues, das unsere Sinne reizt, es sei denn, wir schmeißen unseren Job und gehen nach Afrika zur Entwicklungshilfe. Aber auch da gewöhnt sich das Hirn an die Bilder und Aufgaben.

Krasse Wechsel der Lebensumstände sind vielleicht ein Wachmacher, eine Chance, doch noch zu finden, was uns gefehlt hat. Deswegen steigt die Zahl der Aussteiger, der Downshifter und Newcomer ab fünfzig. Alle, die diesen Drang zur Veränderung verspüren, müssen ihm sofort nachgehen und nicht irgendwann. Oder ihn vergessen – ureigenste Bedürfnisse zu deckeln, kann allerdings krank machen.

Die meisten von uns bleiben aber in ihren vier Wänden und machen ihre Arbeit, solange man sie lässt. Das haben wir uns so ausgesucht. Und es hat seinen Grund. Wir sind weitgehend einverstanden mit dem Ergebnis unserer früheren Entscheidungen. Nicht alle Blütenträume reiften – aber das finden wir normal.

Wissenschaftler kommen deswegen in ihren Studien häufig zu

der überraschenden Aussage, dass ältere Menschen zufriedener mit ihrem Leben sind als jüngere. Auch wenn sie dafür keinen nachvollziehbaren Grund haben. Selbst wenn die Umstände sich deutlich verschlechtern, sinkt die Zufriedenheit nicht rasant.

Ein Grund: Ältere können mehr Frust wegstecken als Jüngere. Vielleicht, weil sie ihren Anteil an den Ergebnissen ihrer Handlungen kennen, weil sie Dankbarkeit gelernt haben, weil ihre Erwartungen realistischer sind und weil sie bei einschlägigen Vergleichen erkennen, dass es anderen schlechter geht.

Bescheidenheit kommt hinzu. Die Fähigkeit, sich nicht sinnlos über alles Mögliche aufzuregen. Abgeklärtheit. Gelassenheit.

Alter Wein in neuen Schläuchen

Eine alte Ehe ist etwas Schönes. Die Vertrautheit, das geteilte Leben, die Erinnerungen. Gemeinsame Stunden mit den Enkeln. Gemeinsam angehäuftes Vermögen. Sicherheit. Der Bauchträger an unserer Seite hat uns noch ohne Schwangerschaftsstreifen und ohne eine einzige Falte gekannt. Das hebt ihn heraus aus all den anderen Männern auf der Welt. Aber eine alte Ehe ist selten Hort der Leidenschaft, hat sich erotisch oft ziemlich abgenutzt. Man lässt schon mal die Toilettentür auf. Man kennt sich. In- und auswendig. Doch guter Sex braucht Abstand, lebt von Entdeckung, von Grenzüberschreitungen.

Was, wenn es nichts mehr zu entdecken gibt?

Wahrscheinlich gibt es immer etwas zu entdecken, wir müssen es nur suchen, den anderen mit neuen Augen sehen. Vielleicht durch Ortswechsel, vielleicht durch eine Krise, durch die Gefahr, sich zu verlieben, durch Fremdgehen. Ehebruch kann die Ehe wieder beleben, das haben viele Studien und Umfragen ergeben. Das beobachte ich auch im Bekanntenkreis. Eine kleine Krise, eine große Gefahr – wer sich jetzt nicht verliert, findet sich vielleicht neu.

Eine alte Ehe kann wie ein Rosenstock nach dem Winter neu austreiben. Meistens braucht sie dafür einen beherzten Schnitt. Paare im Freundeskreis, die besonders glücklich wirken, haben oft eine Fast-Trennung überstanden. Eine Freundin von mir, Mutter von vier Kindern, sagt: »Ich war mehrere Male verheiratet, aber immer mit demselben Mann.«

Etwa die Hälfte meiner Freundinnen ist geschieden. Das spiegelt exakt den Zustand der Gesellschaft. Ist also kein Drama. Während es passiert, fühlt es sich dramatisch an. Jede hat gedacht, ihre Ehe gehört zur anderen Hälfte, zu der, die hält. Jede hat gedacht, was meine nach fünfundzwanzig Jahren verlassene Freundin sagt: »Ich dachte, wir sind etwas Besonderes.« Und dann, autsch, sitzt man bei Gericht und erlebt den Untergang der eigenen Vorstellungen vom gemeinsamen Älterwerden.

Was nun? Der Stecker ist gezogen. Beim Computer erfolgt nun der Neustart. In unserem Leben ist das Hochladen der Programme aber nicht automatisiert. Wir müssen selbst dafür sorgen.

Der Ehemann oder auch der Job hält längst nicht mehr für ein Leben. Dass Kinder im Leben nur durchziehen, uns erst fast auffressen mit ihrer Bedürftigkeit, dann ihre eigenen über unsere Wünsche stellen – das wissen wir schon lange.

Nichts bleibt, wie es ist. Alles klar. Und dennoch reagieren wir an den Schnittstellen wie Verwundete. Wollen festhalten, was gehen muss. Festhalten macht alt. Nur wer im Fluss bleibt, hält sich geschmeidig.

Fantasievolle Erotik

Erotik ist ein Mysterium. In der Jugend ist sie uns zugefallen, aber wir haben es selten gemerkt. Zu unsicher waren wir, zu selbstkritisch. Zu sehr auf der Hut, vielleicht etwas falsch zu machen. Jetzt haben wir die Lässigkeit gefunden, die zur Erotik gehört. Die Selbstverständlichkeit, eine Frau zu sein. Und nun wird die uns innewohnende Erotik angegriffen von Faltenangst und Fettalarm. Selbstgemachte Angriffe. Überflüssige Angriffe. Wer erotisch empfindet, der ist erotisch. Egal wie fett, wie alt. Erotik ist eine Einstellung.

Sie ist nicht käuflich und nicht künstlich. Sie ist zauberisch, flüchtig, rätselhaft. Auch wenn sie da ist, können wir sie nicht dingfest machen. Wir spüren sie stark und können sie nicht greifen. Beim Versuch, sie zu zwingen, platzt ihr Zauber. Sie ist eher leise, oft das Gegenteil von Action.

Erotik ist Versprechen, Ahnung, Schönheit des Moments. Wie das Leben selbst. Sie ist das Sinnliche, das Sinn macht. Sie ist uns allen verdammt wichtig. Einerseits ist sie körperlich erfahrbar, das Blut pulst schneller, der Atem geht tiefer, wenn wir ihren Hauch spüren. Andererseits ist sie rein ideell. Ein Schwebezustand zwischen uns und der Welt.

Sex kann zum Beispiel sehr unerotisch sein. Wenn wir ihn eigentlich gar nicht unbedingt wollen und es zu spät merken. Sex soll zum Orgasmus führen, Erotik entzieht sich so klarer Nützlichkeit. Sex ist ein Akt, Erotik der Hauch eines Gefühls. So aufregend, so beglückend wie der übermächtige Wunsch, jetzt sofort die ganze Welt umarmen zu wollen. Die Verbundenheit mit der Welt, nichts weniger ist Erotik. Lebendigkeit. Erotik ist überall, in der Luft, am See, in der tosenden City, und sie endet definitiv am Eingang zum Erotikshop.

Wir können einen wunderbar gearbeiteten Tisch erotisch wahrnehmen, wenn wir mit der Hand langsam über seine feine Oberfläche streichen. Dann fühlen die Fingerspitzen das edle Handwerk, menschliches Können, Kreativität, Kunst. Perfektion von Menschenhand, Staunen, Begeisterung – sehr erotisierend. So wie umgekehrt die bloße Existenz der Erotik Künstler zu ihren Werken treibt. Bilder, Skulpturen, Romane, Gedichte, Opern, Balladen, Rock 'n' Roll – sie wären nicht entstanden ohne Erotik.

Katzen haben sie in ihren Bewegungen, sagen die einen, Charles Aznavour hat sie in der Stimme, sagen die anderen. Eine Handbewegung, die Dämmerung am Frühlingsabend, weiße, bodenlange Gardinen, eine Rhododendronblüte.

Ein Mann, der sich Heinz nennt, schreibt in einem Internetforum: »Erotik ist, wenn sich ein Schmetterling auf deinem Handrücken niederlässt und nach einiger Zeit einfach weiterfliegt.« Kluger Heinz.

Ungeübt, gierig, wie wir oft sind, versteifen wir uns bei der Suche nach dem erotischen Kick auf deutlich Sichtbares. Busen, Beine, Po, Muskelspiel. Aber Erotik liegt im Verborgenen und gerade nicht im augenfälligen Anpreisen der eigenen Körperlichkeit. Weshalb FKK und Sauna ganz und gar erotikfrei sind.

Erotik hat mit Fantasie zu tun. Sie gibt Rätsel auf, löst innere Bilder aus. Erotisch ist, was eine Antwort in uns erzeugt. Dann ist die Sendung da angekommen, wohin sie gehört, tief in unserer Seele, auch im Unbewussten, wo die Chemie der Reize ihr Wesen treibt. Erotik muss nicht unbedingt schön sein. Auf dem Laufsteg des Lebens haben alle die Chance, erotisch zu glänzen. Selbstverständlich in jedem Alter!

Erotik ist in uns, wenn wir sie zulassen. Ob wir sie nun zeigen oder nicht. Es geht um Lebendigkeit, den Fluss des Lebens, Kraft, Sinnlichkeit. Erotisch starke Ausstrahlung haben Menschen, die ein starkes Bewusstsein ihres Frauseins oder Mannseins haben.

Wir können unsere eigene Erotik finden und pflegen. Uns beispielsweise morgens ans geöffnete Fenster stellen, den Tag begrüßen, die Glieder dehnen, wahrnehmen, wie der Wind über den Bauch streicht. Oder uns nach dem Bad in Öl und Frottee hüllen, fühlen: Die Welt ist gut. Jedenfalls hier, jetzt, in diesem Moment. Zum sicheren Gefühl für sich selbst gehört vielleicht eine tolle Jeans, der Lieblingsschuh, ein Schal. Alles, was uns die Überzeugung verleiht, richtig zu sein. Den inneren Schwung hervorlocken, ihn heranrollen lassen, ihm einen leichten Tritt geben und über die Trägheitsgrenze befördern. Ausschreiten statt tippeln, lächeln statt gründeln, Schultern straffen und die Neugier pflegen.

Erotik ist durch und durch positiv. Sex kennt dunkle Seiten, Liebe kann dramatisch unglücklich sein. Erotik nicht.

Sie ist wie für uns gemacht, für uns, die wir nicht mehr ständig funkeln und schaulaufen, die wir aus inneren Quellen schöpfen (müssen). Sie bleibt universelle Lustquelle.

Die Irritation, dass körperliche Attraktivität sich verändert, sich vielleicht in andere Regionen verlagert, muss nicht an unsere Grundfesten rühren. An das erotische Selbst. Wir können erotische Eindrücke speichern, jederzeit abrufen, auch ohne Partner.

Wer sich vom Singledasein, auch vom Älterwerden nicht niederschmettern lässt, bleibt offen und neugierig. Erotische Auslöser sind alterslos, irgendetwas verbinden wir mit diesem Anblick, dem Geruch, der Melodie, und das wohlige Prickeln ist da wie vor Jahrzehnten. Wir können erotische Erinnerungen und Sehnsüchte lange unbeantwortet in uns herumtragen. In einer Arbeit versinken und alle Energie nur auf das eine Ziel richten, einen Angehörigen pflegen und alles andere vergessen. Sie wird wieder da sein, die Erotik, im Bruchteil einer Sekunde, wenn ihre Zeit gekommen ist. Sie hat nur gedämmert. Tot wird sie erst mit uns zusammen sein.

Schönsein nach der Paarungszeit

Zeige, wer du bist

Es ist dunkel geworden. Im kleinen Eisenofen hinter mir ist nur noch Glut. Der Computer summt, das Haus ist still, und der Tee duftet. Jeder Moment hier – ein Genuss. Ab und zu sage ich es laut. Damit ich es nie vergesse. Damit ich dankbar bin. Dankbar klingt lasch, klingt brav, lieb und passiv weiblich. Aber dankbar sein ist der tollste Trick, um jung zu bleiben. Wer Gründe kennt, dankbar zu sein, hat gute Gefühle, behält sein Lachen, erlebt Leichtigkeit, findet immer wieder neue Kraft. Das sind lebenserhaltende Maßnahmen.

Die Frage linst nämlich zur Tür herein: Wer bin ich, wenn ich nicht mehr jung bin? Die ganze, höchst simple Antwort ist: immer noch ich! Bloß jetzt nicht das Fach wechseln. Bloß nicht die weiblichen Waffen senken und geschlagen vom Feld abziehen. Noch sind wir zu lebendig, zu lebenshungrig, um die Tarnkappe aufzusetzen, die uns angeblich ab fünfzig unsichtbar macht. Mode, Pflege, vielerlei Genüsse stehen uns zur Verfügung, um noch lange das Weib in uns zu kitzeln.

Wir werden immer mehr zu Werbeflächen für uns selbst. Wir zeigen, was von uns zu halten ist. Mit unserer gesamten Präsenz. Gutes Aussehen, tolle Fitness, berufliche Kompetenz – Generation Plus beweist schon eine ganze Weile erstaunliche Gestaltungskraft. Aus Beispielen wird ein Trend, aus dem Trend ein neues gesellschaftliches Klima: Älterwerden als Auftrieb. Ältersein als Gewinn.

Schöner Altwerden als Krönung all unserer Fähigkeiten. Ein Traum, an dem wir jetzt schon arbeiten können. Von dem wir als Erste profitieren.

Fassadenprobleme lassen sich lösen

Alle kämpfen darum, jünger auszusehen. Dabei werden die durchgreifenden Rezepte noch dringend gesucht. Botox und Laser sind ja ganz nett – aber sie wirken nur sehr punktuell und können nicht alles ändern. Leben verleugnen, Spuren vertuschen – das bringt uns nicht wirklich weiter. Schließlich sind wir nicht auf der Flucht, sondern gerade in der Mitte angekommen.

Reden wir aber vom Äußeren, werden wir schnell der Oberflächlichkeit beschuldigt. Das ist verwunderlich. Jeder weiß, dass Inhalt und Form einen gewissen Zusammenhang haben. Jeder weiß, dass ein Haus ohne Fassade zusammenstürzt. Jeder weiß, dass unser Aussehen eine Menge über uns sagt. Oberflächlich mag sein, wenn wir nur landläufige Hübschheit anstreben, wenn wir versteckte Reize nicht sehen, wenn wir vermeintliche Mängel übertünchen. Wenn wir glauben, ein Lifting könne unsere Probleme mit dem Älterwerden lösen.

Wenn ich zehn Jahre jünger aussehe, heißt das noch lange nicht, dass ich zehn Jahre jünger bin. Wir wollen bloß nicht gleich erkannt werden als die Alten, die wir in Wahrheit sind. Wir wollen lieber unsere Jahre ein bisschen verleugnen. Ich überlege, welche Jahre ich gern wegstreichen würde, und merke augenblicklich, wie krank das ist. Sinnlos, verletzend, lebensfeindlich.

Auch die gewohnte Tünche wird fragwürdig. Augen-Make-up, das in Falten rutscht, ist eher kontraproduktiv. Das blanke, nur wenig grundierte Gesicht kann frischer wirken als ein kunstvoll bemaltes. Weniger ist nun mehr, das steht in jeder Frauenzeitschrift. Weil es einfach stimmt. Wir müssen ab einem gewissen Punkt neue Formen und Farben für uns entdecken. Die Augen, die Lippen, die Brauen, die Wangen – alles ändert sich, fügt sich neu, verlangt nach neuer Pflege und nach neuer Betonung.

Vielleicht sind diese Veränderungen so verwirrend, dass ein Profirat gefragt ist. Ich frage gern meine Tochter.

Als ich sie mal an einem regnerischen und chaotischen Tag von der Bahn abholte, sagte sie: »Wie siehst du denn aus? Willst du jetzt einen auf alte Schachtel vom Lande machen?« Ich war nicht beleidigt. Sie hatte recht. Und ich wusste genau, warum ich an dem Tag so aussah. Ihr Entsetzen war beruhigend – meistens sehe ich eben nicht so aus.

Jede Frau sollte mindestens einen Menschen haben, der gnadenlos ehrlich mit ihr ist. Der eigene Liebste ist für solche Fragen eher ungeeignet. Und die beste Freundin manchmal auch – zumindest wenn unterschwellige Konkurrenz im Spiel ist. »Du hast ja auch einen Altersfleck auf der Hand«, sagte zum Beispiel unlängst eine Freundin, es klang irgendwie begeistert. Sie hat schon immer rissige, knotige Hände gehabt und freut sich über den Makel der anderen. Drüberstehen – nicht so einfach.

Altersfleck ist ein schreckliches Wort. Flecken hassen wir ja schon auf Blusen, aber für die auf der Hand gibt es kein Fleckenspray. Da gibt's nur Vorsorge – und für die ist es inzwischen etwas zu spät. Darum sind drüberzustehen und sogar drüber zu lachen die einzigen Möglichkeiten. Die Hand mit dem neuen Fleck kann dennoch sehr gepflegt und zart aussehen.

Immer noch sexy – aber klar!

Was ist überhaupt sexy? Gehört dieses Attribut allein der Jugend? Kaum. Die Jugend hat es leicht, sexy zu sein. Im Alter ist Sexyness eine kulturelle Leistung. Das Gesamtwerk aus Aussehen, Geist und Haltung. Es ist vor allem ein Gefühl, das wir uns selber geben können. Mit Klamotten, mit einem wohlgeformten Körper, mit Wissen um Leben, Liebe und Sex.

Selbstverständlich ist junge Haut hübscher, ein straffer Busen toll, eine gewisse Naivität herzerweichend – das alles hatten wir auch mal. Was wir aber selten zu schätzen wussten. Jetzt ist es futsch. Jetzt haben wir weicheres Fleisch und härtere Urteile. Und machen einen Aufstand. Ganz unpraktisch.

Den Jungen müssen wir *ihre* Pluspunkte lassen, weil das Spiel auf *diesem* Gebiet für uns von vornherein verloren ist. Mit fünfzig aussehen wie neununddreißig: sinnlos! Wer wollte schon ewig neununddreißig sein? Auf der Stelle treten wie in dem Kultfilm *Und täglich grüßt das Murmeltier*? Wo der Held jeden Morgen völlig entnervt wieder am selben Tag erwacht?

Also stecken wir Energie, Fantasie und Originalität lieber in eine ganz andere Idee: die eigenen Pluspunkte zu finden. Wenn wir in der Jugend nicht begriffen haben, was für ein Schatz unser unversehrter Körper ist, dann können wir wenigstens jetzt erkennen, wie toll wir auch ohne die alte Unversehrtheit sind.

Jetzt können wir ihn lieben, unseren guten, alten Körper. Mit all seinen Lebenszeichen, Narben, Normabweichungen. Meistens stammen die Zeichen von Geburten. Oder aus Phasen mit Übergewicht. Von Überforderung oder ungesunder Lebensweise. Lange Nächte an Kinderbettchen machen Augenringe, Liebeskummer macht schlaffe Mundwinkel. Viel Stehen im Job macht Besenreiser. Frustfraß macht dick. Bewegungsmangel macht fahle Haut und Cellulitis, nachlässige Pflege tiefere Falten, zu viel Sonne Pigmentflecken.

Ein Freund, der Arzt ist und in seiner Praxis täglich Menschen mit Gebrechen und Zipperlein sieht, sagt ganz klar: Die Hälfte aller Leiden bei den Älteren ist selbst gemacht. Falsche Lebensweise führt zu Schäden und Schmerzen, führt dazu, dass wir alt aussehen.

Wir wissen ganz genau, warum wir so sind, wie wir sind. Aber wir wollen nur einen Schuldigen kennen: das Alter als solches!

Die Alternative: uns selbst zu lieben. Die eigene Attraktivität genießen und füttern. Nicht mit Süßem, sondern mit dem Besten aus Küche, Keller und Kosmetik, was wir kriegen können.

Neue Mode – neuer Mann

»Du musst ja nicht mehr in Hüftjeans passen«, sagt eine Freundin, die gern fließende Gewänder aus Leinen trägt – wie sie drunter aussieht, weiß ich seit Jahren nicht mehr. Sie hat recht, ich muss gar nichts. Aber vielleicht will ich es ja?

Warum jetzt noch enge Jeans? Eine gute Frage. Ein Jeanstyp bleibt ein Jeanstyp, auch jenseits der fünfzig. Das ist die simple Antwort. Wer in stylischen Ladenketten zwischen den Kleiderstangen wandelt, trifft viele aus unserer Altersklasse. Und ich habe nicht den Eindruck, dass sie alle nur neue Fummel für ihre Töchter suchen. Es ist eine neue Selbstverständlichkeit, dass Ü-Fifties sich mit aktueller Mode schmücken.

Früher gehörte es sich nicht, als älter Gewordene mit den Attributen der Jugend herumzulaufen. Heute ist alles möglich, was wir wollen. Das macht es nicht eben einfacher. Die ganze Palette der Möglichkeiten überfordert so manche von uns. Anleihen bei Teenieklamotten können ganz klar peinlich sein. Madonna soll sich zum Fasching als ihre eigene Tochter verkleidet haben. Die ganze Welt hat im Internet gelacht. Vielleicht kann Madonna das ertragen. Aber wir?

Mode, der eigene Stil und mehr Flexibilität werden wichtiger mit den Jahren, nicht unwichtiger. Als eine Freundin nach einem langen Aufenthalt aus Afrika zurückkam, war sie ganz im Stil der 1980er gewandet. Ich schlug vor: »Lass uns einkaufen gehen, du siehst ja aus wie eine Fünfzigjährige.« Und sie sagte: »Ich bin fast fünfzig.« – »Eben«, sagte ich, »und das muss keiner auf den ersten Blick sehen.«

Wir kauften als Erstes Jeans und Jeansjacke. Engere Kleider und kürzere Röcke kamen später dran. Ihr neuer Freund, der sich kurz nach unseren Shoppingeinsätzen bei ihr einfand, war ganz verrückt nach der frisch gebackenen Jeanslady. Die Frisur war eins-fix-drei dem sportiven Ladystyle angepasst. Und sie sah mindestens zehn Jahre jünger aus als vor einem Monat.

Es geht bei der Wahl der Klamotten nur um ein einziges Kriterium: das Gefühl, eine erotische Frau zu sein. Jede schafft ihr eigenes Bild von sich. Auf die eigene Sexyness vorzeitig zu verzichten – eine folgenschwere Entscheidung.

Mit Ausstrahlung auf Männerfang

Die übliche Bilderwelt macht es schwer, an sich selbst das Schöne zu finden, es vor der eigenen Kritik zu verteidigen. Manchmal stehe ich vor dem Vergrößerungsspiegel und denke: Spinnst du, wenn du dich gut fühlst? Das ist doch schrecklich, was du da siehst. Und dann grinse ich mich an – wider besseres Wissen. Greife zu etwas Rouge. Zur Wimpertusche. Wuschle die Haare durch und freue mich des Lebens. Das muss genügen. Mehr geht eben nicht.

Das Älterwerden stellt neue Anforderungen ans weibliche Ego. Wir müssen unseren Wert als Frau neu justieren. Wir müssen ihn gegen uns selbst und andere verteidigen. Mit unseren Haaren, Zähnen, Beinen passiert etwas – bei jeder sucht sich die Veränderung ihren Ort, an dem sie zuerst zuschlägt. Wer genug tut, um sich gutzutun, kann sich zurücklehnen und darauf vertrauen, schön genug zu sein fürs eigene schöne Leben.

Wir müssen uns nicht vorauseilend geschlagen geben, nur weil es so viele Jüngere gibt. Wie viele Jüngere gibt es denn, die uns das Wasser reichen können? Okay, sie sehen jünger aus – aber sonst?

Befassen wir uns lieber mit unserem eigenen Auftritt. Die sichtbaren Alterszeichen sind oft weniger dramatisch, als wir glauben. Solange wir gut mit uns umgehen, müssen wir mit den Jahren nichts von unserer Ausstrahlung verlieren. Im Gegenteil. Ein Freund sagte mir unlängst: »Sexy ist für mich Intelligenz.« Das höre ich gern. Die vergeht nämlich nicht. Die wächst mit.

Warum also soll eine Fünfzigjährige nicht um die Aufmerksamkeit eines Mannes werben können, wenn sie das doch mit dreißig ganz gut hingekriegt hat? Klar: Weil sie es sich nicht zutraut, erotisch noch punkten zu können. Weil sie sich selbst hässlich findet, alt eben. Weil sie ihre innere Erotik vergessen hat. Erotik hat mit

Aussehen und Alter ziemlich wenig zu tun – das haben wir nun begriffen. Erotik ist eine Frage der Haltung, der Ausstrahlung, des inneren Erlebens. Wir können auch sagen: Ich spüre sie, also bin ich (erotisch).

Die Erotik einer Marilyn Monroe oder einer Madonna – die hatten wir Normalfrauen eh nie. Sie kann uns also nicht abhandenkommen. Die Monroe konnte/wollte es uns nicht zeigen, wie man sexy alt wird. Was Madonna tun wird, wenn trotz täglichen Trainings die Schwerkraft ihre Wirkung tut, das werden wir sehen. Vorbilder wären wichtig. Aber unsere eigene Sexyness, die ist noch wichtiger, nur die zählt für uns, und es ist gefährlich, sie zu vergessen.

War es nur die jugendlich straffe Haut, die uns damals für Männer anziehend gemacht hat? Oder war es nicht auch die Spontaneität, die Unbekümmertheit, die Fröhlichkeit und Lust, die wir verströmt haben? Und wo sind die nun hin? Wer hat gesagt, dass wir ab fünfzig nicht mehr verrückt sein dürfen? Wer auf die Falten glotzt, kriegt schlechte Laune. Bekommt die Ausstrahlung eines Kellerkindes. Ich kenne genug Frauen, die weniger gut aussehen, aber besser drauf sind, und andere, die richtig toll aussehen könnten, aber irgendwie nicht gut rüberkommen. Das sogenannte gute Aussehen ist offensichtlich nicht entscheidend.

Im Kopf – da sitzen die unsichtbaren Falten, die uns viel mehr zu schaffen machen als die sichtbaren. Doch um die kümmern wir uns nur halb so liebevoll. Dabei finden alle wesentlichen Dinge im Kopf statt und nicht auf dem Kopf.

Das habe ich schon öfter von Männern gehört: dass Frauen meines Alters so festgelegt, ja, festgefahren sind und dass das die Annäherung schwer macht. Ausrede? Oder Wahrheit? Ich neige zu Letzterem. Es stimmt ja, wir sind klüger, weiser, sicherer, reifer geworden. Aber auch in der Liebe? Kann uns wirklich keiner mehr etwas vormachen?

Wie war das noch mal, als wir im Gras geliebt haben? Als wir nach einer halben Stunde von Mutters Geburtstagsparty verschwunden sind, um mit ihm allein zu sein? Der Bauchmuskelkater nach dem ersten gemeinsamen Spaziergang, weil wir so viel zusammen gelacht hatten? Und der längste Kuss des Lebens, der direkt ins Bett führte?

Jede von uns hat diese Geschichten. Da waren wir jung, da waren wir spontan, da waren wir, was uns heute scheinbar fehlt: begehrenswert.

Es war die Haltung zum Leben, die die Männer zur Liebe eingeladen hat. Und es ist unsere Haltung zum Leben als Ältere, die sie heute manchmal fernhält. Können wir noch spinnen, träumen, uns fallen lassen, hingeben? Wenn nicht: *Das* ist alt. Und *das* fürchten Männer, wenn sie hören, eine Frau ist über fünfzig.

Ich plädiere nicht dafür, das Licht unter den Scheffel zu stellen, das naive Doofchen zu geben. Ich sage nur: Fertige Urteile, strenge Weisheiten, starre Vorlieben und strikte Abneigungen sind es, die unsereins schnell altbacken erscheinen lassen. Wo jegliche Offenheit uns verlässt, weil wir alles schon kennen, alles schon wissen, alles schon hatten – da werden wir als Frauen unattraktiv.

Eine persönliche Entscheidung: Bin ich die weise Alte, die jedem Kerl auf den Grund der Seele blickt und ihn damit in die Flucht schlägt? Oder die verrückte Alte, die allen Anstand sausen lässt und bei gegenseitiger Begeisterung am ersten Abend schon im Bett mit ihm verschwindet?

In letzterem Fall können wir die Seelenschau dann später veranstalten, es muss ja nicht wegfallen, das Auf-den-Grund-Sehen. Nur auf die Stirn sollten wir uns nicht unbedingt schreiben: kann alles, weiß alles – brauche niemanden!

Das macht alt. Und unerotisch. Mit Aussehen und Körperformen hat das (fast) nichts zu tun.

Es gibt also einen Typ ältere Frau, der das öffentliche Image total versaut. Woran erkennt man sie? Am Jahrgang? Nein. An der Festgefahrenheit ihrer Ansichten! An ihren hochgezogenen Schultern oder ihrem krummen Rücken, an ihrer Unlust zur Bewegung – körperlich wie geistig. An Resignation und Bequemlichkeit. Wer sich seit Jahren in der Ehe keine Mühe mehr gibt, wer sich nach der Ehe optisch und geistig aufgegeben hat, weil eh alles so schrecklich ist, der zeigt das deutlich. An Mundwinkeln, am Gang, beim Tenor der angestauten, auf die Welt losgelassenen Frustrationen.

Bei einem Haus nennen wir das Renovierungsstau, es heißt, hier müsste dringend etwas getan werden. Auch bei uns stauen sich die Makel, Fehler und Sünden zu fühlbaren, sichtbaren Zeichen, wenn wir uns lange nichts Gutes getan haben. Jeder Sonnenbrand unseres Lebens ploppt als Hautschaden auf.

Genauso die weniger sichtbaren Versäumnisse. Nicht viel gelernt, auf Weiterbildung verzichtet, am falschen Mann geklebt, Wünsche unterdrückt, Kinder zum einzigen Lebenssinn erklärt, das Arbeitsleben vernachlässigt, Anstrengungen gescheut.

Lange bevor wir alt werden, entscheiden wir darüber, *wie* wir alt werden. Natürlich ist es mit mehr Geld, mit mehr Bildung, mit mehr Gesundheit leichter. Die Zweiklassenmedizin, vor der alle andauernd warnen, wird es für viele nicht leichter machen, auf sich zu achten, sich zu erhalten. In der sogenannten Unterschicht gibt es deutlich mehr Fettleibige als in anderen Kreisen. Altwerden ist unter anderem auch eine Schichtfrage. Aber das sollte keine von uns hindern, zu tun, was immer wir können. Auch gegen widrige Umstände kann angelebt werden.

Die unsichtbare Frau

»Ich bin unsichtbar geworden«, sagt eine Freundin, die gerade in die Menopause gekommen ist. »Kein Mann sieht mich mehr. Ich bin eine schwarze Frau. Männer riechen das. Und machen einen Bogen um mich.« Ich will protestieren, ich finde sie toll mit ihren glänzenden schwarzen Haaren, ihren langen Beinen, ihren schneeweißen Zähnen. Die ist doch nicht unsichtbar!

Es ist Selbstverletzung, sich auf die falschen Zeichen zu konzentrieren. Dass sie ihre Regel nicht mehr hat, irritiert meine Freundin. Das ist normal. Ihre Schlüsse aber sind überzogen. Übrigens hat nur etwa ein Drittel der Frauen körperliche Probleme mit den Wechseljahren. Geredet und geschrieben wird aber darüber, als wären Hitzewallungen ein unausweichliches Massenschicksal.

Immer wieder treffe ich Frauen, die unzufrieden damit sind, wie sie sich wahrnehmen und wie sie wahrgenommen werden. Sie beschweren sich darüber. Sie klagen sich an. Sie schimpfen auf die jugendverrückte Gesellschaft, auf geile alte Männer, gern auch: alte Böcke. Sie werten sich und andere ab, sie bringen sich mit ohnmächtigem Gemecker selbst um die Macht, etwas zu ändern.

Aus Frust tun sie oft genau das, was sie belastet. Zu viel futtern, naschen, saufen, rauchen. Nach dem alten Motto: Mein Bauch gehört mir. Stimmt leider auch, wenn es längst nicht mehr darum geht, eine Schwangerschaft zu verhüten. Er kann trotzdem Zentrum eines Problems werden. Er wächst nämlich in den mittleren Jahren wie von Zauberhand. Er wächst und wächst und wächst – obwohl wir gar nichts anderes tun als vorher. Wir essen in Maßen, nach cremetortenhaltigen Geburtstagen treten wir bewusst kürzer. Statt Fleisch gibt's ab und an Fisch. Alles gut. Und es reicht nicht.

Der Grund: Der Östrogenspiegel sinkt. Fett siedelt sich in den Wechseljahren vorzugsweise *zwischen* den Organen an, während wir früher mit dem Speck an Oberschenkeln und Po zu kämpfen hatten. Der Körper baut um. Und wir sehen mit Erstaunen und Entsetzen zu.

Ich habe doch gar nichts getan! Wofür werde ich bestraft? Antwort, hart, aber fair: für Unwissenheit und Ignoranz.

Jede von uns kann wissen, dass der Körper ab vierzig immer weniger Kalorien verbraucht. Wer aber weiter wie gewohnt isst, nimmt zu. Gesetzmäßig. Viele sagen: Ich mache doch gar nichts anders! Im Alter wird man eben dicker! Falsch! Im Alter muss man weniger oder anders essen und sich mehr bewegen.

Das Wissen der Ernährungswissenschaft wird geradezu täglich in Magazinen, im Fernsehen und im Internet gepredigt. Ab dreißig brauchen wir jedes Jahr etwa 150 Kilokalorien weniger pro Tag. Das wäre etwa ein halber Schokoriegel. Hochgerechnet auf einen Monat sind das 4500 Kalorien zu viel, wenn wir einfach so weiteressen wie bisher – umgerechnet ein Pfund mehr auf der Waage. In einem Jahr sind das sechs zusätzliche Kilos. In zehn Jahren dann – na, das kann schon ein Erstklässler errechnen.

Eine Sechzigjährige braucht nur noch durchschnittlich 1200 Kalorien am Tag. Das heißt: dauernd FDH – oder den Grundumsatz durch Bewegung erhöhen und dabei Muskeln aufbauen, die sofort mehr Kalorien verbrennen. Der sichere Weg zu einem fitten Körper, ohne Diät und ohne dauerndes lustfeindliches »Nein danke, für mich nicht«.

Dicke Lügen

Schlanksein ist kein Wahn – das demokratische Recht auf Dicksein ist eine Lüge: Dicke haben in allen Punkten das Nachsehen. Ihr Aussehen ist ein offensichtlicher Mangel, viele Krankheitsrisiken sind für sie deutlich erhöht – das ist in zahlreichen Studien nachgewiesen.

Aber Dicke sind hinterrücks stilprägend. Sie nehmen viel Fläche ein, sie sagen: »Na und?« Sie tun so, als wären sie echter, lässiger und authentischer als Dünne. »Ich bin dick, basta«, sagen viele und glauben, besonders stark zu sein, indem sie sich dem gängigen Stildiktat der Modeindustrie widersetzen. Sie sehen einfach anders aus als Models – und damit gelten sie als mutig, als widerständig und als gemütlich sowieso.

Bloß keine Normierung, sagen dieselben Menschen, die für die Datensicherheit auf die Straße gehen. Sie selbst sind natürlich auch lieber dünn als dick, aber sie gestehen anderen großmütig das Recht zu, dick zu sein – damit die Individualität gewahrt bleibt. Wer sich dick frisst, tut das, was er gerade möchte – und unterstützt statt der Mode- die Lebensmittelindustrie. Interessant: Überall, wo Wohlstand unserer Art hinreicht, werden die Menschen fetter. Und kranker. Und hässlicher.

Dünne seien zwanghaft auf ihre Figur fixiert, wird gesagt. Immer mehr Bücher erklären, wie toll es ist, seinen Speck zu mögen. Klar, wenn der Speck so fest sitzt, ist es besser, sich anzunehmen, wie man ist. Aber deswegen ist Dicksein noch lange nicht die wahre Weiblichkeit. Und Dünnsein noch lange kein falscher Ehrgeiz.

Ob der Schlankheitswahn in Werbung und Medien die Dicken geradezu produziert? Braucht die Ästhetik der Schlanken die Dicken, um sich abzuheben? Brauchen die Dicken ihr Fett, um sich zu unterscheiden, zu widersetzen? Sind sie die wahren Revolutionäre?

Jede hat ihren eigenen Grund, dick zu sein. Bei den meisten aber ist es: das Essen. Kaum eine sagt: Ich esse zu viel. Im Gegenteil, einmal sagte mir eine üppige Kollegin, die zwei Stunden nach dem Hotelfrühstück schon nach dem Mittagessen Ausschau hielt: »Ich esse wie ein Spatz.«

Selbstbetrug ist nötig, wenn wir uns als unförmige Menschen aushalten wollen. Es sei denn, wir wagen die Veränderung.

Schützende Speckschicht

Eine Freundin hat sich nach großem Liebeskummer und anderen dramatischen Ereignissen in ihrem Leben mit Ende vierzig fett gefressen. So brutal sagt sie es selbst. Sie war zuletzt auf über hundert Kilogramm angewachsen. Und hatte mit den Kilos auch gleich die Vorteile des Dickseins zusammengetragen: Kein Mann will mehr was von mir, keine Frau betrachtet mich mehr als Konkurrenz. Beides fand sie entspannend.

Sie ist Mutter und Oma – in aller Ruhe. Aber ein Freund von mir sagte, nachdem er sie kennengelernt hatte: »So dick kann sie gar nicht werden, dass man nicht die attraktive Frau in ihr ahnt.«

Das war ein wertvoller Hinweis, weil er aus Männermund stammte. Meine Freundin ist unter all dem Fett trotzdem die freiheitsliebende, kreative, einzigartige Person geblieben, die immer noch aus ihren schönen, braunen Augen blitzt. Wenn sie wieder abnimmt, und das versucht sie gerade, wird sie auch schnell wieder erkennbar sein. Als die lebensstarke, lustige, klasse Frau, die sie ist. Mit und ohne Übergewicht.

Warum sie dann überhaupt abnehmen will? Das Leben ist schwerer, wenn man zu schwer ist, sagt sie. Seit Jahren trägt sie schwarze Strick- und Leinenkleider, das macht keinen Spaß. Und wer nicht mehr in die Hocke gehen kann, muss umständliche Bewegungen erfinden, um eine Tulpenzwiebel oder einen Rosenstock in den Boden zu versenken. Auch mit den Enkeln spielt es sich besser, wenn man nicht zusätzlich eine halbe Person mit sich herumschleppt.

Eine andere Freundin mit mehr als zwanzig Kilo Übergewicht sagte einmal: »Manchmal frage ich mich, ob es vielleicht an meiner Figur liegt, dass ich seit zehn Jahren keinen Mann mehr habe.«

Sicher auch, habe ich gedacht. Vor allem aber an der tiefgründigen Traurigkeit, die in deinen Augen und Mundwinkeln liegt. Der Zusammenhang drängt sich auf. Dicksein hat Folgen, für Gelenke und fürs Gemüt.

Fast sechzig Prozent aller deutschen Frauen zwischen fünfzig und fünfundfünfzig Jahren sind übergewichtig bis fettleibig. Das heißt im Umkehrschluss: Nur knapp über vierzig Prozent in diesem Alter sind normalgewichtig.

Bei den Männern sieht es noch schlimmer aus. Annähernd achtzig Prozent der fraglichen Altersgruppe haben sich zu viel Speck zugelegt. Nur etwas über zwanzig Prozent haben noch eine normale Figur. Ab und zu erscheinen Berichte über die Folgen, Gefahren und auch Kosten dieser Speckparade. Wir Deutschen sind inzwischen Europameister im Fetttragen. Die Amerikaner sind Weltmeister.

Dicksein ist ein Riesenthema, das oft peinlich abgetan wird. Es scheint eine Abwägung zu existieren: Die Freiheit, sich fett zu fressen, wiegt schwerer als das Risiko, sich mittels fettbedingter Krankheiten sukzessive umzubringen (und vorher der Gemeinschaft zur Last zu fallen). Aber natürlich kann ein jeder mit sich machen, was er will.

Dicksein ist eine Last, jeder Dicke weiß das, aber keiner spricht drüber.

Dick- und Altsein ist eine Doppellast, jeder weiß es, aber alle gucken weg.

Politisch korrekt ist die Vielfalt. Der eine so, der andere so. Dick oder dünn, der Mensch zählt. Stimmt. Aber Dicksein und Älterwerden ist wie Pest und Cholera zusammen. Die eigene gewohnte Silhouette zu wahren ist ein Wohlfühlfaktor ohnegleichen.

Doch nicht einmal der Orthopäde traut sich, einer dicken Patientin mit Gelenkproblemen geradeheraus zu sagen: »Specken Sie erst mal ab, bevor wir teure Maßnahmen einleiten!«

Das Modewort Schlankheitswahn schreckt alle ab, etwas gegen das Dicksein zu sagen. Angst vor Bulimie und Magersucht bremsen die Auseinandersetzung mit der deutschen Fettleibigkeit aus, dabei gibt es viel, viel mehr Fette als Magersüchtige. Das Wort Fettwahn gibt es nicht, Fettsucht klingt aber auch nicht besser.

Kein Alibi fürs Frustfressen

Eine Freundin lebt seit fünfzehn Jahren solo. Dass ihr Mann weggelaufen ist, zu einer viel Jüngeren, hat sie so verstört, dass sie Jahre mit der Reparatur ihres Selbstbewusstseins zu tun hatte. Erst hatte sie noch einen Freund für ein paar Abende jede Woche, dann war auch das vorbei, weil er zu einer Ex zurückging.

Die Freundin zog sich zurück. Und sie zog sich Kalorien rein. Eine göttliche Köchin kann einfach zu leckere Sachen machen.

Und wer richtig Spaß am Kochen hat, kann sich damit auch Genuss verschaffen. Ich besuche sie sehr gern, wir essen immer gut und oft Sachen, die ich noch nicht kenne.

Aber sie redet beim Essen gern vom Abnehmen. Und ich denke ans Nicht-Zunehmen. Zwanzig Kilo will sie loswerden, es gelingt ihr nicht. Fünf runter, sechs wieder drauf, so geht das normalerweise. Sie isst aus Vergnügen, sie isst unbemerkt nebenbei, sie denkt ans Essen. So wie ich manchmal an Sex denke. Essen als Ersatzdroge – das funktioniert. Aber es macht eben leider dick.

Füllige Matronen mögen Gemütlichkeit verströmen, vertrauenswürdig aussehen und von ihren Enkeln sehr geliebt werden. Manche Dicke sind sogar sexy. Meine Freundin, die abspecken will, und so tolle Typen wie Hannelore Hoger gehören dazu.

Aber niemand sollte so tun, als gehörten Älterwerden und Dickerwerden zu demselben Paar Schuhe. Dickerwerden ist eine aktive Entscheidung. Und es verursacht Leid – mehr oder weniger, natürlich variiert das.

Elizabeth Taylor hat schon in den 1980er-Jahren sehr ehrlich in einem Buch darüber geschrieben, wie ihr Gewicht und ihre Selbstachtung zusammenhängen. Ja, sie ist Amerikanerin, dazu Filmstar – und damit einem sehr viel größeren Druck ausgesetzt, schön zu sein, als die meisten von uns. Aber sie hat recht.

Still leidend vor sich hin zu futtern, zu naschen, zu stopfen, immerzu nach Essbarem Ausschau zu halten, im Essen viel mehr Befriedigung zu finden als in anderen Dingen – das ist selbstverletzend.

Sie hat die Mechanik des Frustfressens erklärt: Erst nehmen wir die eigenen Defizite und Wünsche nicht wahr, dann sind wir leer und traurig, dann futtern wir und schaffen uns auf die schlichteste Art Genüsse.

Ab einem bestimmten Alter gehen die Pfunde viel schneller rauf als runter. Wer bisher immer mal die Notbremse ziehen musste, um wieder in sein schönstes Kleid zu passen, der wird jetzt härter zu kämpfen haben. Und viele geben schließlich auf.

Bloß weil der Körper beispielsweise als Lockvogel bei der Partnerwahl nicht mehr im Mittelpunkt steht. Wir sollten ihn aber um seiner selbst willen ehren, für ihn da sein wie für eine kapriziöse Pflanze.

Je weniger die Männer von unserem Körper halten, desto mehr sollten *wir* ihn lieben. Denn was sind wir ohne unseren Körper? Tot. Dann haben sich die Probleme mit dem Alter und mit den Männern zwar erledigt – aber bis dahin haben wir mit unserem Körper zu tun.

Wer sich also jetzt nicht endlich mit Sport anfreundet, wird wohlgeformtes Muskelfleisch verlieren und dafür unförmiges Fett anbauen. Wir können das fies finden, aber so sind unsere Zellen programmiert. Und ein Update ohne schweißtreibende Anstrengung ist bislang noch nicht erfunden worden.

Wer Abspecken für Schönheitswahn hält, sollte sich einmal die Gesundheitsstatistik ansehen, die die Zahl der Kilos mit der Zahl der Krebs- und Herz-Kreislauf-Erkrankungen ins Verhältnis setzt.

Wer jetzt sagt, mir doch egal, ich liebe Pommes und Pralinen und die am liebsten auf meinem Sofa, dem steht das selbstverständlich frei. Aber hinterher in die Gesellschaft posaunen, Altwerden sei grausam – das ist eine Frechheit.

Aktiv leben – gut aussehen

Wir müssen nicht mehr gefallen – das lese ich immer wieder, wenn sich Frauen schreibend Entlastung verschaffen. Die Veränderungen, die uns ins Gesicht geschrieben stehen und die wir an Bauch, Beinen und Po spüren, die müssen gedanklich bewältigt werden.

Wir brauchen eine Theorie, eine trostreiche. Nicht mehr gefallen müssen – das ist aber ein ganz schwacher Trost. Eigentlich ist es gar keiner. Es ist eine Lüge!

Natürlich müssen wir gefallen. Uns selbst zuallererst einmal. Wie das hinzukriegen ist, muss jede selbst herausfinden. Und wenn es eine Schönheitsoperation sein muss, dann muss es eben so sein. Andere lassen ihre Zähne bleichen. Der Körper als Baustelle – manchmal nicht zu ändern. Dauert das Leben länger, kommt das öfter vor.

Schon auf dem langen Weg ins mittlere Alter haben wir ja kapiert: Ich habe meine eigene Schönheit. Ich konzentriere mich auf das, was an mir schön ist, und nicht darauf, was mir fehlt. Ich betone meine Vorzüge und versuche nicht krampfhaft, meine Nachteile zu kaschieren.

Wer also schon vor einiger Zeit angefangen hat, sich zu achten und zu ehren, kann sich jetzt in Ruhe so richtig gefallen. Und es ist ja kein Geheimnis, dass genau das auch anderen gefällt. Verschämte Blicke auf sich selbst, Peinlichkeit angesichts der zusätzlichen Pfunde auf den Hüften – das macht nicht gerade anziehend. Wippender Gang, aufrechte Schultern, Brust raus, Bauch rein – das gilt noch immer.

Es ist das falsche Signal unserer lieben Schwestern, die sagen: Lasst euch – respektive Bauch, Schultern, Brust – hängen und findet euch ab.

Prioritäten setzen: ein völlig neuer Lernprozess. Jetzt stehen wir selbst im Mittelpunkt. Die Familie löst sich in verschiedene Richtungen auf. Kinder brauchen uns nicht mehr tagtäglich. Ehemänner stellen zwar Ansprüche, aber wir haben auch gelernt, sie in Schach zu halten. Beruflich ist kaum mehr ein steiler Anstieg vorgesehen. Und auch die Partnersuche ist nicht immer abendfüllend.

Wir kümmern uns um unsere Substanz. Um unseren Körper, den der verfeinerte Geist braucht, um drin zu wohnen. Nach der geistigen Vervollkommnung der letzten Jahre folgt nun die körperliche. Ein überirdisches Erlebnis, die eigenen Kräfte zu spüren, beim Joggen, beim Paddeln, beim Radfahren oder beim Krafttraining. Noch besser wird es, wenn sie wieder wachsen, die verloren geglaubten Kräfte.

Wer keine Zeit hat, dies zu tun, der verdient Mitleid. Ohne unseren Körper sind wir nichts. Und ohne uns zu gefallen, geht es uns: miserabel.

Also Schluss mit der Behauptung, es gehe nicht mehr um Schönheit. Und wir müssten uns sowieso von ihr verabschieden. Das stimmt einfach nicht. Viele rühmliche Ausnahmen zeigen: Es geht – älter werden und schön sein. Nennen wir es: schöner alt werden.

Natürlich haben wir ein Recht auf etwas mehr Ruhe nach dem Sturm der Jugend. Wir haben uns Genuss verdient. Und Anerkennung. Und Sicherheit. Wir haben nicht umsonst gelernt, geschuftet und vibriert. Ruhe, Gelassenheit, Entspanntsein – Kennzeichen der nicht mehr Jungen.

Aber wie viel innere Ruhe ist gut, damit nicht Stagnation und Langeweile entstehen? Damit der berüchtigte Altersstarrsinn nicht vorzeitig von uns Besitz ergreift? Wieder geht es um Balance. Die Aufgeregtheiten der Jugend liegen lange hinter uns, aber dass uns nun alles kaltlässt – das kann es auch nicht sein.

Besonders wer sich jetzt neues Liebesglück wünscht, braucht innere Beweglichkeit und geistige Bewegtheit. Wir sind ein eigenes Universum geworden. Der Mann, den wir kennenlernen wollen, hat diesen Weg auch hinter sich. Wie sollen sich zwei nicht nur faltenreiche, sondern auch vielfältige Wesen annähern, wenn sie nicht jede Menge Neugier haben? Also Lust auf Neues? Und die Fähigkeit, Neues aufzunehmen, zu schätzen und zuzulassen?

Wir haben keinen Grund, uns in Unscheinbarkeit zu flüchten. Wir können beispielsweise wieder mal Plateauschuhe tragen, die wir schon aus den 1970ern kennen – heute sind sie leichter begehbar, besser gebaut.

Krampfadern? Besenreiser? Können wir lasern lassen. Oder besonders schöne dicke Strümpfe drüberziehen. Hammerzehen, Fußballen? Werden oft mit gutem Erfolg operiert. Viele Hässlichkeiten des Alters sind kein Schicksal, sondern Nachlässigkeit.

Eine gewisse Frische der Haut ist sicher nicht zu unterschätzen, ein gewisser frischer Ausdruck aber auch nicht. Letzteren kriegen wir spielend hin – wenn wir einfach ein bisschen verspielt leben. Wie das geht, das lernen wir jetzt, jetzt ist die Zeit dafür, alte Blockaden zu lösen, die zu werden, die wir sein wollen.

Wer trotzdem so richtig schön am Zweifeln ist, was den eigenen Marktwert als Frau betrifft, befindet sich in bester Gesellschaft. Wir alle, die wir über fünfzig sind, haben Momente, in denen wir uns am liebsten im Klo herunterspülen würden. Dann hassen wir, wie wir aussehen, lassen kein gutes Haar an uns. Selbst wenn wir gestern noch ein Kompliment kassieren durften, ist das heute schon vergessen.

Alles Mist, ich bin alt. Und das sieht man. Da hilft nur eins: Liebe dich selbst, und es ist egal, wie alt du bist.

Uns selbst lieben – wie sieht das konkret aus? Gut finden wir uns ja sowieso, das macht nun mal die Erfahrung. Aber uns aktiv Liebe angedeihen lassen – wenn da nicht Selbstbefriedigung gemeint ist, was dann?

Uns mehr anstrengen. Das ist gemeint. Ein bissel mehr Disziplin, bitte, meine Damen! Es lohnt! Bei jedem noch so simplen Glücksspiel braucht es zuerst unseren Einsatz. Unser Einsatz für mehr Glück im Alter: gesünder leben. Bewusster leben.

Auch wer Öko-Müsli-Leute ablehnt, wer Kalorienhysterie verachtet, der Sportindustrie misstraut, alle guten Ratschläge in den Wind schlägt, wird verstehen: Ein Körper, der sich mit allen möglichen Problemen meldet, will ernst genommen werden. Betrachten wir ihn als ein kleines Kind, für das wir rund um die Uhr da sein müssen. Nicht nur quatschen und Kaffee trinken (oder Wein), sondern etwas *tun* für unser Wohlbefinden.

Das wird gepredigt von Sportmedizinern, Gerontologen, Onkologen, Kardiologen, Ernährungswissenschaftlern, Hirnforschern, Orthopäden, Psychiatern, Gynäkologen – zur langfristigen Wohlfühlgesundheit können wir selbst ganz viel beitragen. Nicht mehr nur dem Zufall überlassen, in welcher Form wir uns Energie zuführen zum Beispiel. Wer Tiramisu kann oder Zabaionetorte, der kann auch auf Omega-3-Fettsäuren umstellen und gehärtete Fettsäuren verbannen. Zum Beispiel. Gesundkochbücher gibt es genug. Es muss nicht gleich Diät sein. Es reicht, wenn wir unsere eigenen Ernährungsexpertinnen werden und überwiegend das essen, was unseren Zellen schmeckt.

Wer meint, das sei Stress und Essen sei doch Genuss, der hat ja auch ein bisschen recht. Aber nur ein bisschen.

Was für ein Stress ist das erst, wenn wir Tabletten gegen schlechtes Cholesterin schlucken oder uns selbst Insulinspritzen setzen müssen! Gesünder essen, herausfinden, was uns davon schmeckt, das ist für uns mittelalte Frauen doch ein Kinderspiel. Die Lieblingsessen aller Familienmitglieder machen wir im Schlaf – und unsere eigene Gesundbleibrezeptur sollte ein Problem sein?

Eher ist es doch so, dass wir uns selbst in diesem Punkt nicht wichtig genug nehmen. Schade. Alle Erkenntnisse liegen vor. Alle Zutaten gibt es zu kaufen. Und jede von uns kann einen Bogen um Burgerbuden machen. Das ist nun wirklich das Mindeste!

Sport muss sein

Sport kann auch süchtig machen«, warnt eine sportlos lebende Freundin. Da kann ich nur sagen: Es gibt schlimmere Süchte. Die Sucht, seinen Körper zu erhalten, ist sehr nah an der gesunden Eigenliebe. Voraussetzung für das von uns allen so geschätzte Geliebtwerden.

Nun werden ganz sicher nicht nur sportliche Frauen geliebt – wer aber beim Älterwerden mit Selbstwertzweifeln ringt, dem bringt ein starker, gut geformter Körper durchgreifende Beruhigung.

Manche Frauen sagen doch tatsächlich immer noch: Wer mich liebt, nimmt mich auch so. Und mit *so* meinen sie: übertriebene Lässigkeit bei der Fassadenpflege. Kein Friseur, keine Kosmetik, kein Stoppzeichen beim Dessert. No sports.

Aha, kann ich da nur sagen. Wer mich liebt, nimmt mich auch so – das galt, als wir unsere BHs verbrannt (oder wenigstens nicht getragen) haben. Das galt, als wir das lange Mädchenhaar gebürstet haben, und fertig war die Frisur. Das galt, als wir zwei Jeans und drei T-Shirts besaßen und in allem frisch und lecker aussahen. Lippenstift und Wimperntusche waren damals fast schon zu viel des Guten.

Drei bis vier Jahrzehnte später sieht das etwas anders aus. Jetzt gibt es ein Wettrennen mit der Zeit und gegen eine ziemliche Konkurrentinnenschar fast aller Generationen.

Die Zeit kerbt sich ein. Wir sehen zu, dass diese Kerben moderat bleiben. Dafür gibt es eine ganze Industrie. Und wer meint, an meine Haut lasse ich nur Wasser und Seife, der lässt sich einiges entgehen.

Sind das die ganz Selbstbewussten? Eher nein, sagt die Beobachtung. Es sind die, die sich schämen, das Beste aus sich zu machen, die Eitelkeit für eine Schande halten, die den Wunsch nach dem besten eigenen Auftritt als äußeren Tand verteufeln. Es sind Frauen, die vor allem tugendhaft sein wollen. Ob nun aus religiösen oder ideologischen Motiven, ist unerheblich.

»Ein anständiges Mädchen riecht nach seiner eigenen Frische«, sagte meine Großmutter, als ich mir zum ersten Mal Parfüm gewünscht hatte. Das mag sein. Aber jetzt noch ein anständiges Mädchen sein zu wollen, ist wirklich nicht zielführend.

Spätestens ab fünfzig sind wir berechtigt (und verpflichtet), optisch nachzulegen. Mit Cremetöpfchen und Tiegelchen, mit Duft und Glanz, mit ganz viel Pflege. Muss ja nicht gleich der Chirurg sein, das ist eine ganz andere Sache.

Die besondere Attraktivität unseres Alters ist uns selbst gut bekannt. Aber wir können sie auch ruhig vorzeigen. Oder wollen wir die tapfersten unter den Männern bestrafen, die sich Sex auch ohne jugendliche Stimulanz (also mit uns) zutrauen?

Ist also die »eigene Frische« erst mal weg, müssen wir uns Mühe geben. Mehr Schlaf, mehr Sport, weniger Rotwein, weniger Marzipan, um nur einige Stichworte zu nennen. Das Beste aus sich zu machen – wer nach dem Lebenssinn fragt: Hier ist zum Beispiel einer, den sich jede erfüllen kann.

Lust an Bewegung – am liebsten mit dem Richtigen

Weißes Himmelslicht. Die Kaltfront kehrt zurück. Wieder die Sehnsucht nach Sonne. Und Gedanken an den Sommer: Mein Freund kam regelmäßig zum Laufen. Und zum Reden. Über unser Leben. Wie viel Gemeinsamkeit? Wie viel Eigenes? Was macht uns glücklich? Wir teilten die Lust an Bewegung. Er läuft seit einem Jahr regelmäßig und mit wachsender Begeisterung.

Ein Mann, der nichts für sich tut – er wäre für mich schwer auszuhalten. Ich weiß ja, wie toll es ist, sich zu spüren, den Körper zu kennen, Kraft zu haben – wer darauf verzichtet, lebt anders. Kein Sport – das ist beinahe wie Verzicht auf Musik. Oder auf Sex. Oder auf Lust. Oder auf Denken.

Ein neuer Internetbekannter zeigte sich beim Bogenschießen, nach dem Halbmarathon, beim Kajakfahren und beim Segeln. Das finde ich attraktiv, aber offenbar finden das auch andere. Scheint wenig Zeit zu haben, schreibt nur alle paar Tage, dann aber innig und stilvoll. Er will sich bald wieder melden, verspricht er, wenn er im Job – er ist Coach und PR-Berater – mehr Luft hat. Ich bin jedenfalls neugierig. Bogenschütze. Einer mit Pfeil und Bogen. Irgendwie setzt er meine Fantasie in Gang. Das ist schon viel.

Wir Frauen müssen Prioritäten setzen. Was ist wichtiger: ein perfekter Haushalt oder mein Körper, in dem ich zeitlebens lebe? Was ist mehr wert: ein neuer Kaschmirpulli oder meine Haut, die ein Leben lang halten soll?

Keine Zeit und kein Geld – das sind faule Ausreden. Angesichts der Gefahren, denen wir mit ein bisschen Aerobic-Spaß und Joggen oder Ähnlichem entgehen können, stehen die Ausreden dumm da. Was kann wichtiger sein als ein gutes Leben?

Und ein gutes Leben im Alter ohne ausreichende Bewegung –

das gibt es nicht! Helmut Schmidt, der über neunzigjährige Kettenraucher, ist die totale Ausnahme. Alle Raucher, die Sport meiden, berufen sich immer auf das eine einsame Beispiel.

Es ist in unserem Alter absolut verrückt, keinen Sport zu machen. Wir bauen sonst automatisch ab – jede von uns! Weniger Muskelmasse, weniger Gehirnzellen, schwächere Sehnen und Bänder, brüchigere Knochen. Alle zehn Jahre nimmt die Muskelmasse um fünf Prozent ab – allerdings nur, wenn wir nichts dagegen tun.

Wer bisher so durchgekommen ist, ohne Fettwülste, Bandscheibenprobleme oder Knieschmerzen, hatte einfach Glück.

Sport ist der einzige Jungbrunnen, der wirklich funktioniert. Vielleicht noch häufiger: guter Sex. Aber Sport hilft sogar, den mehr zu genießen. Kräftige Beckenbodenmuskulatur, bessere Durchblutung – da klappt's auch mit dem Orgasmus.

Aber auch vorübergehend Sexlose profitieren: Nichts verhindert Verschleißerscheinungen so durchgreifend wie körperliche Bewegung. Sport hält uns bis auf die Knochen frisch. Walken oder Joggen beispielsweise verdichtet das Knochengeflecht und schützt vor Osteoporose. Außerdem: Wir haben mehr Blut im Körper, mehr Sauerstoff, mehr Antikörper, weniger schlechtes Cholesterin, jüngere Nervenzellen, weniger Zellschäden und eine bessere Haltung. Alles messbar und bewiesen.

Sport macht nicht nur die Knochen dichter, die Fettverbrennung effektiver, das Herz stärker, die Figur hübscher – er macht auch den Kopf frei. Sorgen treten zurück, Grübeleien verschwinden von ganz allein, die Stimmung hellt sich auf. Gute-Laune-Stoffe werden aktiviert.

Und unsere Meinung von uns selbst bessert sich enorm: Wer es schafft, Sport in sein Leben einzubauen, ist stolz auf sich. Mit Recht. Er tut das Beste für sich, was er außer privater Rentenvorsorge für das Alter tun kann.

Wer regelmäßig andere Sportfreunde trifft, auf dem Waldweg

oder eben im Fitnessstudio, der trifft auf nette Gleichgesinnte. Leute, die sich verständnisinnig ansehen und sagen: »Das war heute mal wieder hart. Aber gut!« Irgendwann spricht man auch über die Zipperlein, über die Enkel, übers Gewicht oder übers Wetter. Man versteht sich. Und man versteht die anderen nicht, die lieber zum Orthopäden gehen und sich Spritzen, Pillen oder Physiotherapie holen, statt vorzubeugen und sich selbst zu heilen.

In meinem Fitnessstudio ist es ganz augenfällig: Die Rezeption für die Sportumkleide und die Anmeldung für die Orthopädiepraxis liegen am selben Tresen. Links holt man sich den Schlüssel ab für die Garderobe, um in die Sportklamotten zu steigen, rechts gibt man die Überweisung ab für die Facharztbehandlung. Für die Ärzte, denen das Sportstudio gehört, ein sicheres Geschäft. Sie erwischen beide Gruppen.

Oft sehe ich relativ junge Leute nach rechts streben und denke: Rechtzeitig auf der richtigen Seite anmelden, Mensch! Korrekterweise will ich ergänzen: Natürlich ist nicht jede orthopädische Behandlung zu vermeiden, natürlich sind nicht alle Kranken nur »selbst schuld«. Aber viele.

Was nur die wissen, die es tun: Sport verbessert das Verhältnis zum eigenen Körper. Selbst wenn er an manchen Stellen absolut nicht mehr dem Schönheitsideal entspricht – wir gewinnen ihn endlich so lieb, wie er es verdient hat.

Ich sehe die Sportlerinnen meines Alters mit Freude an. Manche haben kleine Dellen an den Oberschenkeln, manche die berühmten Winkerarme, manche eine kleine Rolle unterm Nabel, manche einen Rundrücken – die Formen sind vielfältig. Keine ist perfekt. Aber alle haben ein gutes Verhältnis zu sich.

Sport macht das Älterwerden leichter. Er gehört dazu, wenn wir uns lieb haben. Genau wie die aufwendigere Zahnpflege, die richtige Brille oder die besten Kontaktlinsen und die gute Ernährung. Der Körper baut um. Ungefragt. Tut, was er will. Kommen Weihnachten zwei Pfund dazu, suchen sie sich andere Stellen aus als früher.

Siebenundzwanzig Millionen Deutsche sind in Sportvereinen organisiert, acht Millionen gehen in Fitnessstudios. Der Wirtschaftsfaktor Sport wurde vor einigen Jahren bereits auf vierzig Milliarden Euro geschätzt. Das klingt gewaltig.

Aber was ist mit den über fünfzig Millionen anderen? Ein Trend ist erkennbar. Das Durchschnittsalter in Sportstudios ist mittlerweile auf vierzig Jahre gestiegen. Dazu tragen wir bei, wir heben den Durchschnitt – was das Niveau nicht unbedingt senken sollte. Muskelaufbau ist in jedem Alter möglich. Und wer von uns erst mal auf den Geschmack gekommen ist, hält an seiner neuen Gewohnheit fest. Wir sind eben nicht mehr so wankelmütig wie früher.

Froschprinzessinnen

»Du schreibst übers Älterwerden?«, fragt eine Sportfreundin vor dem Steppaerobic-Kurs. Ich weiß, dass sie Deutschlehrerin ist und neunundfünfzig Jahre alt. Sie sieht klasse aus, hat feine Haut mit winzigen Fältchen und eine straffe Figur. Ihre Frisur ist ein wenig konservativ. Aber sonst: alles top.

»Ich könnte darüber nur ein einziges Wort schreiben: Scheiße.«

»Was ist scheiße?«, frage ich, wir haben noch vier Minuten, bis die Musik einsetzt und die Trainerin ihre Kommandos gibt. »Na ja, alles war leichter, ich war hübscher, das Leben war noch so lang.« Die übliche Antwort.

Ich kann mir gut vorstellen, wie hübsch sie war. Anders als jetzt, aber nicht hübscher. Aber da war ihr Mann noch nicht durchgebrannt, da waren die Schüler noch nicht so abgebrüht. Da schienen viele Probleme lösbar, mit denen wir uns heute auf Dauer eingerichtet haben.

Die nie so richtig hübsche Frau altert übrigens irgendwie unbekümmerter als die einst gefeierte Schönheit. Während die Froschprinzessin frühzeitig auf innere Werte achten musste, hat sich die auffällig Schöne lange auf ihre optische Wirkung verlassen. Erstere wurde nicht bewundert für ihr seidiges Haar, sondern für schnelles Lesen und gutes Schreiben. Letztere hat natürlich auch lesen gelernt, aber ehe sie einen klugen Satz formen konnte, lag ihr schon ein Knabe zu Füßen. Wenn dieser Mechanismus altersgemäß allmählich nachlässt, ist schnelle geistige Nachrüstung erforderlich – und eben nicht die Schlussfolgerung, dass Älterwerden Mist ist.

Wer eine echte Jugendschönheit war, hat es in diesem Punkt schwerer. Meine schöneren Freundinnen sehen schon seit Jahren ihre Felle wegschwimmen, sie hatten viel und haben viel zu verlieren. Sie hatten sich angewöhnt, ihr Ego vom männlichen Begehren zu ernähren. Andere, so wie ich, befanden sich schon immer im Mittelfeld des heimlichen, allgegenwärtigen Schönheitswettbewerbs. Und da bleiben sie auch im höheren Alter – wenn sie ein bisschen was dafür tun. Dran glauben, zum Beispiel.

Vielleicht hat die Natur es so vorgesehen, dass die schöneren Formen den weniger Schlauen zugeteilt werden? Und die mit dem tollen Gehirn nicht auch noch optische Vorteile bekamen? Ausgleichende Gerechtigkeit. Viele Ausnahmen bestätigen die Regel.

Im Alter ordnen sich die Dinge dann neu. Nicht immer ganz gerecht. Schönheit vergeht. Doof bleibt doof. Schlau macht schön.

Jedenfalls altert es sich leichter, wenn man optisch nie perfekt war und darum eher seinen Geist poliert hat. Mit Esprit lässt sich länger glänzen als mit blankem Dekolleté. Schön, wenn beides zusammenkommt. Aber auf der sicheren Seite sind im Laufe der vielen Jahre dann doch die mit der inneren Schönheit. Innere Schönheit ist nämlich auch außen sichtbar.

Better aging mit innerer Schönheit

Früher dachte ich immer, der Begriff innere Schönheit sei ein Trostpreis für die, die Pech gehabt hatten mit den Genen. Jetzt wünsche ich mir innere Schönheit mehr als perfekte Haut und hinreißende Figur. Ganz einfach: Das ist eh nicht mehr zu haben. Basta. Ich jogge und creme und all das, kann ja nicht schaden – aber *anti aging* hat ganz klare Grenzen. Sagen wir sowieso lieber: *better aging*. Besser altern.

Innere Schönheit ist also, wenn meine selbst erworbenen Falten gut zu mir passen. Wenn mein Augenlachen die Altersflecken überstrahlt. (Dezentes Make-up hilft auch.) Wenn meine Kopf- und Nackenhaltung geistige Spannung verrät und ich gelegentlich völlig vergesse, dass ich nicht zwanzig bin.

Innere Schönheit ist nach außen gekehrte Haltung. Jede kann sie haben. Vorausgesetzt, sie beschäftigt sich ehrlich mit sich selbst und mit denen, die zu ihr gehören.

Innere Schönheit ist lebendige Reife, überzeugte Weiblichkeit. Wir haben dazu alle Chancen. Bildung, Wohlstand, Gesundheit und langer Frieden sind auf unserer Seite. Nicht deswegen, weil das Bindegewebe ermüdet, fühlen wir Älteren uns manchmal am Rand der Geschehnisse, sondern weil wir selbst ermüden – und in der Folge ermüdend werden. Wer sich in unserem Alter nicht für *alles* interessiert, verschwindet schnell unter der berühmt-berüchtigten Tarnkappe.

Frauen, die Kuchen backen, sind toll. Frauen, die nur noch Kuchen backen, sind langweilig.

Das heißt nicht, dass wir jede Internetkapriole kennen müssen. Twittern, bloggen und Facebook – alles schön und gut, aber nicht notwendig, um sich lebendig zu fühlen. Wobei: Mal zu gucken, was unsere Kinder in ihrer Freizeit so tun, das kann nicht falsch sein. Und es gibt jede Menge Junge, die uns virtuell gern an die

Hand nehmen, wenn wir etwas dazulernen wollen. Aber um jugendliche Hipness geht es nicht, wenn wir uns von innen zum Leuchten bringen wollen.

Unsere gesammelten Kräfte stehen uns ins Gesicht geschrieben. Und wenn wir sie begrüßen, sehen wir einfach auch gut aus.

Einmal rief mich eine Redaktion an und bat mich, ich solle darüber schreiben, warum es mit den Jahren unwichtiger werde, das gute Aussehen. Ich habe gesagt, darüber kann ich nicht schreiben, weil es nicht stimmt. Und dann habe ich doch etwas geschrieben, nämlich: Warum ich immer schöner werde. Natürlich war das reine Provokation. Aber es lag auch ein kleiner, wahrer Kern darin.

Ich habe plötzlich gespürt, dass ich ganz unmerklich zufriedener mit mir geworden war, mit meiner langen Nase, mit meinen breiten Beckenknochen, meinen schmalen Augen und kleinen Brüsten. Dass ich mich nun endlich mochte. Da war ich siebenundvierzig.

Vielleicht ist der Zusammenhang von Form und Inhalt der Grund, weshalb immer wieder behauptet wird, es komme im mittleren Alter nicht mehr so aufs Aussehen an. Das ist natürlich purer Unsinn. Jede von uns hat ihr eigenes Schönheitsbarometer. Wir vergleichen uns am besten immer mit uns selbst. Da kennen wir uns aus. Wir selbst sind unser Maßstab.

Sich schön finden ist der Schlüssel zum Schönsein. Gern lassen sich andere manipulieren von Charme, Witz und Überzeugungskraft. Das ist die Mechanik der Werbung. Wir können sie auf die eigene Person anwenden. Und für uns werben, indem wir uns selbst sagen: Ich bin genauso schön wie früher.

Der Zickenkrieg geht weiter

Draußen wachsen die Schneeberge, manche Straßen werden nicht geräumt. Endlich mal wieder richtig Winter. Angeblich hatten wir ja früher immer weiße Weihnachten und in den Sommerferien immer Badewetter.

In Gedanken gehe ich zurück zu einer Gartenparty im letzten Sommer. Etwa fünfzig Leute. Alle so ungefähr mein Alter. Alte Bekannte, neue Gesichter. Ich war gut drauf. Ich flirtete, was das Zeug hielt. Plötzlich der Vorschlag eines neuen Bekannten, mit ihm nach Moskau zu fliegen. Die Absicht hatte ich ganz gewiss nicht, aber sie schmeichelte.

Am nächsten Tag, das übliche Telefonat mit der Gastgeberin: »Danke, es war nett, hab noch etwas Kopfschmerzen.« Nach kurzem Umweg fängt sie an zu schimpfen: »Du warst unmöglich, du warst betrunken. Das war mein Verehrer, den du da angebaggert hast.« Peng, das saß. Für kurze Zeit war ich ins Teenagerzeitalter zurückgerutscht. Kampf um die Ressource männliche Aufmerksamkeit. Der hat nie aufgehört. Im Gegenteil.

Manche Frauen bilden sich ein, weniger begehrenswert zu sein. Und sehen voller Wut, wenn Gleichaltrige das ganz anders empfinden und leben.

Der Zickenkrieg ist längst nicht vorbei. Auch irgendwie tröstlich. Die Konkurrenz wird im Alter schärfer – logisch. Weil sich jetzt erst richtig zeigt, wer wir sind. Stil, Charme, Witz und Geist sind die Argumente, die wir für einen Flirt einsetzen können. Wer sich da im Hintertreffen fühlt, nimmt es schmerzlicher wahr als damals den Ärger mit einem Pickel oder einen zu kleinen Busen.

Altern ist demokratisch: Es gibt jeder die Chance, sich ins beste Licht zu rücken. Unabhängig von der Länge der Beine oder der Feinheit der Poren. Älterwerden – auch ein Maßstab unserer Substanz. Und es geht mehr und mehr um die Kunst, genussvoll zu leben. Also auch: mitnehmen, was immer am Wegesrand liegt.

Und wenn es der harmlose Flirt mit dem Verehrer der besten Freundin ist.

Liebe nach der Paarungszeit

Warum noch Liebe?

Wir haben als Frauen unsere Schuldigkeit getan. Das ist ein gutes und ein schlechtes Gefühl. Mutterpflicht erfüllt, da können wir stolz sein. Nun wird diese wesentliche Lebensfunktion nicht mehr gebraucht. Eine irre Leere kann sich auftun, wenn Muttersein ein wesentlicher Lebensmotor war. Dann muss eine neue Frauenrolle geschrieben werden. Eine, in der Weiblichkeit nichts mit Nachwuchs zu tun hat. In der Sexualität einen anderen Grund bekommt. In der Erotik Selbstzweck ist und wir unser Frausein abkoppeln können von Gebärmutter und Milchgängen.

Eigentlich sollte das kein Problem sein, der Prozess verläuft ja schleichend. Auch wenn manche erst mit über vierzig ihr erstes Kind bekommen, geht es etwa in dieser Zeit los, dass der Körper sich umbaut. Die sogenannten Wechseljahre bahnen sich an. Wir wechseln das Frauenfach. Unklar wohin, unvorbereitet. Deswegen wischen viele dieses Thema so lange wie möglich beiseite.

Was ist die Gefahr? Dass wir unsere Weiblichkeit verlieren, weil wir die Gebärfähigkeit verlieren? Frauen müssen nicht ununterbrochen gebären. In unserem Kulturkreis tun sie es einmal im Leben, manche zweimal, wenige öfter und viele gar nicht. Die Gebärfunktion *kann* uns nicht als Frau definieren. Und als Liebesobjekt schon gar nicht.

Gut, wir haben unseren Nachwuchs großgezogen, mit oder ohne Kindesvater oder mit wechselnden männlichen Partnern.

Oder wir haben eben kein Kind in die Welt gesetzt, uns anderweitig engagiert, und nun ist der Kinderwunsch abgehakt. So oder so. Wir haben auf jeden Fall ein aktives Frauenleben geführt und uns weiblich kompetent verhalten. Das hört nicht einfach auf.

Der biologische Sinn der mehr oder weniger romantischen Paarung der Geschlechter entfällt für uns. Und zwar gänzlich. Deswegen lockern sich jetzt auch manche Beziehungen, die Elternzeit läuft endgültig aus, der Kindesvater ist absolut kein Muss mehr in unserem Leben. Hat er sich bewährt, ist etwas gewachsen wie liebevolle Freundschaft, wahre Verbundenheit – dann gehört er zu mir wie der Name an der Tür. Was nicht ausschließt, dass Sehnsucht nach Kribbeln aufkommt. Die ist wirklich nicht nur Männern vorbehalten, die noch mal loslegen, probieren, was geht. Auch wir Frauen nach der Paarungszeit haben ein Recht auf Aufbruch. Oder Ausbruch.

Eine Freundin erzählt von ihrer Tante. Sie hatte nach dem Tod ihres Mannes einen Verehrer. Und dann hat sie ihm den Laufpass gegeben. »Der wollte doch nur von mir bekocht werden«, sagte sie als Begründung. »Das ist mir zu wenig.« Da war die Tante zweiundachtzig.

Wollen wir die Liebe, nur weil sie zum perfekten Glück gehört? Weil wir immer das am meisten ersehnen, was wir gerade nicht haben? Weil wir gelernt haben, dass ein Mann uns erst komplett macht? Weil die schöne Platon'sche Geschichte vom Kugelwesen uns nicht loslässt? Das wurde in grauer Vorzeit von den Göttern zur Strafe für seinen Hochmut getrennt, sodass sich die zwei Hälften als Mann und Frau ein Leben lang suchen müssen, damit sie wieder ein Ganzes werden. Ein rührendes Bild.

Wieder rund werden geht aber auch ohne Partner. Geht sogar zunächst besser ohne Partner. Der Mann als Vervollkommnung eines unausgefüllten Lebens – schlechte Idee.

Mit vierzehn traf die Frage mitten ins Herz: »Na, Kleine, hast du schon einen Freund?« Und wir hörten: »Na, kann ich dich für voll nehmen? Oder bist du eine, die keiner will?« Für voll nehmen kann man uns, auch ohne Mann, ganz klar. Und wir sind auch keine, die keiner will – wir hatten alle schon mindestens einen. Also kann es hier nicht um Selbstwertpunkte gehen. Torschlusspanik ist genauso unproduktiv wie die damalige Teenagerangst, sitzen zu bleiben.

Die Liebe wurde erfunden, damit wir Menschen nicht aussterben. Da wir genug zur Erhaltung der Art getan haben, und wenn nicht, das nun auch nicht mehr ändern können, ist die Liebe jetzt reine Kür.

Wir hatten Herzklopfen, Orgasmen, Momente, in denen es Sterne regnete. All das hatte jede von uns irgendwann. Das ist großartig. Und wir können festhalten: Das nimmt mir keiner weg. Ich war umschwärmt, begehrt, eine wunderschöne junge Frau. Danke dafür! Und nun geht's weiter. Irgendetwas ist dran an der Liebe, dass wir sie nicht missen wollen.

Die Frage ist: Auch als Großmutter noch die Laken zerwühlen? Warum eigentlich? Und warum eigentlich nicht? Wir haben die Wahl. Wir dürfen unseren Wunsch haben, erkennen, pflegen, zu seiner Umsetzung beitragen. Und wir können ihn als Option betrachten – nicht als Bedingung für ein gutes Leben. Sonst machen wir uns zu viel von einem Mann abhängig. Und das hatten wir doch schon. Oder?

Plötzlich denke ich an die einsamsten Ostseeferien, die ich je hatte. Ich war neunzehn, war am ganzen Körper gleichmäßig gebräunt, ohne ein Gramm Fett zu viel, meine Haare waren blond und fast taillenlang. Aus dem Kofferradio schepperte der neuste Beatles-Hit: »All you need is love …« Und ich war so unbeschreiblich einsam. Weit und breit kein passendes männliches Wesen. An meinem Alter kann es nicht gelegen haben.

Diese Erinnerung ist wertvoll. Logisch führt sie zu dem Gedanken: Es sind nicht mein Teint und mein Taillenmaß, die mich heute eventuell männerlos machen. Es ist einfach nur Zufall.

Die moderne Glücksphilosophie hat uns ja die Selfmade-Idee eingehaucht: Du bist verantwortlich für alles, was dir geschieht. Du kannst dein Glück machen. Stimmt aber gar nicht. Ich kann die Arme und die Augen offen halten. Aber Glück in der Liebe kann ich nicht *machen*. Fünfzig Prozent hängen einfach am anderen.

Besser leben – mit und ohne Partner

Draußen ist Eiszeit, scheinbarer Stillstand, ich habe mir einen Milchkaffee gemacht und denke: Wie verlieben wir uns eigentlich im höheren Alter? Der Mann in meinem Leben, was soll der? Mit mir »weißt du noch« sagen? Den Stand beim Gaszähler ablesen? Mit mir die Kosten teilen? Mir ab und zu einen Orgasmus machen? Geräusche verbreiten, die mir sagen: Ich bin nicht allein im Haus? Und bin ich nicht allein, bloß weil noch jemand das Bad benutzt?

Zeit für Neuordnung der Gefühle. Zeit für Neustart in der Liebe. Mit dem oder einem anderen Mann. Oder allein. Denn Liebe ist universell, das wissen wir, wenn wir die Katze streicheln und dem Eichelhäher zusehen, wie er die frostharten letzten Äpfel vom Baum pickt. Liebe ist in jedem einzelnen Augenblick, wenn wir sie wahrnehmen können.

Nicht alle Liebe kommt vom Mann. Der Gedanke entlastet. Ich brauche nicht mehr *zu viel* von ihm. Ein erster Schritt.

Es ist nicht so sehr das Problem, jemanden für uns zu interessieren. Wenn wir auf uns achten, uns genug lieben und für uns sorgen, passiert das durchaus. Das größere Problem ist: Was tun, wenn er da ist, der neue Geliebte?

Was wir dann brauchen, ist Größe.

Dazu gehört Gelassenheit: Er muss uns nicht bis ins Grab erhalten bleiben. Er kann auch erst mal für zwei Jahre Glück gut sein.

Offenheit: ihn lassen können, wie er ist. Er hört Westernhagen? Gut, wenn es nicht den ganzen Tag dauert. Ich spiele ihm danach Marla Glenn vor.

Kreativität: Ein neuer Mann ist die Gelegenheit, neue Sachen zusammen zu entdecken. Anders zu kochen, anders zu essen, anders zu reisen, andere Filme zu sehen. Warum nicht?

Großzügigkeit: seine kleine Wohnung, mein großes Haus. Oder umgekehrt. Wir müssen uns nicht entscheiden. Aber pendeln sollten vielleicht beide, sonst gibt es eine Schieflage.

Eigenständigkeit: Bloß nicht alles zu zweit machen. Wir haben uns als Einzelwesen getroffen. Und das bleiben wir auch. Verschmelzung: Vorsicht! Nicht mehr ganz unser Thema.

Alles in allem sind das sicher Entwicklungsschritte, die uns selbst guttun – auch ohne Traummann. Wir sind als reife Liebende sozusagen in einer Win-win-Situation: Während wir uns um unsere Befindlichkeiten kümmern, um taugliche Partnerinnen zu werden, erreichen wir gleichzeitig, dass wir auch ohne Partner besser leben können.

Drängt sich die Frage auf: Warum überhaupt noch an uns arbeiten? Waren wir nicht schon gute Ehefrauen, gute Mütter? Sind wir nicht gereift in all den Jahren? Haben wir nicht genug Erfahrung, um uns sicher und sinnvoll mit anderen Menschen zu verbinden?

Nein! Haben wir nicht! Unsere Erfahrungen sind wertvoll. Natürlich. Aber sie stehen uns auch im Weg, wenn wir nicht aufpassen. Wir wollen ja die oft schmerzlichen und manchmal erfolglosen Dinge von einst nicht wiederholen, wir wollen glücklich werden.

Je oller, je doller?

Liebe und Sex sind Werte für sich. Weil wir keine Katzen oder Elefantenkühe sind, sondern Frauen, und zwar in Mitteleuropa.

Und allenthalben können wir lesen, wie orgasmusfreudig wir älteren Ladys sind, eher freudiger als früher. Nicht repräsentative Umfragen in meinem Freundinnenkreis bestätigen: Wer (noch) Sex hat, hat besseren Sex als in jungen Jahren. Logisch, eine reife Frau ist deswegen reif, weil sie Bescheid weiß. Über ihren Körper, über männliche Bedürfnisse wie über ihre eigenen. In Wahrheit sind wir Älteren die geeigneten Gespielinnen für Männer unseres Alters (und etwas darunter). Viele haben das nur noch nicht entdeckt. Auch viele unter uns Frauen noch nicht.

Wie kommt das? Es gibt viele Weggabelungen, an denen unsere Sexualität angegriffen wird und verloren gehen kann. Eine alte Ehe ist selten der Hort spannender Erotik. Eine Scheidung macht nicht unbedingt Lust, sich gleich wieder ins Abenteuer zwischen den Kissen zu stürzen. Und langes Alleinleben hält auch nicht eben fit für allerlei Sexspiele mit einem plötzlich auftauchenden Wunschpartner.

Die Folge: Wir vergessen, was wir draufhaben, und wenden uns Konfekt, Sofa, Fantasyromanen und Rotwein oder Cognac zu. Diese Ersatzhandlungen machen aber nicht nur nicht glücklich, sie machen auch alt, schlaff, dick und faul. Besser das Geld bei einer Online-Partnervermittlung für ein halbes Jahr Chancencheck einsetzen als für Dinge, die wir in uns hineinstopfen, um den Verlust nicht so hart spüren zu müssen. Meine Meinung.

Damit ist nicht gesagt, dass jede Frau in der Mitte des Lebens eine sexy Hexy sein muss, damit ist nur gesagt, dass sie es *kann*, wenn sie es *will*. Eine Frau nach der Paarungszeit muss eine Frau bleiben, wenn sie einen Mann will. So einfach ist das.

Weibliche Verführungsfähigkeit

Mein Eisenöfchen knackt. Ich habe draußen den Schnee vom Holz geklopft, um es hereinzuholen, jetzt flackert ein warmer Feuerschein im Zimmer. Ich hole tief Luft und sage: wie schön! Wie schön es hier ist, bei mir, ganz allein in meiner Welt. Und ich frage mich wieder einmal: Warum genügt das nicht? Ist es ein Defekt, dass ich einen Partner herbeisehne, auch wenn es mir an nichts fehlt?

Dann wären sehr viele defekt. Gibt es vielleicht Defekte, die wir akzeptieren müssen? Der Mensch ist ja kein Auto, das bei regelmäßiger Wartung und mit den notwendigen Reparaturen gleichmütig seinem Ende entgegenrattert.

Wissenschaftler entlasten mich und alle anderen mit dem »Defekt Sehnsucht«. Sie sagen es ganz schlicht: Wenn Menschen länger leben, wenn sie sich länger jung und gesund fühlen, bekommen Liebe, Partnerschaft und Sex eine ganz neue Bedeutung. Sie werden im Alter deswegen wichtiger, weil mehr Zeit für sie da ist.

Als wir jung waren, lebten wir wie die Hamster im Laufrad. Alles musste hinein in den Alltag: Ausbildung, Party, erster Job, erstes Kind, Liebe, Sex, Ehe, Wohnungseinrichtung, Hausbau, Reisen, Freundesclique. Das ist bewältigt. Alles hat seinen Platz.

Und da ist auf einmal auch wieder für Platz die Liebe. Dumm nur und oft richtig schmerzhaft, wenn sie nun fehlt. Das fühlt sich schnell wie ein Defekt des eigenen Lebens an. Aber so müssen wir das nicht sehen.

Dieselben Wissenschaftler, die über Bedeutung von Liebe und Sex im Alter nachdenken, sagen auch: Ältere Frauen unterschätzen ihre Verführungsfähigkeit.

Als ich das in der Zeitung gelesen habe, musste ich grinsen. Verführungsfähigkeit – was für ein Wortungetüm für etwas so

Schönes – typisch Wissenschaftler. Aber danke dafür! Da war nämlich auch zu lesen: Das sei ein Generationenproblem.

Ha, denke ich sofort, klar, wer in den 1950er-Jahren jung war und jetzt alt ist, der kann nicht über den langen Spießerschatten springen, der damals sein Leben eingeengt hat. Die Frauengenerationen vor uns haben verzichten gelernt, haben Selbstverleugnung geübt, waren vor allem diszipliniert. Gute Mütter, gute Köchinnen. Wir lieben und achten sie dafür. Aber die Liebe der Männer, die war ihnen nicht unbedingt gegeben. Wer es als junge Frau nicht erlebt hat, der ahnt nur diffus, was fehlt, einen Ausweg gibt dann selten.

Wir aber, wir haben sie erlebt, die Liebe. Wir haben sie damals sogar neu erfunden, befreit von Prüderie und anderen Lasten. Dafür wissen wir nun leider, was uns fehlt. Und wir werden darum kämpfen, es wiederzufinden. Wir haben ganz gute Chancen.

Niemand wundert sich mehr über händchenhaltende Ältere. Exminister Müntefering brachte seine junge Gattin ganz selbstverständlich zu offiziellen Terminen mit. Der Witwer Clausen in Gerhart Hauptmanns Stück *Vor Sonnenuntergang*, der sich neu verliebte, sollte einst entmündigt werden.

Dass diese Zeiten vorbei sind, dass wir vermutlich auch im Altersheim noch lieben dürfen – das verdanken wir uns selbst. Wir haben die verstockte alte Moral umgekrempelt und uns frech selbst überfordert mit freier Liebe. Nun ist sie befreit. Und wir müssen schon wieder Neues lernen.

Als Ältere die eigene Verführungsfähigkeit wieder entdecken, an sie glauben und sie einsetzen! Auch da sind wir Vorreiter, äh, Wegbereiter für die, die nach uns alt werden. Der Dank ist uns gewiss – in Form von Liebe, die wir finden werden. Und wenn wir suchen müssen, solange wir leben.

Die zweite sexuelle Revolution

Das Sonnenlicht auf dem gleißenden Schnee vor meinem Fenster passt erfreulich zu meinen Gedanken. Das Verhältnis der älter gewordenen Gesellschaft zum Sex, denke ich, ist unverkrampfter denn je. Die Lust scheint nicht in die Jahre gekommen zu sein. Der Sex, den wir mit fünfzig, sechzig haben, wandelt sich zwar, aber er wird nicht unbedingt unwichtiger.

Sittsame Witwen und verklemmte Mauerblümchen sind eine Seltenheit geworden. Sexuelle Wünsche sind nicht länger verpönt – auch nicht für Ältere. Logisch, wir waren es ja, die die sexuelle Revolution der 1960er-Jahre veranstaltet haben. Wir haben jede Menge Sexerfahrungen im Blut – mehr jedenfalls als jede andere Generation vor uns. Viele von uns haben eine wilde erotische Biografie. Und die bricht nicht auf einmal ab.

Auch bei Ältergewordenen gilt: Wenn die Beziehung stimmt, stimmt auch der Sex – durchschnittlich einmal die Woche bei etwa sechzigjährigen Ehepaaren. Die Zahl können wir gleich wieder vergessen. Statistik ist ein schlechter Maßstab. Verdirbt die Laune, wenn bei uns gerade wenig läuft, wenn wir lieber mit einem Buch als mit dem falschen Mann ins Bett gehen. Diese Zeiten gab es immer und wird es immer geben.

Bloß weil wir älter sind, haben wir aber leider keine Garantie auf regelmäßigen, guten Sex, bis dass der Tod sich meldet. Die Uhr tickt, und wir brauchen alle Gelassenheit, um nicht laut zu schreien: Wo ist der Mann, mit dem ich Spaß haben kann, solange es noch geht?

Sex verträgt keine Getriebenheit, keine Angst. Entspannung also, wir können in jedem Alter Sex genießen. Der sinkende Hormonspiegel treibt uns die Lust nicht in dem Maße aus, wie wir befürchten könnten. Hormone sind nicht alles, fanden Sexforscher heraus. Nach den Wechseljahren haben nicht jene Frauen am wenigsten Spaß im Bett, die den niedrigsten Hormonspiegel haben, sondern die, die schon vorher Probleme mit der Liebe hatten. Einleuchtend, denn gegen trockene Scheiden und Orgasmusprobleme können wir etwas unternehmen.

Gegen eingefressenen Beziehungsfrust hilft oft nur: Partnerwechsel. Und das ist natürlich ein etwas größerer Akt.

Guter Sex – das »Lächeln des Körpers«

Manchmal scheint es uns einfacher, auf Sex zu verzichten. Schade, denn Sex ist gesund, verlängert das Leben, lässt uns jünger aussehen. Er ist sozusagen das »Lächeln des Körpers«.

Nur siebenundzwanzig Prozent der befragten Frauen zwischen siebenundfünfzig und vierundsechzig sagen, sie hätten keine Lust mehr. Es gibt auch keine objektive Sexgrenze. Sex mit uns hat eine lange Zukunft. Sogar bei über fünfundsiebzigjährigen Männern sagt nur jeder vierte, er habe kein Interesse mehr. Drei von vier also wollen noch.

Eine Studie der Universität Leipzig fand sogar heraus: Menschen in fester Partnerschaft um die sechzig haben häufiger Sex als die Enkelgeneration unter fünfundzwanzig, die in keiner festen Beziehung lebt.

Gut, also Liebe fühlt sich noch immer an wie mit siebzehn. Mit

Prickeln und Gänsehaut. Es gibt demnach genug Lustgründe, auch ohne Zeugungsmotiv.

Manche Frauen kommen sogar jetzt erst richtig in Fahrt, erleben tiefer, genießen bewusster. Das beweisen viele Befragungen und Untersuchungen: mehr Zeit, weniger Zwänge, mehr Genussfähigkeit, weniger Ängste. Da kann Lust endlich auch in jene Körperwinkel kriechen, wo vorher Familienplanung, Partnerschaftspflege, Pflichtgefühl, Fortpflanzungswunsch oder auch Schwangerschaftsverhütung die Gefühle besetzt hielten.

Ein Rätsel, wie guter Sex in jungen Jahren überhaupt möglich war. Wo er doch eine *Aufgabe* war. Wichtig: überhaupt welchen zu haben. *Guten* Sex natürlich. Und häufigen. Und damit die Liebe zu zementieren. Den Partner zu binden, die eigene Attraktivität bewiesen zu kriegen. Den Beweis zu liefern, wie spontan, locker und verrucht wir sind. Schließlich stammen wir aus der Phase der sexuellen Revolution. Pille, Gruppensex. Wilder Sex als Statussymbol für befreite Frauen. Fürchterlich anstrengend war das manchmal.

Ein Glück, dass es damals noch kein Aids gab. Wir sind doch sehr bedenkenlos durch die Betten gehüpft, jedenfalls wenn wir in bestimmten Großstädten in einer bestimmten Schicht verkehrten. Aber auch wenn nicht: Stilprägend war die sexuelle Unverklemmtheit. Wir könnten auch sagen: Es gab eine Art Sexdiktat.

Und heute? Tja, wir haben eben unsere Schuldigkeit getan. Auch in dieser Hinsicht. Wir müssen im Bett nichts mehr beweisen. Gar nichts. Nicht mal eine Topfigur wird von uns erwartet. Die haben auch die schlanksten und trainiertesten Ü-Fifties nicht mehr. Was nicht heißen soll, es sei egal, wie wir aussehen. Aber es spielt für den Sex keine Rolle.

Wer mit uns schlafen will, der ist entweder pervers – oder er mag uns. Na ja, pervers ist vielleicht übertrieben, so schlimm ist es nun auch wieder nicht mit der Orangenhaut und den Hüftpölsterchen.

Ich habe den Gedanken aus einem Interview mit einer Einundsiebzigjährigen, die sich mit jüngeren Männern verabredet und die auch schon mal fragt: »Bist du pervers?« Die Antwort ist übrigens interessant für uns alle, die wir noch nicht einundsiebzig sind. Die Männer sagten ungefähr dies: Du stellst keine Ansprüche, du willst nicht Beziehung, Ehe, Kinder und das alles.

Tja, liebe ältere Mitbürgerinnen, wenn das kein Plus ist für Sex mit uns! Nur: Wir müssen uns dran halten. Nicht Ehe und Ewigkeit anpeilen! Wenn sie trotzdem dabei rausspringen, auch nicht schlecht.

Die zweite sexuelle Revolution – mit uns ist sie möglich, Männer! Na ja, ehe ich jetzt total abhebe, muss ich Holz nachlegen.

Liebesfalle Bindungssehnsucht

Dichtes Schneetreiben. Und ein Abend am Kamin: bewegendes Rätselraten. Mein Exfreund wollte reden. Über uns. Überraschender Ansatz – das wollen Männer eher selten. Wir hatten einen guten Riesling. Und Feuer im Gesicht. Meine Hoffnung, er möge sich erklären, entscheiden, ganz zu mir kommen. Seine Erklärung, was ihn alles stört.

Dann ist es nicht Liebe, sagt es in mir. Und ich will es nicht ganz wahrhaben. Wissen kontra Hoffen. Klar, was am Ende siegt.

Ein Mann mit psychischen Problemen ist in unserem Alter fast der Normalfall. Warum sonst ist er noch oder wieder allein?

Von Vätern geschlagen, von Müttern verraten wurden viele Jungs vor rund fünfzig Jahren. Manche tragen die Scham und Schmach bis heute in sich. Leider suchen Männer selten die Lösung ihrer Probleme bei sich selbst. Viele fliehen vor alten Schmerzen – erst mal völlig verständlich –, und sie missbrauchen die Liebe der Frauen, um sich Trost und Erleichterung zu verschaffen. Manche rächen sich auch an uns. Und wir wissen gar nicht, was wir ihnen getan haben.

Problembeladene Männer entwickeln ungeahnte Fähigkeiten, um sich zu entlasten. Zuerst einmal finden sie zielsicher die Frauen, die bedürftig genug sind, sich an sie zu klammern und sie machen zu lassen, was immer sie wollen. Dann haben sie ein großes Gefallpotenzial. Sie füttern die Hoffnung ihrer Freundinnen, die große Liebe gefunden zu haben. Sie manipulieren mit schönen Worten, mit Zärtlichkeit, mit Großzügigkeit. So merken ihre Opfer nicht, wie sie am Nasenring spazieren geführt werden.

Je länger die Frau sich in einer solchen Beziehung klein macht, desto mehr baut ein angeschlagener Typ sein Imperium aus. Erst soll sie ihm zum Gefallen keine Jeans mehr tragen, dann soll ihr Lieblingsessen nicht mehr auf den Tisch, zugunsten seiner Leibspeisen. Statt Scampi und Lachs gibt es Nudelauflauf und Rouladen. Statt Rotwein Weißwein.

In allen Facetten beweist diese Frau ihre Liebe, weil sie spürt, wie sehr ihr Gegenüber Liebe braucht. Er braucht sie als Droge, als Balsam, als Wiedergutmachung. Nur: Das schafft keine einzelne Frau! Weshalb dieser Kandidat auch gern zwei oder drei am Start hat. Mehr Liebe, mehr weibliche Fürsorge, mehr Sicherheit. Er glaubt, das stehe ihm zu. Und er findet viele Gründe, warum jede seiner Liebsten selbst schuld ist an der Situation. Keine ist perfekt.

Dabei ist er selbst mitnichten perfekt. Aber er hat uns so schön eingelullt, dass wir für eine Stunde Liebsein gern Wochen des ungewissen Wartens in Kauf nehmen.

Bis es knallt. Bis wir uns nichts mehr vormachen können. Bis wir bereit sind, die Traurigkeit einer Trennung zu ertragen. Jetzt ans Alter denken: bloß nicht. Das tut so schweineweh, das tun wir uns nicht auch noch an.

Der Mann hat seine Probleme nicht gelöst, und wir konnten sie ihm auch nicht lösen. So einfach ist das.

Kehren wir den Spieß lieber um: Ich bin heute alt genug, mit diesen Schmerzen umzugehen. Ich bin alt genug, die Gründe zu verstehen, zu verarbeiten. Und ich bin jung genug, wieder froh zu werden. Bald. Es dauert nur ein Weilchen.

Vielleicht, wenn wieder Frühling ist.

Die Liebe ist ein seltener Gast

Liebe kennt keine Zeit: Wir könnten uns auch auf dem Sterbebett noch verlieben. Ob das nun Floskel oder Trost sein soll, das kann offen bleiben. Aber Liebe scheint wie Wasser zu sein, sie ergießt sich in freie Herzen wie ein Fluss in Deltas und Niederungen. »Gelegenheit macht Liebe« müsste eigentlich heißen »Bereitschaft macht Liebe«. Jedes halbwegs geeignete Mannsbild ist in der Lage, sich einzunisten in einem sehnsüchtigen Frauenherzen. Und die alten Wünsche zu aktivieren.

Doch etwas in der Liebe hat sich drastisch geändert, seit wir älter sind. Ich sehe es nicht nur bei mir, sondern auch um mich herum. Die Liebe ist nicht mehr neu und unbekannt. Sie hat sich schon zu oft, mit Dellen und Kratzern versehen, zurückgezogen. Zugegeben, sie kam immer zurück, aber sie ist mit Enttäuschung garniert.

Nun wollen wir Beweise. Ist das denn wirklich Liebe? Oder will ich nur so fühlen, weil es so schön ist, weil es Angst vertreibt, Einsamkeit auflöst, Hoffnung gibt? Wie oft schon haben wir uns getäuscht.

Ich liebe ihn – diesen Satz sagen wir jetzt vielleicht zögerlicher. Wir sagen: Ich habe den besten Sex meines Lebens. Das können wir einschätzen, das ist real. Und wir sagen: Mit ihm kann ich gut wandern gehen. Er ist zuverlässig. Ich sehe ihn gern an. Er hat gute Manieren. Und so weiter.

Die Liebe, die unlogische, muss warten, bis sie zugelassen wird, bis alles Wenn und Aber vergessen ist und die lang ersehnte Sicherheit sich ausbreitet. Bis wir wissen: Er ist der Typ zum Pferdestehlen, zum Leben.

Dabei wandeln wir oft auf Nebenpfaden, statt uns dem Hauptproblem zuzuwenden. Wir gucken auf ihn: Liebt er mich? Welche Beweise gibt es? Und welche Fragezeichen?

Wichtiger aber ist: Liebe ich ihn? Habe ich überhaupt Zugriff auf mein Liebespotenzial? Oder hüte ich meine Gefühle argwöhnisch vor Gebrauch? Und wundere mich dann, wenn es irgendwie nur so lauwarm zugeht. Es wäre ja Wahnsinn, als Fünfzigjährige das glühende Herz einer Siebzehnjährigen darzubieten, wohl wissend, dass es wahrscheinlich einen Dolchstoß zu erwarten hat.

Nein, da schützen wir uns, da sind wir vorsichtig, da warten wir, dass die Liebe uns gegen die eigenen klugen Argumente überrumpelt und wir einfach davongespült werden von der Naturgewalt der Liebe. Dass sie zumindest den Kopf abschaltet, damit Übermut und Lust die Oberhand gewinnen und wir uns schönen Illusionen hingeben können – und sei es nur für ein verlängertes Wochenende auf Rügen.

Aber die Liebe ist keine Ware, die wir einfach so bestellen können. Sie ist Chaos. Sie kommt, wann sie will, und sie geht, wann sie will. Wer jetzt noch mitwill, hieß es früher an Straßenbahnhaltestellen, Bahnhöfen und Fähranlegern – und die Passagiere sputeten sich. Wer jetzt noch lieben will, der muss sich nicht sputen. Der muss verweilen. Langsamer leben, Aktionismus meiden, sich selbst spüren und die ganzen leisen Stimmchen anhören, die da mitreden wollen.

Will ich einen Mann, der mir aus dem Taxi hilft, der die halbe Miete bezahlt und so weiter? Oder will ich Liebe? Die Frage ist ja nicht ehrenrührig. Vielleicht ist mein Liebeskonto gut gefüllt aus alten Zeiten. Vielleicht will ich nur ein paar freie Stellen in meinem Leben abdecken. Und vielleicht genügt ein Mann, der in etwa dieselben Wünsche hat.

Da gibt es einen inneren Konflikt, den ich bei vielen Frauen erkenne: Verlieben müssen sie sich schon, um beispielsweise Sex genießen zu können. Aber sie müssen ja nicht das ganze Schwein kaufen, wenn sie ein Stück vom Rüssel wollen. Sie halten ihr Herz schön fest. Und sie beten wie einen Bannspruch ihre Erfahrungen daher, die gegen die Männer als solche sprechen.

So kommt auch in unserem Alter dieses schöne, unlogische »nein, bitte, danke, ja« zustande, bei dem jeder Mann sich heraussuchen kann, was er hören möchte. Ambivalenz ist nun wirklich eine unserer leichtesten Übungen. Wir wollen die große Liebe noch einmal, aber sie soll sich quasi mit Macht in unser Leben schieben, sodass wir gar nichts dagegen tun können – und keine Verantwortung für das Scheitern tragen müssen.

Liebe ist selten – egal in welchem Alter. Paare finden sich unter den verschiedensten Überschriften. Männer und Frauen brauchen einander eben für bestimmte Dinge. Und jetzt, da wir erwachsen sind, könnten wir die so langsam identifizieren. Wer sagt, dass nur die dramatische, die unsterbliche Liebe glücklich macht?

Ein Mann, der zu mir hält, auf den Verlass ist, der mit mir die wichtigen Dinge teilt, der kann ein Hauptgewinn sein. Geben wir es doch einfach zu. Und gucken nach, was die wichtigen Dinge für uns persönlich denn sind.

Der »richtige« Mann

Einmal sagte mir eine befreundete Kollegin, die ich bewundernd auf ihre glückliche Zweitehe ansprach: »Ach, weißt du, ich glaube, ich könnte mit jedem Mann glücklich sein, der nur die wesentlichen Kriterien für mich erfüllt. Ich bin da pragmatisch.«

Ich hielt sie damals für eine kühle Person, ja, für berechnend. Das ist dreißig Jahre her. Die beiden sind immer noch glücklich miteinander. Und es sieht sehr liebevoll aus, wie sie ihm den Tee einschenkt und er sie ausreden lässt. Liebe und Pragmatismus scheinen einander nicht auszuschließen. Vielleicht brauchen sie sich ja sogar. Jedenfalls in unserem Alter. Ehe aus Verliebtheit Liebe entsteht, braucht es Zeit. Und Gelegenheiten, also auch: Beweise.

Eine Freundin war sehr verliebt in ihre neue Eroberung. Sie war aber vor einem Jahr in ein schönes altes Bauernhaus eingezogen, das sie wundervoll hergerichtet hatte. Die beiden verbrauchten ihre Gefühle in drei langen Jahren der Diskussion über Zusammenziehen, Entfernungen zum Arbeitsplatz, Kosten, Vor- und Nachteile für beide, Grundbucheintragung und eventuelle Erbfolge. Dann war Schluss. Die Liebe hatte keine Chance. Sie war beim Abwägen unter die Räder gekommen.

Wir können deswegen nicht sagen, es gäbe sie gar nicht, die Liebe. Es war nur keine Gelegenheit zur Entwicklung, die Bedingungen stimmten nicht.

Und so wird es in sehr vielen Fällen sein. Wir haben zu viel Gepäck. In der Seele sowieso und im Materiellen auch. Wer möchte gern seine Wohnung aufgeben und zu ihm ziehen? Wer erwartet, dass er in ihr Haus zieht? Was ist mit dem Besitz, der bisher fraglos den Kindern zustand, der durch eine neue Verbindung in andere Hände geraten könnte?

In unseren jungen Lieben haben wir uns zusammengerauft, wie das so schön hieß. Das bedeutete, wir haben kleine Teile unseres Lebens aufgegeben und Teile seines Lebens integriert. Bis eine neue Familienmischung entstanden war. Ein gemeinsamer neuer Lebensstil.

Können wir das noch einmal leisten? Wie formbar sind unsere Gewohnheiten? Suchen wir nicht tatsächlich manchmal den Mann, der zum Teppich passt? Was hat das mit Liebe zu tun?

Eine Klärung der Gefühle, ein Abwägen der wahren Bedürfnisse – vor der Partnersuche unerlässlich. Wer einfach nur von der unerwarteten Liebe überrascht werden will, hat keine guten Aussichten. Die gibt es zwar, und wirklich in jedem Alter – aber sehr, sehr selten. Deswegen erzählen wir so gern von den unglaublich tollen Beispielen. Von Kurschatten, die Ehen zerstörten und Ehen wurden, von Kollegen, die heimlich liebten und offiziell glücklich wurden, von all den Unwahrscheinlichkeiten.

Die meisten von uns aber müssen nachhelfen. Und dafür erst mal kühlen Kopfes ihre Ausgangslage analysieren.

Wir bekommen, was wir suchen

Eine Freundin führte eine chaotische Künstlerehe. Das heißt: Wenn renoviert werden musste, war der Mann auf Tournee. In zwanzig Jahren haben sie es nicht geschafft, die Küche so herzurichten, dass man gemütlich drin kochen konnte, sie war eine Art Durchgang mit ein paar Schränken und Geräten. Dann war die Ehe zu Ende. Untreue der Grund. Die Küche – natürlich das Unwichtigste im Entsetzen über den Verlust.

Jetzt gibt es einen neuen Mann, er ist Handwerker. Er hat die Wand rausgerissen, sie hat die Wände geweißt, er hat Gas- und Wasseranschlüsse neu verlegt, sie hat die Küchenmodule zusammengeschraubt. Die Liebe hat sich mit Gestaltungslust zusammengetan. Hat sich ein Symbol geschaffen, eine Küche, das Zentrum des Hauses, in dem man sitzen, essen, feiern und klönen kann. Und in dem immer frische Blumen stehen.

Vielleicht suchen wir die Liebe jetzt auch, um die offenen Rechnungen zu begleichen. Wer dreißig Jahre verheiratet war, hat möglicherweise keine ausgesprochene Lust auf die nächste Ehe. Der kann ein wenig Abwechslung gut gebrauchen. Einen Richtungswechsel.

Meine älteste Freundin ist so ein Fall. Klar hätte sie gern wieder einen Mann in ihrem Leben. Aber der Platz des Ehemannes ist nicht zu vergeben. Da sitzt der Ex drauf, wahrscheinlich für immer. Damit ist der Pfad zu ihrem Herzen etwas schmaler als bei einer Frau, die sich nie auf Gedeih und Verderb gebunden hatte, die immer offen war für Neues. Die wünscht sich logischerweise jetzt einen, der für immer ist.

Ich denke, wir bekommen, was wir suchen. Wenn wir es uns bewusst machen. Psychologen und Paartherapeuten sagen ja, es gibt für jede Frau einen passenden Partner, sie muss ihn nur sehen. Das stimmt sicher.

Wir müssen sehen lernen. Dann klappt's auch mit der Liebe.

Wofür wir ihn brauchen

Warum ist mir ein Mann an meiner Seite immer noch so wichtig? Weil er mich komplett macht? Weil er mich schützt und sichert? Weil ich in seinen Armen relaxen will? Weil ich einen für den Opernbesuch brauche? Weil das Alleinleben manchmal so still ist?

Zum großen Teil ist da die alte Gewohnheit im Spiel: Wir denken uns als Paar, seit wir in diesen Dimensionen denken. Morgen kommen Karl und Rosi. August und Elfriede. Harald und Susanne. Immer diese Und-Namen. Zwei sind stärker zusammen. Zusammen ist man weniger allein. Unsere Zeit liefert diverse Gründe, ihr nicht allein ausgesetzt sein zu wollen. Ein Mann gehört dazu. Meistens. Auch wenn er gar nicht so viel für uns tun kann, wie wir brauchen.

Der Mann war lange unser gewohnter Spiegel. Wir müssen ihn nicht lieben, begehren, haben – wir (miss)brauchen ihn trotzdem als Barometer für unsere Sexyness. Ein prekäres Verlangen. Besonders jetzt, da wir nicht mehr jung sind. Schaut er weg, fühlen wir uns unsichtbar. Hören sie auf zu pfeifen, plappern wir den Spruch von der erotischen Tarnkappe nach. Dabei war dieses »Olala, schöne Frau!« damals schon lächerlich und ging uns mehr auf die Nerven, als es uns gefreut hat. Nun vermissen wir die plumpe Anmache. Nicht wirklich, aber wir werten ihren Wegfall als böses Omen.

Doch sehen und gesehen werden kann unser Mittel zur Selbstliebe nicht mehr sein. Sehen und gesehen werden ist ein Spiel der Jugend. Oder der Promis mit aufgesetzter Restjugendlichkeit. Nichts gegen unsere Vorbilder: Senta Berger, Iris Berben, Catherine Deneuve, Christiane Hörbiger, Meryl Streep. Ältere Filmfrauen setzen Trends, zeigen, wohin die Reise geht: Unverwechselbar sein, im Alter zu sich stehen, Ausstrahlung behalten und verbessern, Humor, Gelassenheit, Selbstsicherheit. Die Diven haben es dabei nicht leichter als wir Normalfrauen, auch wenn sie Geld, einen Lieblingschirurgen und Visagisten haben. Ihre Fallhöhe ist auch größer. Verwöhnt von ihrem guten Aussehen, müssen sie nun mit denselben Veränderungen fertigwerden wie jeder Mensch aus vergänglichen Zellen, Fleisch und Blut. Sie werden ständig fotografiert und kritisch beäugt. Na? Geliftet? Dicker geworden? Und mit wem schlafen sie gerade? Im Rampenlicht alt zu werden – eine Kunst für sich.

Wir können uns abschauen: Frau bleiben, schön bleiben, erotisch bleiben – es geht! Und es hat mehr mit Geist und Haltung zu tun als mit allem anderen.

Immer noch begehren wir aber am meisten das, was wir nicht haben können. Das führt dazu, dass einige meiner gut verheirateten Freundinnen mich um meinen Singlestatus mit Suchfunktion beneiden: »Du kannst tun und lassen, was du willst, meiner geht mir manchmal tierisch auf die Nerven!« So in der Art.

Ich sage dann: »Das kannst du doch schnell ändern. Lass dich scheiden! Such dir einen anderen.«

Nein, das sei dann doch übertrieben, finden die genervten Ehefrauen. Sie wollen nur mal so ein bisschen solo sein, nicht richtig, nicht tief im Herzen und auf dem Bankkonto schon gar nicht. Toll, da sitze ich, beneidet, allein, mehr oder weniger, jedenfalls auf mich allein gestellt, und werde von solchen beneidet, denen es offensichtlich zu gut geht.

Ein Schreckgespenst für alle, die in einer nicht so prickelnden Ehe schmoren, ist das Alleinsein im Alter. Und da fängt in ihrer Fantasie das Alter auch sofort an.

»In meinem Alter finde ich doch keinen mehr, da behalte ich lieber, was ich habe.« Wie oft ich den Satz schon gehört habe. Wenn ich dann entsetzt guckte, weil ich ja im selben Alter bin, kam etwas erschrocken hingehaucht: »Bei dir ist das anders, du siehst ja zehn Jahre jünger aus.«

Pah, das wechselt täglich. Bei jeder von uns. Manchmal fühle ich mich auch zehn Jahre älter. Ich habe ein Zeitfenster von circa dreißig Jahren, durch das ich mich jeweils sehen kann. Fünfzehn nach hinten, fünfzehn nach vorn.

Das Aussehen ist nur ein kleiner Trost. Ich bin einigermaßen gut in Schuss, kämpfe tapfer gegen jedes Pfund, das sich heimtückisch anlagern will – aber ob das nun unbedingt beim Verlieben hilft? Da habe ich meine Zweifel. Ich bemühe mich um die Optik, die ich für mich selbst brauche. Der Rest, der kommt dann schon. Oder nicht.

Das Dumme ist: Wenn er dann gefunden sein sollte, der liebenswerte Realo, gibt's noch lange kein Happy End. Jede Menge Gewohnheiten stehen im Weg zwischen Küche, Bad und Schlafzimmer, jeder hat sich ausgeprägt, hat seinen Stil gefunden. Tausend Kompromisse werden nötig – beim Essen, beim Reisen, beim Feiern, beim Geldausgeben. Haben wir uns dafür so grandios entwickelt, dass wir nun alles wieder abstimmen müssen mit einem Partner?

Natürlich denken wir: Ich nehme nur einen, der passt. Und meinen beispielsweise: Der auch Salat isst, Weihnachtsbaum liebt, Bach hört und joggen geht. Um nur ein paar der lieb gewordenen Gewohnheiten zu nennen. Wenn diese Vorstellungen mal nicht genau der Grund ist, weshalb sich Herr Richtig noch nicht eingefunden hat.

Also was nun? Doch wieder von sich absehen, damit einer zu uns finden kann? Doch wieder Anpassung?

Eines ist klar: Wer wieder lieben will, steht wieder vor denselben Fragen wie damals, als das losging mit der Liebe. Wie viel Ich und wie viel Du? Und es gibt nicht die Hoffnung, dass wir im mittleren Alter biegsamer geworden sind, weiser mit den Verschiedenheiten der Menschen umgehen. Nein, im Gegenteil.

Wer sich in Ruhe entwickelt und ausgeprägt hat, will sich weiterentwickeln in der von ihm gefundenen Richtung. Mehr Kultur ins Leben holen vielleicht, endlich mehr Sport machen, eine Rosenzucht anfangen, mehr Fisch essen, Italienisch lernen.

Die Psyche konstituiert sich in der Lebensmitte neu, schrieb ein Berliner Gerontologe in einem Artikel in der *Welt*. Männer und Frauen entdecken neue Interessen. Wenn sich der Partner nicht mitentwickelt, zerbrechen daran langjährige Ehen. Interessant, es sind also nicht nur die seit Langem schwelenden Kämpfe, angestauter Frust und verdrängte Verletzungen, die Ehen nach der Silberhochzeit ins Aus schleudern. Es sind auch frische Entwicklungen.

Ein neuer Partner wird nun gleich daran gemessen – an unseren tollen Entdeckungen. Er wird also härter geprüft als einst, da sich unsere Hände und Münder fanden, und los ging's ins gemeinsame Leben.

Glücklich im Provisorium

Heute leben Paare in Provisorien, die eigentlich für Jüngere gedacht waren. Um sich behutsam anzunähern. Um sich nicht auf die Füße zu treten. Um sich nicht gleich wieder zu verlieren.

Liebesforscher haben entdeckt: Immer mehr ältere Paare probieren *living apart together*. Klingt schick. Klingt nach Doppelverdiener, nach Flexibilität und Bonusmeilen. Bei den Jüngeren hält das Modell in der Regel nur bis zum Kinderwunsch. Und im Hinterkopf die leise Frage: Wie wäre es, jeden Tag zusammen aufzuwachen?

Wir wissen es, wir hatten das schon. Wenn wir die Zweierbeziehung in zwei Wohnungen praktizieren, wissen wir, was wir tun.

Eine achtundsechzigjährige Frau, die ich einmal bei der Krebsvorsorge traf, raunte mir verstohlen zu: »Was bin ich froh, dass es damals nicht geklappt hat mit dem Zusammenziehen.« Ihr Freund, ein gepflegter älterer Herr, hatte sie zum Arzt gebracht, war dann gegangen. Wir kamen ins Gespräch.

Und sie erzählte, dass sie ihn mit einundfünfzig kennengelernt hatte. Große Liebe. Er wollte zu ihr ziehen, aber da wohnte er noch mit seinem erwachsenen Sohn zusammen. Ehe der auf eigenen Beinen stand, wusste meine Gesprächspartnerin schon mehr von ihrem neuen Liebsten: Er war pingelig reinlich, er war extrem sparsam, er war sehr besitzergreifend.

In den folgenden Jahren fand sie immer wieder Gründe, warum es gerade ungünstig sei, umzuziehen. Und so blieben sie ein Paar mit genug Abstand für jegliche Marotten. Als er sie nach der Untersuchung abholte und ihr in den Mantel half, sah ich seinen liebevollen Blick. Und ich spürte ihre Zufriedenheit und Souveränität, als sie an seinem Arm aus der Praxis schritt.

Ältere Paare scheinen vielfältiger zu sein als junge. Sie basteln sich oft unkonventionelle Lebensformen zusammen, weil sie es müssen. Das Übliche: verliebt, verlobt, verheiratet – das taugt nur äußerst selten für Leute mit viel Lebensgepäck.

Partnersuche nach der Paarungszeit

Liebe und Geborgenheit

Die Sonne sendet Licht ins Haus. Und das Herz wärmt sich dran. Wir werden abhängiger von diesen Dingen. Licht. Wärme. Farben. Jahreszeiten. Oder werden wir genussfähiger? Im Apfelbaum pickt ein Grünspecht, und ich freue mich wie ein Kind. Dabei habe ich als Kind nie einen Grünspecht gesehen. Oder nicht beachtet. Allerdings gab es Omas Garten. Und da waren Meisen, Spatzen und Elstern. Sie haben mich nie interessiert. Ein echter Gewinn, dass das jetzt anders ist. Und nicht nur das.

Die ungeklärte Partnerfrage ist wie ein Katalysator. Wir spüren: Da ist noch was, da ist noch was offen. Wir brauchen Liebe und Geborgenheit. Meistens geht es um einen Mann. Obwohl Liebe und Geborgenheit auch bei anderen zu finden sind. Aber der liebende Mann an unserer Seite ist das eingeprägte Sinnbild für Geborgenheit.

Immer mehr ahnen wir: Das hat uns Oma erzählt, es könnte also ein Märchen sein. Und Mama hat es vorgelebt – recht und schlecht zwar, aber sie hat es versucht. Wir waren Zeugen. Eine Ehe ist eine Stopfgans, in die alle unsere Wünsche hineingepresst werden. Bis sie dann platzt. Und dann denken wir: Wir haben es falsch gemacht. Meist war es aber ganz anders falsch, als wir denken.

Jetzt wollen wir es besser machen. Mir fällt die poetische Liedzeile von Herbert Grönemeyer ein: »Wir haben zusammen den Regen gebogen.« Das ist es, was wir wollen: den Regen biegen. Das

Unmögliche wahr werden lassen. Die Liebe eines Mannes gewinnen, die ewig hält.

Immer noch ist die Aufgabe unerfüllt. Der Mann, der alles für uns ist, er fehlt schmerzlich. Zwischendurch war zwar einer da. Oder mehrere. Die fehlen nicht mehr. Jetzt fehlt wieder derselbe wie zu Anfang, bevor wir uns blind verliebt auf die realen Kerle eingelassen haben: die in unseren Augen Schönen, Guten, Liebevollen, Zuverlässigen.

Mit der Brille der Erfahrung können wir sie erkennen, die Auserwählten unter den Männern. Wenn sie denn vorbeikämen. Tun sie aber nicht. Wir könnten denken, die versteckten sich alle. Oder: Es gibt sie gar nicht. Sie sind genauso Legenden wie die Liebe, von der uns die Oma mit ihrer Ufa-Film-Erfahrung erzählte.

Die Prinzessin und der Ritter

Eine seit Langem geschiedene Freundin sagt, sie kann sich keinen Mann suchen, sie will gefunden werden.

Sie lebt in einem bürgerlichen Berliner Stadtteil, arbeitet als Nachhilfelehrerin, hat eine nette kleine Wohnung für sich allein, die Söhne wohnen mit ihren Freundinnen zusammen. Wenn sie sich verabredet, dann mit Frauen. Mit einer ganzen Frauenrunde geht sie zu Lesungen, zu Konzerten. Sie geht auch tanzen. Mit jüngeren Frauen, den Freundinnen der Söhne und deren Clique. Sie sieht gut aus: schlank, sorgfältig frisiert und gekleidet, und ihr freundliches Gesicht ist fast faltenfrei. Tja, so weit, so gut. Sie will also gefunden werden. Von wem?

Das Angebot ist dürftig. Im Café, in dem sie nach dem Job öfter Station macht, kennt sie die Wirtin, ein kleiner Plausch ist also immer drin. Aber es ist eben kein Wirt. Die Gäste: Könnten ihre Kinder sein. Und dann der dürre Zeitungsleser, der fast täglich am Fenster sitzt, nie einen Blick irgendwo anders hinwendet als auf die Buchstaben – und das ganz nah. Er braucht wahrscheinlich eine neue Brille.

Wir erwachsenen, allein lebenden Singlefrauen haben uns selbstverständlich in einem abwechslungsreichen, autarken Leben eingerichtet. Sonst kämen wir nicht klar. Aber wir kommen klar! Und der fehlende Mann wirkt wie ein fehlender Schnörkel in einem ansonsten fertigen Gemälde, wie eine Randbemerkung in einem umfangreichen literarischen Text. Spürt er das? Fühlt er sich nicht willkommen bei uns? Müssen wir vielleicht viel stärkere Signale aussenden als früher, da sie blindlings davon ausgingen, eine Frau brauche Kerle wie sie? Müssen wir vielleicht deutlich sagen: Irrtum, mein Freund, ich bin gar nicht so glücklich, wie ich aussehe, mir fehlt ein Mann wie du!

Es sieht jedenfalls ganz danach aus, dass alte Anbahnungsstrategien nicht mehr taugen. Hier bin ich, finde mich gefälligst – das läuft ganz schlecht, eigentlich gar nicht. Die Ausbeute oder auch Erfolgsquote ist einfach zu gering.

Trotzdem verhalten wir uns so. Warum eigentlich? Wir reifen, schönen Singlefrauen sind nämlich beleidigt. Sauer auf das Schicksal. Nur schert es sich nicht drum. Und lässt uns sitzen.

Wir denken: Müssten wir nicht begehrt sein wie Gold, in all unserer Pracht und Weiblichkeit? Müssten Männer unseres Alters nicht massenhaft hinter uns her sein? Sicher. Das wäre wirklich gerechtfertigt. Aber darauf können die allermeisten von uns warten, bis sie schwarz werden – oder endgültig allein im Pflegeheim hocken.

Gern würden wir in unserem Turmzimmerchen respektive in unserem gewohnten Leben, sitzen bleiben und eines Tages vom Ritter auf dem weißen Pferd erobert werden. Das hat allerdings schon früher nicht geklappt. Die Wahrscheinlichkeit, dass das der erfolgreiche Weg zur reifen Zweierbeziehung ist, tendiert gegen null.

Viele von uns wollen trotz allem mit fünfzig Prinzessin sein, vom Ritter gefunden und gerettet werden. Wovor auch immer. Vor der Einsamkeit im Alter zum Beispiel, das ist ja durchaus ein legitimes Motiv, wird aber selten zugegeben. Klingt auch furchtbar unsexy. Männer geben ja auch nicht zu, dass sie eine Köchin und Krankenschwester suchen. Also lassen wir das lieber mit den handfesten, aber unerotischen Gründen.

Als Prinzessin sind wir allerdings erbost darüber, dass er wieder mal nicht rechtzeitig gekommen ist.

Als Prinzessin erwarten wir, dass er weiß, was von ihm erwartet wird. Dass er nicht zu früh und nicht zu spät küsst, dass er den Kaffee oder den Sekt bezahlt, aber nicht mit seinem Geld herumprahlt, dass er gut aussieht, aber unsere kleinen Makel übersieht – vor lauter Begeisterung, uns, ja, uns, getroffen zu haben. Schluchz. Der Kitsch gehört anscheinend zur Liebe wie die Gänsehaut zum Sex. Und da die Nummer mit Prinzessin und herbeieilendem Retter noch nie etwas geworden ist, träumen wir noch heute. Ganz unpraktisch.

Die fünfzigjährige Prinzessin ist die Erste, die auf ihren Träumen allein sitzen bleibt. Sie guckt beleidigt, wählt mäkelig. Liebenswert ist anders.

Was Frauen wollen (und Männer bieten)

Zwei wesentliche Dinge stehen der Partnersuche nach der Paarungszeit im Weg: erstens die Frauen, zweitens die Männer. Frauen wollen zu viel. Männer geben zu wenig. Solange das so ist, kann es zwischen uns nicht klappen. Warum wollen Frauen zu viel? Weil sie große Defizite haben, weil sie lange verzichtet haben. Weil sie jetzt (oder nie) einiges nachholen wollen. Logisch.

Was wollen Frauen? Eine Frau von fünfzig Jahren will Anerkennung für ihren ganzen anstrengenden, mutigen Weg. Und sie will Stärkung für die weitere Strecke. Sonst könnte sie nämlich genauso gut allein bleiben. Sie ist weder obdach- noch einkommenslos. Sie kann Auto fahren und Bilder aufhängen, sie mäht manchmal gern Rasen, und sie hat Freundinnen für Kino und Reisen. Der Mann, der fehlt, muss mehr können. Er muss sich mit seiner Liebe, seiner Aufmerksamkeit zwischen all die gesetzten Pfeiler platzieren, die unser Leben ausmachen. Die Lücken ahnen und füllen, aber möglichst wenig dabei umstoßen natürlich. Bescheiden und schlau muss er sich einfügen können in unser Lebenskunstwerk, ergänzen, was fehlt, fordern, was wir für ihn ohnehin bereithalten.

Außerdem muss der Mann unsere alten Wunden ahnen, nicht dran rühren, aber sie schon mal ein bisschen streicheln. Er muss alle unsere Alterszeichen übersehen oder sie, besser noch, wunderschön finden. Und das glaubhaft. Er muss uns das Frausein nach der Paarungszeit leichter machen, indem wir jetzt den exorbitanten Sex mit ihm erleben, den wir lange nicht oder noch nie hatten.

Er muss uns beizeiten in Ruhe lassen, aber bei Fuß sein, wenn wir ihn brauchen. Er darf keinen der alten Fehler machen, die wir aus unseren Ehen noch schmerzlich erinnern.

Er muss uns schmücken, gut aussehen, uns Dinge bieten, die wir noch nicht kennen – was an sich schon ein Kunststück ist. Aber da beweist sich eben der Mann für nach der Paarungszeit. Der, den wir wider besseres Wissen und entgegen aller Erfahrung nun ausnahmsweise doch zulassen.

Kurz: Der Mann für uns muss erst noch erfunden werden. Das wissen wir ganz genau. Aber wir hängen die Latte gern hoch, damit wir nicht wieder zu kurz springen, beziehungsweise zu niedrig.

Und die Männer? Warum bieten die zu wenig? Erstens, ganz einfach, weil alles, was sie so üblicherweise draufhaben, mit unserem Wunschkatalog nichts zu tun hat. Sie denken, sie kommen, sehen uns und siegen. Wie in alten Zeiten. Bisschen Süßholz, bisschen Selbstdarstellung. Das muss reichen, damit die Frau so geblendet ist, dass sie blindlings in die Falle tappt, mindestens aber ins Bett.

Und daran, das ist so sicher wie das Amen in der Kirche, denken sie noch immer zuerst: Wie ist sie wohl im Bett, wie oder wann werde ich sie im Bett haben? Denken sie so nicht, dann wollen sie uns nicht. Dann ist es sowieso egal, was wir von ihnen erwarten.

Der landläufige Mann hofft ja, wir haben mit fünfzig unsere Ansprüche runtergeschraubt. Weil wir froh sein dürfen, überhaupt noch ein Männerexemplar abzukriegen. Er meint, wir sind gute Liebhaberinnen – womit er recht hat –, und glaubt, dann wird es schon klappen, wenn wenigstens wir wissen, wie es geht. Damit trösten sich die Männer, die nicht an den Potenz stärkenden Trick mit dem jüngeren Frauenfleisch glauben. Ältere haben nicht so straffe Formen, aber mehr Einfühlung, und da liegt unsere Chance bei den Männern.

Das ist ja ganz okay, wir sind gern bereit, unsere Vorzüge auch einzusetzen. Wenn, siehe oben, es sich lohnt, wenn also unsere hochgestochenen Wünsche in etwa aufzugehen versprechen.

Aber das begreift der Mann nicht. Er sieht zuerst, so wie schon immer, sein eigenes Verlangen. Nach sexueller Grundversorgung. Dazu gehört ein einigermaßen gut erhaltener Körper, dazu gehören gelegentlich auch interessante Gespräche. Immerhin haben sie inzwischen gelernt, dass Kommunikation das Tor zum Sex ist. Dazu gehört, dass die Frau für sich selbst sorgt und keine Ansprüche stellt, die er schon seiner Ex nicht erfüllen konnte oder wollte.

Der Mann unseres Alters auf der freien Wildbahn ist ja geschieden. Wenn nicht: Vorsicht! Junggeselle mit fünfzig? Finger weg.

Ich traf unlängst einen, fragte ihn gleich, wie er es geschafft habe, unverheiratet zu bleiben. Es hat nie gepasst, war seine Antwort. Und dann beschwerte er sich wasserfallartig, was er an Frauen alles nicht aushält. Bis hin zu der Tatsache, dass sie rote Augen kriegen und husten, wenn er sein übliches Pensum Zigaretten durchzieht.

Also der geschiedene Mann hat seine eigenen Erfahrungen mit uns Frauen. Und die machen ihn vorsichtig.

Nichtsdestotrotz finden viele von uns sich mehr oder weniger begeistert auf einem Markt ein, der ihnen nicht geheuer ist: dem sogenannten Partnermarkt. Der Begriff ist ebenso unschön wie das Wort Verfallsdatum. Ein Liebespartner ist eben kein käuflich zu erwerbender Artikel. Wenn das so wäre, hätten wir ja alle einen. Die Kreditwürdigkeit haben wir uns längst erarbeitet.

Gut, also wir finden uns wieder auf der Suche nach der Nadel im Heuhaufen. Und das lange nach der Paarungszeit, die ja für die Paarbildung ursprünglich vorgesehen war. Blöd, dass unsere Augen etwas nachlassen in letzter Zeit. Das Heu verengt das Blickfeld zusätzlich. Ladenhüter – auch so ein böses Wort. Trotzdem: Männer, die nicht infrage kommen, allerorten. Und die gucken dann oft auch noch hungrig!

Schade, deren Begehren zählt nicht. Genau wie damals auf dem Schulhof, wo der picklige Heinz uns anschmachtete. Während wir den langhaarigen Micha wollten. Aber der hatte schon die blonde Gaby.

Eigentlich hat sich nicht so viel verändert. Außer unserer Haut und unserem verwirrten Denken darüber, wie alt wir geworden und wie jung wir geblieben sind und was das alles für unser Glück bedeutet.

Wer genug Humor und Lässigkeit hat, kann sich jederzeit persönlich in die Feldforschung stürzen. Kann sich Selbstversuchen aussetzen – mit voller Verletzungsgarantie. Frau wird feststellen, was sie schon weiß: Männer unseres Alters sind oft viel älter als wir. Dick, glatzköpfig, bequem, selbstgerecht.

Was ich nicht alles traf bei einschlägigen Gelegenheiten: Unternehmer in Privatinsolvenz, Musiker auf Hartz IV, verblühter Schönling mit Potenzproblemen, Muttis Liebling im Sexnotstand, selbstverliebter Neurotiker auf Therapeutinnensuche, Opa mit Versorgungsbedarf, alternder Beau beim Casting für seinen Harem, scheidungswilliger Vorbeuger, Workaholic im Vorruhestand mit neuerdings mehr Zeit für das Schöne im Leben.

Männer, die in unserem Alter frei sind, haben Gründe. Gute Gründe sind das selten. Denn gute Männer werden nicht verlassen. Und gute Männer verlassen nicht, um dann auf dem freien Markt abzuhängen, sondern weil sie was Neues haben. Frauen, die in unserem Alter frei sind, sind gegangen, weil sie Ansprüche haben und bereit sind, auch welche zu erfüllen.

Massenhaft männlichen Problemfällen steht deshalb eine Schar von interessanten, gut aussehenden, vielseitig interessierten, aufgeschlossenen, fitten Frauen gegenüber.

Angebot und Nachfrage – auf dem Partnermarkt regulieren sie sich leider nicht wie an der Börse.

Das Mann-Frau-Dilemma

Und so verstärkt sich das Mann-Frau-Dilemma unserer Zeit, in dem wir uns schon lange souverän bis resigniert eingerichtet hatten, im mittleren Alter. Der Mann als Heilsbringer ist entthront, wir haben uns schon lange aufgemacht, selbst für unser Glück einzustehen. Das war toll, das war revolutionär. Mein Bauch gehört mir – klasse! Das waren *wir* damals, die das Recht auf Orgasmus thematisiert haben. Frech. Mutig. Der Mann wurde daraufhin etwas weniger männlich. Da haben wir gelacht und gesagt: Ein Mann muss auch weinen können.

Und nun sind die weinenden, entthronten Männer mit uns älter geworden. Nun sollen sie davon absehen, dass sie Potenzprobleme haben, sollen angesichts erwachsener Frauen mit großer Klappe und faltigem Hintern eine Lust heraufbeschwören wie noch nie.

Damals waren wir genervt, wenn er dauernd wollte, heute fühlen wir uns vernachlässigt, wenn er lieber Bundesliga einschaltet oder die Unterwäschewerbung länger anschaut, ehe sie im Papierkorb landet. Und wir denken viel zu oft: Das liegt an mir, an meinem alten Hintern.

In Wahrheit ist es so: Unsere weiblichen Wünsche werden dringlicher. Seine männlichen Potenziale werden schlapper. Wir brauchen mehr. Sie haben auch auf diesem Gebiet weniger zu geben.

Hilflos stehen Frau und Mann im mittleren Alter einander gegenüber. Er weiß natürlich, dass er bei der berühmten »Jüngeren« gewisse Probleme bekommen wird, und sein Kopf sagt ihm: Eine gleichaltrige Partnerin könnte ihn sicher besser verstehen. Und dann trifft er auf eine von uns, die sich nach der Riesenportion Leidenschaft sehnt, die ihre verdammten Altersängste vertreiben könnte. Und die ihn kritisch abschätzt, ob er das wohl zuwege bringt, mit dem Bauch, mit den steifen Knien und dem, was man nicht gleich sieht und woran man lieber nicht im Detail denken möchte.

Unser Anspruch, seine Angst – sie passen absolut nicht zusammen. Unsere Angst und seine Möglichkeiten auch nicht.

Und so wird das Wunder der Liebe jetzt erst richtig wunderlich.

Erinnern wir uns: Sie haben es uns doch nie recht gemacht – jedenfalls nicht auf Dauer. Da ist der, der schon dreiundzwanzig Jahre neben uns schläft und schon lange jede Nacht vor uns entschlummert. Oder auch der, den wir nicht finden, nicht haben, nicht wollen, nicht behalten. Der uns nicht versteht, nicht aushält, nicht beantwortet.

Wer seinen Alten behalten hat, der hat zwar einen Haken hinter die Partnerfrage gemacht und daher Energien für andere Themen frei. Aber eine Antwort auf die weiblichen Anfragen in der Lebensmitte ist gerade der angetraute Alte meist nicht.

Oft genug bindet uns der Mann zum Abhaken in einer Art erotischem Frühtoderleben. Ein grober Fehler, die Ursache bei sich zu suchen, Wabbelschenkel und Tränensäcke verantwortlich zu machen. Im Zweifel haben zwei sich das unerotische Nest zusammengezimmert – und beide leiden heimlich darunter. Mit dem Schwinden der weiblichen Attraktivität hat das viel weniger zu tun als mit der Paardynamik, die durch jahrelangen Abrieb zum Erliegen kommt. Essen ist der Sex des Alters – daher kommt der Spruch. Auch ein Grund für die verbreitete Fettleibigkeit in diesen Jahren.

Eine Frage der Zeit, wann die Lust auf mehr Leben sich zurückmeldet. Manche vermeiden das erfolgreich, lassen sich von der

Angst in Bann schlagen, sich draußen im Leben der zahlreichen Konkurrenz mehrerer Frauengenerationen zu stellen – was durchaus kamikazehafte Züge hat. Sie gehen lieber zum Arzt als ins gefahrvolle Leben zurück. Zipperlein, Unwohlsein und echte Krankheiten häufen sich in unseren Jahren. Kein Zufall.

Wir wollen also keine alten Säcke mit Rotweinnasen und Bierbäuchen. Wir wollen keine Hochbetagten, für die wir junges Gemüse sind. Wir wollen keine Sozialautisten, die sich an uns hängen und durchs Leben tragen lassen wollen, weil sie nichts haben: keine Freunde, keine erfüllende Arbeit, keinen Draht zur Familie. Lebensuntüchtigkeit wird im mittleren Alter besser sichtbar als bei jungen, noch hübschen Burschen, die noch am Anfang stehen. Die Sünden der alten Männer – wir kennen sie nicht nur, wir erkennen sie auch.

Bei einem wie Götz George ist es völlig egal, dass er siebzig ist. Er ist der Beweis: Das Alter macht einen tollen Mann nicht zum geschlechtslosen Greis. Das Alter steht ihm gut. Und Tausende von Frauen würden ihn sicher nicht von der Bettkante schubsen.

Aber er ist ein Ausnahmemann. Ein exotisch seltenes Exemplar. Und wir sehen ihn ja auch nur aus der Ferne. Vielleicht ist er privat ein Ekel. Und gar nicht nett zu Frauen, und wahrscheinlich will er nur eine ganz Junge. Egal, es geht um erotische Klasse, nicht ums zahlenmäßige Alter.

Junge erscheinen deshalb so verlockend, weil sie ihre Klasse noch nicht beweisen mussten. Sie sind unschuldig sozusagen. Könnte sein, sie werden mal ein toller Mann.

Alte Männer tragen ihre Paargeschichte im Gesicht, ihre Bier- und Fresssünden auf den Rippen und ihre Angst vor uns Frauen im Herzen. Jeder zweite über Sechzigjährige hatte laut eigenen Angaben schon mal mit Potenzstörungen zu tun. Den Stress können wir uns kaum vorstellen. Dagegen sind Sorgen um den Hängebusen wahrscheinlich Peanuts. Wer sich einem Mann unserer

Altersgruppe nähert, muss damit rechnen, Schwankungen und Schwächen zu begegnen.

Dann nicht an den eigenen Hängebusen zu denken – das ist Souveränität. Verständnis zeigen und locker bleiben – das ist liebevoll. Können wir, wissen wir. Wollen wir auch? Das hängt davon ab, was der Inhaber des störrischen Gemächts sonst noch draufhat. Wenn's lohnt, sind wir gern Entwicklungshelferin.

Was ist ein guter Mann?

Dass Männer früher sterben, merken wir schon lange vor ihrem Tod. Wir brauchen sie nur anzusehen. Die Männer, die wir nach der Paarungszeit noch finden können, sind alle beschädigt – genau wie wir. Wenn wir Glück haben, können wir bei genügend Übereinstimmung und Anziehung gegenseitig unsere Wunden lecken – dafür müssen wir sie aber erst einmal erkannt haben und ziemlich großzügig sein.

»Du willst doch gar keinen Mann, du bist ja frigide«, schnauzte ein rotgesichtiger Kerl meine Freundin an, die sich nicht besonders für ihn erwärmen konnte. Er hatte sie per E-Mail in eine Hähnchenbraterei seiner Kleinstadt gelockt und gleich losgeschimpft, als sie sich eine Zigarette anzünden wollte. Deprimierendes Erlebnis.

Oder der nie verheiratete Programmierer, der Kette raucht und plötzlich entdeckt, dass er doch noch Sex will, bevor er Lungenkrebs bekommt.

Was hat das alles mit uns zu tun? Wer auf die Suche geht, der findet. Aber nicht das, was er beim Schicksal bestellt hat. Sondern das, was so gemeinhin herumläuft.

Müssen wir vielleicht nur unseren Dünkel identifizieren und abstellen? Ich meine damit nicht, Maßstäbe zu verlieren, ich empfehle nicht, Ansprüche aufzugeben. Aber ein realistischer Blick auf den eigenen nackten Körper könnte uns milder stimmen bei der Beurteilung der Männerwelt.

Vielleicht liebt ja ein bäriger Typ mit Restbehaarung auf dem Kopf besser als unser Jugendideal, das wir einfach nicht loslassen wollen? Ja, sicher, er sollte am liebsten schlank, muskulös und etwas größer sein, so wie damals, als wir die Liebe noch lernten. Es ist das alte Muster, das uns anspricht, das die altbekannte Melodie der Liebe in uns anstimmt.

Wer allerdings mit fünfzig als Frau begehrt werden will, muss wahrscheinlich auch das eigene Begehren etwas weiter fassen. Auch optischen Nischenvertretern und Abweichlern von der (Schönheits-)Norm eine Chance geben. Das sind wir selbst ja auch.

Natürlich können wir uns Liebe nicht einreden, wo keine Liebe ist. Aber wir können alles mit mehr Liebe betrachten. Fehler der Natur vergeben, unsere Makel ehren, die der anderen mindestens akzeptieren, das Schöne in allem sehen. Nicht den Mangel. Das ist eine Lebenshaltung, die nicht nur hilft, sich selbst gute Zeiten zu bereiten, sie schafft auch Liebe.

Gelegenheit macht Liebe, sagten unsere Mütter und Großmütter. Wir schaffen diese Gelegenheit mit unserem liebevollen Blick auf die Welt. Und die Angst verschwindet leise und macht die Tür hinter sich zu.

Einmal habe ich bei der Partnersuche im Internet gefragt: »Und in was kannst du dich verlieben?« Der Mann, der bald danach mein Freund wurde, hat geschrieben: »Ich verliebe mich in Witz, in gute Gedanken und spannende Gespräche.«

Wenn das wahr ist, dachte ich, dann bist du bei mir wohl richtig. Habe aber nicht weiter drüber nachgedacht, was *ich* denn zum Verlieben brauche. Ich dachte, es muss eben funken. Stimmt auch. Aber über diesen Funken könnten wir mal eine Weile nachdenken.

Wenn ich mit Frauen darüber spreche, wie der Mann für sie denn so sein soll, höre ich oft zuerst, wie er *nicht* sein soll. Nicht dick, keine Glatze, kein Trinker, keine Altlasten in Form von noch zu finanzierenden Exgattinnen, kein Macho, kein Pascha, kein Mitgiftjäger beziehungsweise Heiratsschwindler.

Schließlich haben etliche von uns auch wirtschaftlich einiges zu bieten. Viele haben sich finanzielle Unabhängigkeit erarbeitet. Das könnte zu Missverständnissen führen – Männer sind irritiert, wenn ihr Geld nicht gebraucht wird, selbst wenn sie gar keins haben. Wahrscheinlich ahnen sie, dass das, was stattdessen von ihnen gebraucht wird, viel schwerer herzugeben ist als Banknoten: Nähe, Verbundenheit, Geborgenheit, Verlässlichkeit, Verständnis.

All diese hehren Werte, die uns schon in den ersten gescheiterten Beziehungen zu schaffen machten. Weil wir partout nicht auf einen Nenner kamen, wie es denn geht, das Mysterium aus Nähe und Distanz. Nun holt uns das ungelöste Rätsel ein. Der Mann hofft vielleicht, er kommt diesmal glatter durch: Hier bin ich, genügt das nicht?

Nein, meist genügt es nicht. Schade auch.

Männer altern anders

Draußen macht sich der Winter breit, die Tage werden kürzer. Die Mäntel dicker. Die Zeit scheint langsamer zu vergehen.

Vor zwanzig Jahren haben mich Jahreszeiten überhaupt nicht beschäftigt. Blätterfall und Knospenknall, Gewitter oder Schneeberge – das passierte nebenbei. Jetzt reden wir immer öfter übers Wetter. Ist das Leben selbst nicht mehr spannend genug? Passiert einfach nicht mehr jeden Tag so viel? Oder sind wir sensibler geworden für die Natur – weil wir deutlicher als damals spüren, dass wir ein Teil von ihr sind? Sicher all das. Das deutliche Spüren hängt auch mit weniger Hektik zusammen – ein echter Gewinn beim Älterwerden. Eine gewisse Dünnhäutigkeit ist die Folge.

Das erleben auch Männer. Die hormonellen Veränderungen machen sie, wie schon gesagt, weicher, scheinbar weiblicher. Während wir möglicherweise etwas entschiedener, scheinbar männlicher werden, rein hormonell gesehen. Das könnte ja ein Aufeinanderzugehen bedeuten. Eine Verbesserung des Klimas vielleicht. Aber dem stehen zu viele Vorurteile und Missverständnisse entgegen.

Frauen und Männer versuchen ja gerade, diese gewissen Veränderungen für sich zu behalten, sie betrachten einander nicht als Helfer in der Not, sondern als Gegner. Beide hüten sorgsam das Geheimnis ihrer inneren Veränderungen und kaschieren sie nach außen, so gut es eben geht.

Männer können kontinuierlicher alt werden. Sie haben auch ihre Ängste, aber sie haben andere Mittel, ihnen zu begegnen. Geld zum Beispiel, wenn sie gut verdienen. Ihr Selbstbewusstsein wächst aus den Positionen heraus, die sie sich im Laufe des ganzen Lebens erarbeitet haben. Schönheit war nie so sehr ihre Sorge – das ändert sich allerdings gerade rasant. Schon holen sie auf bei den Schönheitsoperationen, weil in der Bildersprache der Medien ein junges und schlankes Erscheinungsbild mit Dynamik und Erfolg gleichgesetzt wird. Und wer im Job etwas darstellen will, der muss sich sehen lassen können. Neuerdings auch als Mann.

Dennoch erleben sie das Älterwerden anders als wir. Sie haben nicht den Einschnitt, plötzlich unfruchtbar zu werden. Sie haben allenfalls Potenzprobleme – und das oft schon früher, als wir unsere Wechseljahre spüren. Und sie haben Viagra. Und die Freiheit, sich auch mit Glatze und Bauch toll zu finden. Das könnten wir zwar auch, unsere weniger perfekten Seiten annehmen – aber dazu sind wir nie erzogen worden. Die männliche Wurstigkeit fehlt uns gänzlich. Davon könnten wir uns vielleicht was abgucken.

Hinzu kommt, wie Männer über sich nachdenken – nämlich oft gar nicht, zumindest nicht besonders gründlich. Nur sehr kluge und mutige Männer wagen, über ihr Alter so zu reflektieren, wie wir Frauen es oft tun. Wir tragen Werden und Vergehen in uns. Wer Leben schenkt, weiß mehr vom Leben. Und auch vom Tod.

Jedes Jahr bringt uns weiter auf einem Weg, den wir nur undeutlich vor uns sehen. Auf dem Wegweiser steht: Älterwerden. Und wir spüren diffus: Das ist eine Mammutaufgabe, auf die wir nicht vorbereitet sind. Jedes Jahr lernen wir es etwas besser – einfach, weil wir müssen. Männer, die uns begleiten könnten, sind rar.

Und wenn wir einen finden, können wir unsere Fragen ans Älterwerden eher nicht mit ihm besprechen. Er könnte es wörtlich nehmen und uns einfach nur alt finden.

Erektion und graue Schläfen

Alles Theorie. Noch gründeln wir im Eigenen. Aber es geht ja um viel: um Liebe, Erotik, Lebendigkeit für unser wundervolles Alter.

Also weiter zum Rätsel Mann: Seine Spezies leidet unterm Älterwerden anders als wir. Hoher Haaransatz, graue Schläfen, Lachfalten – das macht den Mann nicht automatisch unattraktiver. Bauch schon. Aber das ist Geschmackssache. Manche Frauen halten Dickbäuche für gemütlich und Vertrauen einflößend. Vielleicht denken sie, der haut nicht so schnell ab. Das ist aber unlogisch, denn jeden, den wir nehmen, würden auch andere nehmen.

Männer haben genauso viel Angst vor dem Alter wie wir. Wahrscheinlich sogar mehr. Vergessen wir nicht: Sie sind es, die eine Erektion hinkriegen müssen, die genauso lange bei der Sache bleiben sollen, wie wir es brauchen. Die schon von Jugend an versuchen, es uns Frauen recht zu machen, uns zufriedenzustellen – nicht nur, aber auch im Bett.

Und sie sind es, die sich rückwärtsgewandt noch als Ernährer verstehen. Selbst wenn sie es gar nicht mehr sind und wir es auch nicht erwarten. Der Mann erwartet von sich Potenz, auch im Geldbeutel. Was bei uns die Körbchengröße ist, mag bei ihm die Bedeutung sein, die er sich in der Arbeitswelt verschafft hat. Und wir glauben ja auch tatsächlich, bei einem Arzt oder Apotheker besser aufgehoben zu sein als bei einem Gärtner oder Taxifahrer.

Altersangst bei Männern muss sich demnach auf Bedeutungsverlust beziehen. In Zeiten grassierender Arbeitslosigkeit ist eine gewisse Verlustangst vorauszusetzen. Ihr innerliches Zittern können sie uns nicht zeigen, das trauen sie uns nicht zu – so viel Schwäche auszuhalten. Haben sie vielleicht recht? Wenn sie das Rentenalter erreicht haben, sind sie erst recht anfällig für ihre Art Panik, nicht mehr attraktiv zu sein, nicht mehr viel bieten zu können.

Schwer vermittelbar

Ich sitze mit einer Freundin bei einem TV-Ereignis. Ich sage: »Guck mal, den Schauspieler da, den mag ich, der hat einen schönen Ausdruck im Gesicht.« – »Ne«, sagt sie, »der hat was Altes an sich.«

Hoher Haaransatz, grau meliert, weiche Körperform. Mir gefällt er. Er spielt einen gescheiten Anwalt. Und er ist der Gute. Wahrscheinlich ist er zehn Jahre jünger als wir. Und mit einer Dreißigjährigen gerade Vater geworden.

Ach, vergiss es, denke ich, Alterszeichen sind keine Garantie für menschliche Reife.

Wir haben so unsere Fantasien, wenn wir Männer anschauen. Und die sind generell völlig unrealistisch. Wer wirklich ein Herz und einen ganzen Mann mit allem Drum und Dran für sich will, muss zunächst mal die triste Realität anerkennen.

Damit sind wir beim zweiten Teil des Paarungsproblems unserer Generation: Männer bieten zu wenig. Allein lebende Männer über fünfzig sind oft der schwer vermittelbare Rest: biologische und soziale Problemfälle, Raucher, Trinker, gesellschaftliche Autisten, beruflich frustriert, pedantisch, ichbezogen, übertrieben von sich eingenommen.

Wohl jede Singlefrau kennt diesen Effekt: Sie schaut sich gedanklich im Bekanntenkreis unter den Paaren um und wendet sich voll Grausen ab. D e n könnte man mir schenken, denkt sie über Herren, die sowieso nicht zu haben sind.

Der eine lässt die Blicke wandern – durchaus auch zu mir, na toll! Seine Gattin sieht derweil ziemlich verkniffen aus.

Der andere muffelt in der Ecke einer Partygesellschaft herum und quengelt alle zehn Minuten wie ein Kind auf der Autorückbank: »Wie lange noch?«

Einer ruft an und fragt, wann es Essen gibt, während ich mit seiner Frau einen gemütlichen Freundinnenplausch machen will. Wieder ein anderer sagt, ihm sei die Libido abhandengekommen.

Ein anderer erwartet für sein herrliches Mannsein, stets und ständig umsorgt und gelobt zu sein, und wenn seine neue Herzensdame mal müde ist, mault er, sie gäbe sich nun, wo sie ihn habe, keine Mühe mehr.

Alles schon erlebt. Alles nichts Besonderes. Es gibt Schlimmeres. Solche, die plötzlich zur Ex zurückgehen, die einen ganzen Ehemaligen-Fanclub zu jeder gemeinsamen Party einladen, die das Geld durchbringen, das sie nicht eingebracht haben.

Die Tücken einer Partnerschaft sind unendlich. Und auch nach der Zweitehe sind wir nicht gegen Irrtümer gefeit. Es muss ja immer auch gefragt werden: Warum ist dieser reizende, gut aussehende Typ allein? Mit vierundfünfzig? Wo ist der Haken? Es gibt keine Schnäppchen auf dem Partnermarkt.

Versuch einer Typologie

Wer einen Mann unserer Altersgruppe trifft, muss mit ungeheuren Altlasten rechnen. Aber das soll uns nicht entmutigen. Ebenso viele Altlasten haben wir selbst. Der große Unterschied: Männer wissen seltener über sich Bescheid.

Wir hatten genug Zeit, uns mit breiten Hüftknochen, zu kurzen Beinen, kleinen Brüsten und langen Nasen abzufinden. Als Teenies waren wir verzweifelt, neidisch auf Hübschere, haben Schule geschwänzt, weil wir einen Pickel hatten – jetzt sind wir mit unserer Unverwechselbarkeit gereifte Schöne. Wer das nicht sieht, hat Pech. Wenn wir nun also den Durchblicker unter den Männern suchen, müssen wir auch bei ihm bereit sein, hinter die Dinge zu gucken, ihm Schwächen nachsehen, die wir vielleicht früher nicht hätten durchgehen lassen. Die Schönheit in einem nicht mehr straffen Männerkörper mit wenig Haupthaaren zu erkennen – das ist ähnlich dem Kunststück, das wir von ihm erwarten.

Das heißt nicht, sich demütig der Verlierer und Ladenhüter anzunehmen, das heißt nur: etwas anders hinzuschauen. Das verlangen wir von den Kerlen schließlich auch. Klar muss sein: Mit Optik allein ist heutzutage für uns nichts mehr zu reißen. Ganz ohne Optik allerdings auch nicht. Mit großporiger Raucherhaut und üppigem Bauchfett ist eher schlechter flirten, mit trainiertem Trizeps und gezupften Augenbrauen ist der Auftritt natürlich einfacher. Und die Auswahl vermutlich etwas größer.

Eins ist klar: Frau ab fünfzig kann nicht mehr darauf setzen, dass sie auf Partys von drei begehrlichen Verehrern zugleich abgeschleppt werden soll. Abgesehen davon, dass das schnelle Begehren auch mit zwanzig eher lästig war, brauchen wir es mit fünfzig wirklich nicht mehr. Wir haben Zeit. Zeit für die Liebe. Denn wenn wir heute mit einem Mann schlafen, ist meist Liebe im Spiel. Mindestens die Liebe für uns selbst – wenn wir uns bewusst auch mal nur guten Sex gönnen.

Aber sonst: Wir landen doch nicht mehr mit jedem Spinner im Bett, von dem wir uns die Familiengründung erhoffen. Die liegt weit hinter uns. Dass der Körper nicht mehr so knackig ist, umso besser: Das schützt vor falschen Verehrern und vor der Gefahr, uns zu schnell auszuziehen. Was sich so im Laufe des Lebens an kleinen Zeichen auf der Haut und darunter abgelagert hat, das zeigen wir nicht jedem. Da gehört schon Vertrauen dazu. Am besten Liebe eben. Und dann ist alles wie früher. Oder besser. Ein Mann, den meine Makel nicht abhalten, der mag mich und nicht nur meine Haut. Gut zu wissen.

Wir haben längst unsere persönliche Männertypologie erstellt, ob bewusst oder unbewusst. Alle Männer, die uns nähergekommen sind, haben ihre Spuren hinterlassen. Das hilft beim Ausschlussverfahren. Und ich bin sehr dafür, dass wir den Spieß umdrehen: Wir Frauen wollen nicht mehr jeden Kerl. Dass die uns auch nicht mehr alle wollen, umso besser. Da sind wir uns ausnahmsweise mal einig mit den Männern.

Eine fünfzigjährige Frau braucht keinen schnellen Sex, der auf ihre Körperformen abzielt. Eine Frau von fünfzig braucht die Liebe eines Mannes. Eines einzigen! Das brauchte sie, nebenbei gesagt, auch mit dreißig, aber da war es ihr nicht so bewusst, da hat sie die sexuellen Avancen noch als Liebeschancen missverstanden. Da war noch genug Zeit für Hoffnungen und Irrtümer.

Ein Mann für heute müsste so viel besser sein als damals. Er müsste bewusster leben, ehrlicher lieben, sich selbst verstehen – und damit folgerichtig auch uns!

Wer seine Bekanntschaften der letzten Jahre Revue passieren lässt – ich tue es manchmal, um meine Sehnsucht zu dämpfen –, der spürt: Sie sind stehen geblieben. Viele haben sich nie, so wie wir, infrage gestellt, sie zweifeln nicht an sich, und wenn doch, an den falschen Stellen. Selbsterkenntnis, Selbstreflexion, Körperpflege, Gesundheitsbewusstsein – bei den meisten: Fehlanzeige!

Die sich abheben, die etwas mehr Geist, Charme und körperliche Attraktivität zu bieten haben, sind so überzeugt von sich, dass es wehtut. Wir sind nicht mehr dazu da, männliche Eitelkeiten zu betonieren. Und: Die auf den ersten Blick tollen Männer sind die, die am effektivsten verletzen. So einer ist oft ein Optimierer. Und wir sind auf seinem Weg zur optimalen, zur makellosen Traumfrau eine der zahlreichen Durchgangsstationen.

Wer sich den Spaß gönnen will, kann sich eine Zeit lang mit so einem schmücken. Aber bloß nicht fallen lassen: Der hebt uns nicht wieder auf.

Die Pfeife

Wir haben die Männer besiegt, als wir ihnen ihre angestammte Rolle genommen haben. Das war ein Sieg über sture, pure Männlichkeit der alten Art. Und es war ein Angriff auf das Geschlechterverhältnis, das alles nicht eben einfacher gemacht hat. Männer sind verunsichert, eingeknickt vor neuer weiblicher Kraft. Sehen sich reduziert, setzen falsche Stärkespiele dagegen. Versuchen, hinterrücks an ihrer Macht festzuhalten. Mit Geld. Mit emotionalem Rückzug. Mit Schweigen. Mit Verweigerung in der Liebe.

Und nun suchen wir nach den restlichen Standhaften. Die keine feigen Pfeifen sind. Die beispielsweise zwar kochen, aber nicht gänzlich domestiziert sind. Die über Gefühle reden können und vor allem: welche haben.

Stattdessen: Lauter krisengeschüttelte Männerexemplare laufen uns über den Weg, ihnen ist unklar, woher und wohin, unklar, was sie von uns wollen oder nicht wollen – sie sind beschäftigt mit sich selbst, mit ihrer Männergruppe …

Ein hoher Preis. Aber niemand kann die Geschichte zurückdrehen. Und das würde auch keine von uns wollen. Selbst nicht bei der größten Sehnsucht nach Männlichkeit.

Können sie sich nicht endlich eine neue Männlichkeit erfinden? Eine, die uns in den Kram passt? Die Klügeren, die ahnen, wie sehr wir sie brauchen, pfeifen uns eins. Ätsch, jetzt habt ihr die halbe Macht. Aber auch nur den halben Mann.

Die Jüngeren, die mit unseren Sehnsüchten nichts zu tun haben, die haben es längst geschafft. Der Freund meiner Tochter ist so einer. Voll emanzipierter Jungmann mit leicht ritterlicher Neigung zu Komplimenten und offen praktizierter Sehnsucht nach Angenommensein.

Als wir neulich einen Ausflug durch den winterlichen Park Sanssouci gemacht haben, hatte er Picknick dabei: Quiche mit Lachs, Spinat und Birnen. Selbst gemacht. Als Nachspeise eine Mango. Schälmesser und Servietten waren auch in seiner Tasche. Mir fielen fast die Augen aus dem Kopf. Ein Mann, der ans Futter denkt, es selbst herstellt und dann noch so lecker und ästhetisch serviert! Außerdem wusste er: wie wir fahren müssen, wo man gut parken kann. Und er hatte den Fotoapparat griffbereit. Tolle Mischung.

Meine Tochter soll es mal besser haben, dachte ich begeistert und sentimental. Die Chancen stehen nicht schlecht.

Übrigens, auch das ist unsere Leistung. Wir waren die Zwischenstation auf dem Weg zur wahren Emanzipation. Bei uns ist alles eingekracht, wir übergeben nun an die nächsten Frauen und Männer. Die nicht gegeneinander kämpfen. Hoffentlich.

Unsere Männer aber haben sich noch keine neuen Leitbilder geschaffen. Wir haben ihnen abgewöhnt, herrisch, kriegerisch und selbstherrlich zu sein. Und vergessen, ihnen zu sagen, was sie stattdessen sollen. Einiges haben wir zwar gesagt, aber das fällt uns nun auch auf die Füße. Männer dürfen schwach sein, Männer müssen nicht alles können, Männer brauchen Hilfe, Liebe, Zuwendung, Bestätigung, Verständnis. Männer sind (fast) wie wir.

Der große Unterschied: Sie bekommen von uns meist, was sie brauchen. Im Gegenzug klappt es nicht so gut. Da lassen sie sich lieber fallen und sich versorgen mit Bussis, mit Leckerlis und Unterhaltung. Da sie nicht die Starken sein müssen, schaffen sie gleich das Einfachste nicht mehr: uns auf Händen zu tragen, wie wir es wahrlich verdient hätten, nachdem wir ihnen das Leben als Pfeife nun einmal erlaubt haben!

•

Der Mistkerl

Eine Freundin meint: »Dicker Busen und gnadenlose Bewunderung – das hält den Mann bei der Frau.« Ein trauriges Männerbild. Sie hat ihre Gründe. Die, die ihr begegnet sind, haben dafür gesorgt. Ich kenne eine Menge Frauen, die Männer nicht ernst nehmen und schon gar nicht bewundern. Sie alle sind mehr oder weniger gern Singles.

Jede von uns hat ihre Erfahrungen mit der Spezies Mann. Manche fassen sie sehr grob zusammen: »Mistkerle«, sagen sie. Und da ist oft etwas Wahres dran.

Bei aller gelegentlichen Bitterkeit, vergessen wir nicht: Bitter macht nicht lustig und nicht hübscher. Bitternis macht alt. Tun wir uns doch den Gefallen, übernehmen wir die Verantwortung, dann sind wir keine Opfer mehr und sie keine Mistkerle.

Wir waren es, die ihnen erlaubt haben, uns wehzutun. Wir sind fast nie rechtzeitig gegangen. Haben oft zu lange gehofft. Tun das immer noch. Haben Lügen glauben wollen, Zeichen übersehen, Unverzeihliches verziehen, uns mit Zumutungen arrangiert, um Aufmerksamkeit gebuhlt, an uns gezweifelt, unsere Bedürfnisse vergessen, Sex erduldet oder wahnsinnig vermisst – die meisten von uns kennen die Qualen der Liebe, wenn sie sich zurückzieht.

Und Männer wissen, wie weit sie gehen können. Im Zweifel zu weit. Irgendeine Frau, die ihnen den Hintern nachträgt, finden sie immer. Deprimierend. Aber machen wir es wirklich anders? In was investieren wir? In uns selbst? Oder in eine Beziehung, die entweder noch gar nicht existiert oder schon recht angeschlagen ist? Finden wir in einem Mann, der sich auf uns stützen will, wirklich das Glück der Lebensmitte? Oder doch eher in uns selbst, weil wir uns erlauben, bei uns selbst anzukommen? Auch ohne Mann.

Der Mann als Sahnehäubchen – das immer wieder gern hervorgekramte Konzept, das kaum eine beherrscht, eigentlich ist es jetzt sehr passend. Wobei die Körperbewussteren unter uns ja auf Sahne längst verzichten.

Der Ahnungslose

Weit verbreitet und ein schwerer Irrtum ist der Ahnungslose. Der weiß nichts von sich und erst recht nichts von uns. Der sucht eine Frau, mit der er genau das weitermachen kann, was in seiner Ehe oder mehreren Ehen zuvor schon nicht gut gegangen ist. Änderungswünsche – null. Höchstens in Äußerlichkeiten mag er sich (also seine Neue) verbessern, sie darf gern hübscher, jünger aussehen. Aber ansonsten soll sie dieselbe Rolle spielen wie die Frauen vor ihr.

Wer insgeheim beherrscht werden wollte, wird wieder eine dominante Frau suchen, wer das scheue Reh manipulieren will, wird genau das weiter tun wollen. Insofern sollten wir uns bei der Partnerwahl eigentlich eher die Vorgängerin anschauen als den Mann. Der nämlich ahnt seine Vorlieben nur, mehr weiß er oft nicht von sich.

Ein klassisches Beispiel: Eine Freundin wurde verlassen, als sie ihr Verhalten nach siebenundzwanzig Ehejahren änderte. Siebenundzwanzig Jahre lang hatte sie gestritten und gekämpft, um von ihrem Mann die Unterstützung zu bekommen, die sie ihrer Meinung nach verdient hatte. Nach siebenundzwanzig Jahren gab sie es auf, wurde stiller und lernte Japanisch. Für ihn war sie damit verschwunden. Er fand eine Freundin, zwanzig Jahre jünger, die gern die zänkische Furie gab, die er gewöhnt war.

Der Bekanntenkreis war sprachlos. Jeder, der das Paar kannte, hätte gedacht, der Mann würde sich nun, auf seine alten Tage, etwas Sanftes, Mildes gönnen. Nein, er wollte der bleiben, der er war. Und dazu brauchte er das gewohnte weibliche Gegenüber.

Das müssen wir einfach wissen, wenn wir uns an eine neue Beziehung herantasten. Neu ist der Name, die Haarfarbe und vielleicht der Job. Die Anziehung, die wir nach der Paarungszeit spontan empfinden, speist sich meistens aus ähnlichen Quellen wie früher. Es sei denn, wir gehen unseren Gefühlen auf den Grund und verändern uns. Frauen sind genau dazu eher bereit als Männer. Und das schafft mehr Hindernisse als alle Altersmarotten zusammengenommen.

Der Traummann

Uns ist also völlig klar, was der Partnermarkt bietet – und trotzdem suchen wir weiter nach unserem Traummann. Den es wahrscheinlich in der gewünschten Form nicht gibt, nicht geben kann. Klar. Trotz allem können wir uns ja pragmatisch zum Männerwunsch bekennen. Und uns sagen: Pfeif drauf, ich suche aktiv, egal, ob ich zu viel will. Wir werden ja sehen, und Wunder gibt es immer wieder.

Ein Leben lang haben wir uns das Selbstbewusstsein erarbeitet, das wir nun endlich haben. Darauf können wir verdammt stolz sein. Wir sind klüger geworden dabei. Wir kennen uns und unsere Stärken, vielleicht sogar unsere Schwächen, aber wir konzentrieren uns auf die Stärken – das tut gut. Und guttun – das haben wir gründlich gelernt – soll das Leben, wann immer es möglich ist.

Mit anderen Worten: Wir finden uns toll. Und erwarten das auch von anderen. Zuallererst natürlich von dem Mann, der eventuell die Ehre haben wird, uns durch den Rest des Lebens zu begleiten.

Trotzdem stehen sie nicht bei uns Schlange so wie früher in der Disco. Und da heißt es nun dringend, keine falschen Schlüsse zu ziehen.

Erstens: Uns genügt schließlich *ein* Mann. Ein einziger, der nicht nur auf dralle Knackhintern steht. Einer, der uns ansieht und der die wohnliche Wärme hinter unserer etwas verwitterten Fassade spürt. Der sogar der Fassade etwas abgewinnen kann, so wie den wunderbaren Mauern Venedigs: voller Schwamm und doch voll edler Kultur.

Das setzt voraus, dass wir unsere Fassade annehmen, wie sie ist, sie lieb gewinnen. Natürlich können wir sie anpinseln und pflegen – das tun die in Venedig mit den nassen Häusern auch, allerdings ohne dauerhaften Erfolg. Und dazu müssen wir humorvoll sein, also drüberstehen – und trotz allem Auftreten in der Rolle, die uns zukommt: Es ist und bleibt die Rolle der schönen Frau. Die schöne Frau gibt es in jedem Alter. Eine gewisse innere Überzeugtheit, schön und begehrenswert zu sein, hilft da enorm.

Und zweitens: dass er noch nicht da ist, den wir brauchen, sagt gar nichts. Das passende Gegenstück zu uns ist eine Sonderanfertigung. Ein Einzelstück. Ein Goldschatz. Den hebt man nicht in hundert Tagen. Und schon gar nicht nach Plan.

Wollen wir einen Mann, geht es zuerst um unsere Selbstfindung, dann erst um die Männersuche. Nicht er muss toll, super, klasse und irgendwie auch ein bisschen schön sein – wir selbst müssen so sein. Das andere, das kommt dann schon.

Es ist wie mit dem Traumjob. Wer studiert, damit er mal viel Geld verdient, kann sich ganz schön verrechnen, kann am Ende ohne Spaß und ohne Geld dastehen. Wer studiert, weil er das liebt, was er tut, der wird oft belohnt mit einem Job, der zu ihm passt. Das Geld, das kommt dann schon.

Also: Arbeiten wir erst mal an uns – der Traummann, der kommt dann schon.

Frauen – selbst schuld am Dilemma?

Unsere Männersehnsucht ist die Sehnsucht nach Heilung. Hundertmal schon haben wir uns gesagt, dass es den Traummann nicht gibt, nur die realen, fehlerhaften Typen, so wie wir real und fehlerhaft sind. Und insgeheim hat sich der Kleinmädchentraum erhalten: Wenn es ihn doch gäbe, den einen, den Feinen, den Tollen, der mich für alles entschädigt, was vor ihm so schwer war.

Je länger das Leben mit uns Schlitten fährt, desto mehr hätte es eigentlich gutzumachen an uns. Das allerdings von einem Mann zu erwarten, ist natürlich Unsinn. Der Mann ist eben nicht der Alleskönner – das haben wir ihm ja schon vor dreißig Jahren ausgeredet. Als Heilsbringer fällt er seitdem aus. Aber ab einem gewissen Torschlusspanikalter kehren nicht nur Kindheitserinnerungen frisch zurück, sondern auch verdrängte Wünsche. Und der Richtige, der, mit dem wir nicht verheiratet waren, der nicht mit uns zum Kinderkriegen bereit war, der soll nun erscheinen wie von Geisterhand – bei der Online-Partnerbörse. Oder so.

Nein, ich mache mich nicht lustig, ich weiß genau, wovon ich rede. Ich kämpfe selbst mit den Trugbildern aus bunter Mädchenvorzeit. Gerade weil wir nicht wirklich einen Vollzeitkerl brauchen, wird er erst recht idealisiert.

Es muss ein Alibi her für die Partnersuche. Ein Grund. Und der ist im Herz-Schmerz-Bereich leichter zu orten als in den Niederungen des Alltags.

Ausweg aus der Partnerfalle

Eine Freundin wurde zwanzig Jahre lang von ihrem Mann betrogen, er hat sogar zwei Kinder in der Zweitbeziehung zustandegebracht. Nach qualvoller Trennung und unendlichem Tränental sagt sie jetzt, mit fast fünfzig Jahren: »Ich vertraue nie wieder einem Mann.«

Das ist das schlichteste Muster: Kennst du einen, kennst du alle.

Die Wahrheit ist komplizierter. Wem das passiert, der vertraut *sich* nicht mehr: Wie konnte ich das übersehen? Wie konnte ich nur so blind sein? Derartige Selbstanklagen schmerzen mehr als Wut auf den untreuen Schuft. Die Folge: Der Nächste muss ein bombensicherer Kandidat sein, einer ohne Fehl und Tadel. Oder, wie im Falle meiner Freundin, einer, der ihr absolut ergeben ist, keinen Zweifel daran lässt, dass er sie und *nur* sie will.

Wir tauschen in diesem Fall absolute Sicherheit gegen prickelnde Reibung. Die Zeit wird zeigen, wie lange eine solche Verbindung trägt, in der es nur um Sicherheit geht. Um die Sicherheit, die der eine gibt und der andere braucht.

Das Beispiel zeigt, wer sich mit genug Leben auf dem Buckel in ein neues Liebesabenteuer begibt, muss aus den alten Geschichten die richtigen Schlüsse ziehen. Wenn ich betrogen und verlassen worden bin, habe ich natürlich einen blauen Fleck an einer ganz bestimmten Stelle. Der bleibt druckempfindlich. Ich falle in eine Vermeidungshaltung. Aber das Gegenteil von einem Fehler ist auch ein Fehler. Ich suche dann besser nicht Herrn Supertreu, sondern in mir mehr Ehrlichkeit. Zum Ehegau gehören immer zwei. Und zum Treuebruch, der so unerhört lange währt, ebenso. Darüber nachzudenken könnte lohnen.

Wie dem auch sei, mein Exfreund schreibt sehnsüchtige E-Mails. Er liebt mich. Das wärmt. Draußen Dauerfrost und drinnen einen kleines Glimmen. Aber es nährt nicht. Er sehnt sich immer, wenn ich weg bin. Hat er mich, genügt es nicht. Das habe ich nun schon mehrmals erfahren. Und ich bin nicht die Einzige, die dieses Hin und Her durchmacht und sich mühsam entfernt von der Hoffnung, das Pendel würde zum Stillstand kommen, der Kerl würde endlich etwas kapieren. Und dann voll Überzeugung verweilen.

Sind wir alle blöd, wir Mädels, die in diese klassischste aller Partnerfallen tappen? Wohl kaum, es traf auch schon Frau Professor, wie ich aus meinem näheren Bekanntenkreis weiß.

Eine, wenn auch etwas dünne Erklärung fand ich unlängst im Internet: Oxytocin. Das sogenannte Bindungshormon.

Männer und Frauen bilden es angeblich auf verschiedene Weise. Emotionen, sagen Wissenschaftler, sind nichts anderes als Suchtstoffe, die einen Menschen dazu bringen, nur noch an denjenigen denken zu müssen, der diese Stoffe in ihm ausgelöst hat. Das nennt sich Verliebtheit. Einer dieser Stoffe ist Oxytocin. Ein Neuropeptid, das der Körper ausschüttet und ihn dazu veranlasst, sich dauerhaft an eine Person binden zu wollen.

Bei Frauen entsteht es hauptsächlich durch Sex. Unabhängig davon, ob der jeweilige Sexpartner der Mann fürs Leben ist oder nicht.

Sex schafft Liebe.

Für uns. Das ist logisch, es kann helfen, den Mann zu binden, mit dem wir schwanger werden.

Bei Männern dagegen schafft das Begehren Liebe und nicht die Erfüllung. Weil sie dieses Liebeshormon Oxytocin bilden, *bevor* sie zum Sex kommen. Also durch die Aussicht auf Sex. Und zwar durch die Aussicht auf Sex mit einer Frau, für die sie Zuneigung und Respekt empfinden. Immerhin spielt auch bei dieser Theorie die Einstellung zum Liebesobjekt eine Rolle, nicht nur die immer wieder geschmähte Schwanzsteuerung.

Liebe als höchst komplizierte Mischung aus Hormonen und

kulturellen Konstrukten. Irgendwo in uns allen gibt es vermutlich den individuellen Bindungsschalter, den ein Partner umlegen kann. Wollen wir einen Mann, müssen wir diesen Schalter finden.

Herrscherin über das Familienimperium

Gut, aber wie soll er denn sein? Was brauchen wir vom Mann?

Ehe jetzt eine lange Wunschliste Richtung Weihnachtsmann geschickt wird, möchte ich noch einmal bei dem verweilen, was wir selbst so in die Waagschale zu werfen haben. Das ist nämlich oft viel zu viel. Und viel zu schwer.

Klar, wir können stolz auf uns sein, aber wir sollten es nicht übertreiben. Wenn wir Männer doof finden, die mit ihrer Jacht protzen, dann sind wir genauso dämlich, wenn wir mit unserer großartigen Lebensleistung angeben. »Ich habe drei Kinder und fünf Enkel.« Das ist kein ideales Entree in ein Bewerbungsgespräch mit einem paarungswilligen Kandidaten.

Unausgesprochen wird nämlich mitgeliefert, was die geheimen Befürchtungen des Mannes aktiviert: »Und du, Würstchen, was hast du menschlich so geleistet? Außer Spesen nicht viel gewesen – wie? Mir kann man nichts vormachen, ich herrsche über ein großes, erfolgreiches Familienimperium.«

Da will er sich nicht eingliedern, ganz klar. Da sieht er keinen Platz für sich. Mit Recht.

Und dann schimpfen wir, dass er eine Jüngere will, die ihn anerkennt, bewundert, die seine kleinen Tricks und Fluchten nicht gleich durchschaut. Ist das ein Wunder?

Wer einen Mann will, muss ihm eine Chance geben. Eine echte. Bei unserer Menschenkenntnis, bei unserem Einfühlungsvermögen sollte das kein Problem sein. Oder?

Weit gefehlt. Viele von uns träumen als Königinmutter noch immer vom jugendlichen Prinzen. Verständlich: wann, wenn nicht jetzt? Aber als unerfüllte Königin das süße Schneewittchen ausstechen – Blödsinn. So dumm sind wir nicht. Und um sie umzubringen, sind wir nicht kriminell genug. Außerdem gäbe es dann immer noch Dornröschen und Aschenputtel.

Wir sind Königinmutter. Keine Prinzessin mit Klappaugen. Ist doch auch ganz schön. Es lässt sich eine Menge aus der Rolle machen. Und das tun wir ja auch alle unentwegt. Wir geben Feste, ziehen uns schöne Kleider an, umgeben uns mit einem Hofstaat aus Freundinnen. Wir leisten eine Menge, um unser Imperium – Familienclan, Haushalt, Konto, Wagenpark – zu erhalten.

Ach, verwirrend. Da sind die tollsten Frauen aller Zeiten, erfahren, frisch geblieben, eigenständig, locker. Und da ist ganz viel Skepsis. Wird denn gesehen, was ich zu bieten habe? Bringt meine Lebenserfahrung Punkte? Will überhaupt jemand wissen, was ich mir mühsam erarbeitet habe an Weisheiten, an Freiheiten, an Kraft und Witz?

Viele fragen sich, während sie schrumpeln und schrumpfen: Was zählt mehr – Esprit oder Knackpopo? Charme oder Taille? Die Antwort kann sich nur jede von uns selbst erarbeiten. Im Kopf, mit Erfahrung – und im Fitnessstudio, mit einem Schuss stoischer Disziplin.

Was nicht geht, ist körperlichen Verfall mit ironischen Anklagen wegquasseln zu wollen. Natürlich ist die persönliche Ausstrahlung ein Reichtum, der gewisse Verfallserscheinungen ausgleicht. Natürlich zählen warme Weisheit und Witz mehr als fehlerfreier Teint. Das sehen wir, das erfahren wir, das spüren wir. Unsere Chance!

Was wir draufhaben, das stellt sich auch nonverbal dar. Natürlich sind wir wissender geworden in den vielen Jahren. Die Gefahr ist, dass wir unterdessen auch sturer, prinzipieller, unbeweglicher geworden sind. Einmal erkannte Weisheiten steigen uns manchmal zu Kopf. Heraus kommt: Sendungsbewusstsein. Schrecklich unerotisch, furchtbar abtörnend.

Früher wollten wir den Mann hinbiegen, haben ihm die Klamotten gekauft, die Zigaretten eingeteilt, das Bier weggenommen – mit dem Erfolg, dass er nun fort ist. Nicht selten bei einer Jüngeren, die nicht so viele Fragen stellt.

Heute könnten wir ihn retten – wenn er uns denn ließe. Beides läuft eigentlich auf dasselbe hinaus: die naturgegebene Überlegenheit der Frau, von der wir stillschweigend ausgehen, die sich seltsamerweise im offiziellen Geschlechterverhältnis noch nicht durchgesetzt hat. Davor gruseln sich Männer, vor dieser unbegründeten Siegesgewissheit. Ganz einfach auch, weil sie nicht mit der Mutter ins Bett wollen – die hat auch immer gewusst, was für ihn gut ist.

Bei aller wachsenden Weisheit, wir dürfen nicht vermütterlichen und Männern unsere ganzen wertvollen Erkenntnisse über das Leben, die Liebe und das Universum überstülpen. Die, die wir wollen, haben auch schon ein paar Runden gedreht. Und über sich nachgedacht – und wenn nicht, nützt ihnen unsere klügste Analyse nichts.

Männer sind Selbstdarsteller. Sie brauchen die Chance, sich anzupreisen. Lassen wir sie ihnen. Schweigen wir, auch wenn wir zehnmal klüger sind als sie und zwanzigmal klüger als vor zwanzig Jahren. Der Mann glaubt, dass seine Attraktivität eher in seiner Lebensleistung liegt, auf seinem Bankkonto und in seinem Job zum Beispiel. Deswegen neigt er zum Darstellen dieser Vorzüge. Als Liebhaber würde er sich gern in der Praxis profilieren. Aber dahin muss er ja erst mal kommen, in unsere Praxis.

Unsere reservierten bis kritischen Blicke auf Glatzen, Bauchansätze und Haare in den Ohren machen selbstherrlichen Typen diesbezüglich wenig Mut.

Vielleicht muss an dieser Stelle erklärt werden, dass natürlich nicht gemeint ist, dem Mann nach dem Munde zu reden, ihn kritiklos anzuhimmeln und dergleichen. Das verbietet sich von selbst. Bringt auch nichts. Es geht nur darum, die hinzugewonnenen Stärken klüger einzusetzen. Wir sind stark, also müssen wir nicht dauernd die Muskeln spielen lassen. Wir wissen viel, und genau deswegen müssen wir es nicht jederzeit und sofort zum Besten geben.

Älter sein und besserwisserisch – ein fatale Kombination. Wir ahnen ja bereits, was mit ihm los ist, wenn wir ihn das erste Mal sehen – aber genau deswegen behalten wir unsere Mutmaßungen für uns.

Wer gern über die schweigsamen Männer klagt, mit denen einfach nicht zu reden ist, der könnte sich selbst mal kurz fragen, ob er dazu nicht etwas beigetragen hat. Es stimmt, dass wir die Beziehungsmacherinnen sind, dass wir menschenbezogener sind, weil wir die Kinder bekommen. Wenn wir aber einen Mann wollen, muss seine Eigenart, sein Bedürfnis genauso ernst genommen werden wie unser kluges Wissen um die ganze Welt.

Das klingt nach Binse, ich sehe aber genug Beispiele. In Frauenträumen tummeln sich alte Emotionsträger: Silberschläfen, beruflich erfolgreich, kultiviert, trainiert. Leider sind diese seltenen Exemplare vorzugsweise in der Filmbranche beschäftigt, um genau diese Bilder in uns wachzuhalten.

Alte Traumbilder und neue Wirklichkeit

Wenn die Evolution es so eingerichtet hat, dass der Mann stark sein soll, dann müssen wir Frauen es ihm möglich machen, seine Stärke zu beweisen. Notfalls auch mit einer Jacht. Immerhin hat er ordentlich verdient oder geerbt – das ist doch schon mal was. Die Strenge, mit der wir Männer moralisch bewerten, legen wir an uns selbst nämlich keineswegs immer an.

Das kommt davon, dass wir in Workshops und Therapien gelernt haben, uns selbst anzuerkennen. Nun tun wir das endlich und vergessen mitunter ganz aus Versehen, auch den anderen zu sehen. Endlich soll der Mann uns in unserer ganzen Pracht und Größe wahrnehmen und genießen.

Nur: Wo bleibt er? Sein verletzliches Ego, ringt es uns nicht eher ein heimliches Lächeln ab? Schauen wir nicht herab auf seine verzweifelten Versuche, trotz nachlassender Potenz und schwindender Chancen am Arbeitsmarkt noch ein ganzer Kerl zu sein? Wir wollen einen ganzen Kerl, aber wir lassen ihn nicht in Ruhe an seiner existenziell notwendigen Selbstdarstellung feilen.

Wir checken ihn durch auf Brauchbarkeit. Das ist nicht fair. Es liegt sicher daran, dass wir glauben, keine Zeit mehr zu haben. Wir wollen der Liebe auf die Sprünge helfen – dazu gehört scheinbar der gnadenlose Eignungstest. Wenn wir nur kurz innehielten, würde uns schnell klar, wie unerotisch, wie unlieb das ist. Eine Einladung zur Liebe sieht anders aus.

Ein falsches Wort, und er ist unten durch. Dabei war er schon beim ersten Treffen so charmant, uns zehn Jahre jünger zu schätzen, und hat ausführlich darüber schwadroniert, warum jüngere Frauen anstrengend seien, ältere dagegen wunderbar, wie reifer Wein. Bah, blöder Vergleich, klingelt es sofort, und ganze Schwadronen Misstrauen galoppieren auf. Der will mir doch nur schmeicheln, der will doch nur was von mir! Na, klar! Und wir könnten uns drüber freuen. Wir sind nicht mehr die kleinen Mädchen, die einer »rumkriegen« will für eine Nacht. Wir wollen doch ihn »rumkriegen« – wofür auch immer.

Ein Mann, der mit mir schlafen will, ist erst einmal ein Kompliment. Ob ich das dann auch tue, ist eine ganz andere Frage.

Mut zur Weiblichkeit

Bei den letzten mehr oder weniger erfolglosen Anbahnungsversuchen ist mir plötzlich etwas Neues aufgefallen: Ich will neuerdings hofiert werden. Er soll mir den Hof machen. Ich will Blumen. Ich will Schmuck. Ich will die bewährten Zeichen dafür, eine begehrte Frau zu sein. Kitsch? Ja, sicher, aber schöner Kitsch. Es ist hoffnungslos altmodisch, aber es ist so. Ich will einfach anders behandelt werden als früher.

Ich will Romantik wie in *The Great American Songbook* von Rod Stewart, in dem er schmachtet: »*It has to be you*!« Vielleicht ist so viel Schmachten jetzt einfach dran für mich. Warum? Weil ich immer in Vorleistung gegangen bin, weil ich mir nie zu schade war für den »ersten Schritt«. Weil ich so emanzipiert war, dass ich gar nicht auf die Idee gekommen bin, mich zum Tanz auffordern zu lassen. Im Gegenteil, ein Mann, der ganz klassisch auf mich zukam, um mich warb, erschien mir eher lächerlich.

Ich suchte nicht Anlehnung, Versorgung, Sicherheit, Geborgenheit – ich suchte Abenteuer, Wildheit, Gefahr, Prickeln, Leidenschaft. Wer sucht, der findet. Die Folge: Jetzt habe ich ein Defizit an den Dingen, die ich damals nicht annehmen konnte. Geborgenheit, Zärtlichkeit, Romantik, diese Worte haben inzwischen einen neuen Klang bekommen. Sie gehören in meinem Sehnsuchtsrepertoire an die vorderste Stelle.

Immer stieg der Mann in mein Auto ein, wenn wir ins Theater fuhren. Immer suchte ich die Urlaubsadressen heraus. Na ja, nicht immer, aber fast. Ich habe es satt, die Führung zu übernehmen, ganz besonders beim Verlieben. Die Anbahnung soll von ihm ausgehen. Einfach, weil es was Neues wäre. Und weil alte Wünsche offen sind. Unerkannte alte Wünsche. Geborgenheit zum Beispiel. Die habe ich abgewiesen, weil sie mir ziemlich fremd war. Was ich heute unter Geborgenheit verstehe, wäre mir einstmals wie Einengung vorgekommen.

Einmal in meinem Leben gab es Umstände, die dazu führten, dass ich für kurze Zeit über die Kreditkarte eines Mannes verfügte. Es war die Hölle. Ich konnte mir kaum etwas leisten. Nicht weil das Konto nicht gedeckt gewesen wäre, sondern weil ich die Karte lieber verschluckt hätte, als sie einzusetzen. Finanzielle Fürsorge eines Mannes – war das nicht fast schon Prostitution?

Oh, mein Gott, wie streng wir damals waren. Streng und abweisend gegen unsere eigene Weichheit und Bedürftigkeit. Das hatte sicher seinen Sinn. Nur so konnten wir die starken, tapferen Alleskönnerinnen werden, die wir nun sind. Berufstätig, unabhängig, stolz und weltgewandt. Es gab auch damals Frauen, die sich den Umweg über die eigene Entwicklung sparten und sich gleich der Fürsorge eines Mannes ergaben. Ich sehe sie nun reihenweise gescheitert durch die jetzigen Zeiten stolpern. Kein Job, wenig Unterhalt, absolut desolates Selbstwertgefühl. Nein, da ist es schon besser, damals hart gewesen zu sein.

Aber jetzt – jetzt ist alles anders. Wir müssen uns nichts mehr beweisen. Stark, das sind wir nebenbei. Das ist unsere geringste Sorge. Jetzt können wir in Ruhe schwach sein. Ja, wirklich, das dürfen wir.

Männer lieben es, wenn sie uns helfen können, hören wir immer wieder. Wenn wir trotzdem stark und eigenständig bleiben, lieben sie es, den Gentleman zu geben. Sie brauchen nur einen kleinen Fingerzeig, dass es gestattet ist. Schließlich haben wir sie einstmals rüde vom Kneipeneingang weggeschubst, wenn sie uns die Tür aufhalten wollten. »Kann ich schon allein«, haben wir bei jeder Gelegenheit gefaucht, wie ein dreijähriges Kind, das aufs Fahrrad ohne Stützräder steigen will.

Jetzt können wir zwar immer noch alles allein, aber es muss nicht mehr sein. Ich werde gern chauffiert. Ich habe es gern, wenn er im Restaurant bezahlt. Ich würde auch eine Damenkarte ohne Preise nicht mehr gänzlich verurteilen. Ich liebe es, mit Blumen empfangen zu werden. Und kleine Geschenke bringen mich zum Jauchzen.

Mut zum Altmodischen. Mut zum Frausein.

Bin ich etwa jetzt, mit über fünfzig, endlich eine richtige Frau geworden? Dumme Frage: Was ist eine richtige Frau? Eine wie im 1930er-Jahre-Film, die sich nicht allein in die Öffentlichkeit traut? Die Angst vorm Küssen hat? Und Sex als Klebstoff einsetzt, um geheiratet zu werden? Das alles hatten wir in den 1960ern ja abgeschafft. Und gleich das Kind mit dem Bade ausgeschüttet. Kavaliersallüren waren schwere Delikte. Und Männer wurden Partner auf Augenhöhe, aber damit als Liebhaber tief verunsichert.

Heute ist Zeit für eine zweite sexuelle Revolution, für eine neue Frauenbewegung: Mut zur Weiblichkeit. Wir müssen nicht gleich in Ohnmacht fallen, damit er uns auffangen kann. Aber uns ein bisschen anzulehnen, das sollte schon drin sein.

Das Leben mit Männern war beileibe kein Zuckerschlecken.

Erst Zungenkuss, dann Fellatio – klar, wir waren modern und aufgeklärt, aber geschmeckt hat es nicht besonders. Später dann Schwangerschaft und Diskussionen, wer nachts aufsteht, wenn das Baby schreit. Wenn wir Glück hatten, war er treu, während der eigene Bauch sich als unbekanntes Universum erwies. Reden konnten wir bald besser mit der Freundin, und es hieß: So sind Männer.

Immer mehr Dinge kamen auf die So-sind-Männer-Liste. So viele, dass wir sie in Wahrheit schon gar nicht mehr brauchten. Ernährer waren sie nicht, Liebhaber kaum. Romantische Verehrer nur so lange, wie wir sie nicht näher ranließen. Das ganz normale Spiel.

Jetzt, nach der Paarungszeit, ist die Zeit, die Rollen wieder klassisch zu verteilen. Emanzipation und familiäres Alltagsgeschäft liegen hinter uns. Ein Mann für heute muss nur lieb und schön sein. Uns guttun. Und sich ohne Scheu unserer tiefer liegenden Bedürfnisse annehmen.

Deswegen können wir auch nur die Besten und Klügsten gebrauchen. Denn oberflächliche Komplimente langweilen nicht nur, sie beleidigen auch unseren guten Geschmack. Sie müssen schon, genau wie die Geschenke, sehr individuell zugeschnitten sein. Wer mir Gold schenkt, ist selbst schuld. Ich trage nur Silber. Oder Weißgold. Oder Platin. Das kann jeder sehen!

Und wer, wie neulich geschehen, behauptet, er sehne sich nach meinen schönen blauen Augen, hat auch Pech – ich habe grüne. Und Sehnsucht nach Augen, egal welcher Farbe, lasse ich sowieso nicht gern gelten. Zu abgenudelt, das Thema.

Ein Mann, der mich erfolgreich umwerben will, muss mehr bieten. Tadellose Umgangsformen – fantastisch! Neulich blieb ich doch tatsächlich mal so lange im Auto sitzen, bis der mich fahrende Typ um das Auto herumgekommen war, um die Tür zu öffnen. Hatte ich im Film gesehen, war aber eine echte Geduldsprobe, denn ich musste lange warten, bis er kapierte, dass nicht die Tür klemmt und ich nicht unterm Sitz nach meinem Handy suche.

Auf der Rückfahrt hatte ich schon nicht mehr die Nerven, vor der Beifahrertür stehen zu bleiben und keine Hand zu heben, bis er den Griff betätigte, um sie für mich zu öffnen. Aber im Lokal hat er mir den Stuhl vom Tisch weggerückt und zierlich unter dem Hintern platziert, während ich mich artig niedersinken ließ. Ein äußerst erotischer Moment!

Ja, was noch könnte ich mir wünschen, wenn ich hofiert werden will?

Nicht schlecht wäre ein Kennerblick auf meine neue Lederhose, nebst der Bemerkung, dass ich mich wirklich immer sehr stilvoll kleide. Dazu ernst gemeintes Interesse für meine derzeitige Arbeit. Echte Bewunderung für meine gelungenen Kinder. Glaubhafte Bemerkungen über mein jugendliches Aussehen nicht zu vergessen. Überraschungen mit großzügigem Zeitbudget. Treffliche Ideen für eine Kurzreise, geistreiche Tipps für eine Ausstellung, ein besonderes Theaterstück.

Der werbende Mann braucht also etwas Zeit, ein bisschen Geld und viel guten Geschmack. Das sind die Liebesbeweise der Gegenwart, nachdem sie jahrzehntelang verpönt waren. Jetzt kommen sie wieder gut an, weil sie uns eben nicht ins Frauenjoch zwingen sollen, in die bescheidene zweite Reihe, in die Ja-Sager- und Erfüllungsgehilfinnen-Rolle. Geschenke können uns nicht mehr zur Hausarbeitssklavin machen. Männliche Aufmerksamkeit ist nicht mehr die Währung, in der sie für Gefügigkeit bezahlen. Nein, der verwöhnende Mann von heute ist wahrer Luxus. Den wir uns mit viel einstigem Verzicht auf Weiblichkeitsgetue verdient haben.

Man trägt ja auch wieder Dekolleté. Und lässt viel tiefer blicken als zu unserer Jugendzeit. Logische Konsequenz: Die betont weibliche Frau meidet jede Härte. Der dazugehörige Mann bekommt seinen Platz zurück. Als Eroberer, als Verführer, als Retter – zumindest theoretisch sollte er irgendwie bereit sein, uns aus allerlei misslichen Lagen zu befreien.

Kann sein, ich übertreibe und hielte es gar nicht aus, wenn ich mit männlicher Fürsorge derart überhäuft würde.

Dieses Programm hat aber dennoch einen nicht zu unterschätzenden Vorteil. Es hält alle untauglichen Typen fern, die bisher so mein Leben gekreuzt haben. Denen ich eine Krankenversicherung organisieren musste, die mit vierzig keinen Führerschein besaßen, die neun Jahre lang keine Steuererklärung gemacht hatten, die das Besteck nicht richtig halten konnten, die maulig von der Arbeit kamen und sich ohne Dankeschön von mir bewirten ließen. Die Liste ist unvollständig, aber die Richtung stimmt.

Ab sofort geht es anders lang, Männer. Jetzt dürft ihr zeigen, was ein richtiger Mann ist. Wenn ihr vorher ein Benimmseminar besuchen müsst oder euch mit Viagra eindecken wollt – bitteschön, ich muss es ja nicht wissen!

Ich bin eine Frau, ich kann gar nicht alles wissen!

Aber der neue Mut zur Weiblichkeit hat eine Grenze: unsere Maßstäbe. Der Mann, der uns ganz klassisch hofieren kann, ist der souveräne, in sich ruhende, für sich selbst anspruchslose ritterliche Frauenversteher. Woher sollte der jetzt auf einmal kommen?

Sollte es sie geben, die Männer, die dazugelernt haben, die über den Umweg als schweigendes Frauenproblem nun endlich unseren Ansprüchen genügen können? Oder anders gesagt: Kann ein notorischer Fremdgeher endlich treu sein, weil er die Sinnlosigkeit seiner Eroberungsfantasien begriffen hat? Kann ein rücksichtsloser Stoffel plötzlich liebevoll werden, weil er erkennt, dass er Besseres dafür kriegt als Dienst nach Vorschrift in einer lieblosen Ehe?

Wir erwachsenen Frauen kennen all diese Tücken, mindestens aus dem Bekanntenkreis. Wir haben unsere Sensoren auf derlei

Zumutungen gerichtet. Wir wissen genau, was uns nicht mehr unter die Bettdecke kommt.

Das ist die Chance für wirklich gute Männer. Die wir früher vielleicht übersehen hätten.

Mädchenträume und Bindungsangst

Es hätte so schön sein können. Sie kannte ihn aus der Oberstufe. Und fand ihn wieder bei einem Internetportal, das alte Schulfreunde aufstöbern hilft. Er kam von Süddeutschland nach Hamburg. Sah gut aus, so wie damals, nur grauer und etwas fülliger. Er blieb drei Tage und drei Nächte (im Gästezimmer). Sie gingen in Ausstellungen, ins Kino und essen. Sie erzählten sich ihr ganzes Leben nach der Schule. Ehen, die zurücklagen, Kinder, die erwachsen waren. Sie waren frei, miteinander etwas anzufangen.

Aber als er ihr den Arm auf die Schulter legte, um hinter ihr in den Kochtopf mit dem Lammcurry zu lugen, zuckte sie erschrocken zusammen. Es funkte einfach nicht. Neuerdings schreiben sie sich E-Mails über ihren Alltag, tauschen Meinungen aus über neue Kinofilme, über politische Fragen. Sie sind sechzig und solo.

Und als meine Freundin mir von dieser Beziehung erzählte, die keine werden wollte, wusste ich sofort, was nicht stimmt: »Du willst doch gar keinen! Du bist nicht bereit.«

»Doch! Ich würde schon wollen«, sagte sie. »Aber es funkt nicht.« Darauf ich: »Ja, weil du es nicht zulässt.« Klassischer Dialog. So sind wir, geben uns selbst die Schuld, wenn die Männer uns nicht genügen. Im weiteren Gespräch stellte sich heraus: Meine Freundin mag noch die gleichen Kerle wie vor dreißig Jahren. Sie sind zwischen zwanzig und dreißig. Und äußerst attraktiv.

Unpraktisch, wenn man sechzig ist.

Auch eine andere Freundin sagte einmal, sie reagiere immer noch auf denselben Typ Mann: jung, Jeans, dreckige Fingernägel vom Arbeiten.

Gibt es Frauen, die hängen bleiben wie ein Computer, der nicht mehr rechnet?

Warum altern ihre Helden nicht mit? Ist die junge Frau in unserem Inneren stärker als die reale Frau, das reale Leben?

Meine Freundinnen sind ja nicht verrückt. Sie unternehmen keinen Handschlag, um in die Nähe eines solchen Jungmannes zu kommen. Es sind ihre Mädchenträume, die nachwirken. Die erwachsene Frau kann sich keinen erwachsenen Mann vorstellen. Angst vor Enttäuschung. Bindungsangst. Alle möglichen Ängste spielen mit.

In dem Fall hat kein realer Mann eine Chance. Diese tollen Frauen sind für die Männer verloren. Sie wissen beide, warum. Aber das gehört nicht hierher. Wichtig ist nur, dass sie nicht darunter leiden. Und allein gut klarkommen. So leben viele.

Und Leben im Älterwerden ist Vielfalt, bedeutet: sich selbst näherzukommen. Dazu muss nicht für alle ein Mann gehören. Aber jede, die ich fragte, sagte in Klammern, nachdem sie ihre Seelenruhe und ihre Unabhängigkeit gewürdigt hatte: Ja, natürlich hätte ich lieber einen, aber nicht um jeden Preis. Nicht irgendeinen.

Unrealistische Erfolgsmodelle

Ein großes Problem: Da die Sache mit den Genen, die uns zeitlebens zu den erfolgreichen Sippenernährern hinzieht, unbewusst abläuft, spielt sie auch weiterhin ihre längst überflüssige Rolle.

Während viele von uns also fast unisono auf den Männern

herumhacken, die alle angeblich nach Jüngeren glotzen, schielen wir selbst den schmalen, schlaksigen Gestalten hinterher, die fast unsere Söhne sein könnten. Da wir unseren Kopf einschalten, tun wir einiges dafür, dass es nicht peinlich wird. Aber wir suchen unter den Gleichaltrigen den, der unseren alten Idealen aus der Paarungszeit am nächsten kommt.

Die Erfolgsmodelle heißen: grau gewordener Lausbub. Großer Junge mit Gentleman-Einschlag. Fürsorglicher Papityp in traumhaft sitzender Lederhose. Sensibler Künstler mit gut bestücktem Bankkonto. Charmanter Sonnyboy mit reifer Lebensphilosophie. Kurz: das Unmögliche vereint in einer Person. Wieder einmal soll er alles sein. Immer noch optimieren wir und lieben nicht einfach das, was uns über den Weg läuft. Weil wir ja unsere Ansprüche haben. Und die pflegen und verteidigen wir. Auch gegen unsere eigenen Erfahrungen.

Wir sehnen uns oft sehr nach einem Mann. Das ist kein Zeichen von Altersschwäche, das hat uns ein Leben lang begleitet. Und es höret nimmer auf. Amen. Soll heißen: Lasst es uns akzeptieren, dass wir so sind. Vernarrt in den (noch zu findenden) Mann, der zu uns passt. Wenn er allerdings Gestalt annehmen soll, müssen wir wohl etwas herabsteigen vom ohnehin schon wackeligen Thron. Realitätssinn, Erziehung der Gefühle, Menschenliebe – auch zum männlichen Menschen – könnten da helfen.

Wir sind also bereit für die Liebe. Egal, wo wir sie finden. Das Limit setzt der Mann, das scheue Wild. Die Form, in der wir ihn gern hätten, bringt er selten mit. Trotzdem verkauft er sich teuer – eigene Makel will er möglichst an der Partnerin nicht wiedererkennen.

So sucht er zum Beispiel unter uns die mit der strafferen Haut, die scheinbar jüngere Selbstversorgerin. Die Alleskönnerin, die ihm beim Selbstdarstellen trotz aller Kompetenzen bescheiden den Vortritt lässt. Die ihr Geld allein verdient, aber dies niemals betont. Die genug Weibchenanteile durch die langen Jahre der Emanzipation gerettet hat, um ihn neben sich in ganzer Pracht strahlen zu lassen. Die kochen kann und Glamour hat. Die nicht in seine Wohnung ziehen und ihn auch nicht unbedingt in ihr Haus locken will. Welcher Mann zieht schon ins gemachte Nest? Nestbau ist ein alter Reflex. Heute für uns ziemlich überflüssig.

Noch mal Familienfinanzier, noch mal Reiseleiter durchs Leben – nein, das will der Mann unseres Alters nicht sein. Er nimmt uns beim Wort und erwartet Autarkie. Plus Anschmiegsamkeit. Und da er sich einmal auf der freien Wildbahn befunden hat, scheut er auch nicht, beim kleinsten Paarproblem wieder dorthin zurückzukehren. Hat er doch gesehen, wie viele schicke, liebenswerte Kandidatinnen seiner Aufmerksamkeit entgegenfiebern. Paarforscher fanden heraus: Einmal Geschiedene gehen fragilere Neuverbindungen ein. Die Hemmschwelle, sich erneut zu trennen, wird niedriger.

Mann ist Mann

Männer haben ein Problem mit uns, wenn wir fünfzig sind. Und Männer haben ein Problem mit sich, wenn sie fünfzig sind. Schillernde, kommunikative Männer können dieses Problem bis fünfundsechzig und knapp darüber hinausschieben. Ab und zu eine Affäre mit einer Jüngeren, berufliche Erfolge, Statussymbole – das mildert die Ängste beträchtlich.

Sind sie dann doch solo, spüren sie die Uhr ticken. Allein alt werden? Das können vielleicht Frauen, die tapfer genug sind – weil sie es müssen. Ein Mann muss das nicht. Wenn er wirklich eine Frau will, findet er auch eine. »Mann ist Mann – und wenn er im Bett sitzt und hustet«, hat meine Oma immer gesagt. Ich dachte, das galt nach dem Krieg, als es wirklich weniger Männer gab als Frauen. Aber es gilt in gewisser Weise immer noch.

Es ist unglaublich, welche Ladenhüter noch weggefangen werden von einem einsamen Frauenherz, von einer Liebe suchenden Frau. Wie wenig so ein gestrandeter Wal tun muss, um Begeisterung bei einem weiblichen Gegenüber auszulösen. Seine bloße Anwesenheit genügt schon. Glatze, Bauch, zippeliger Vollbart, unsicheres Einkommen – alles egal. Er kann so lieb gucken, und er freut sich über das, was ihm gekocht wird.

Neulich traf ich einen kräftigen Bauchträger mit schönen Augen. Nicht im Internet, auf einer Gartenparty. Arzt sei er, wurde mir gesagt. Er wich mir nicht von der Seite. Ich fühlte mich geschmeichelt. Ein heißer Flirt aus dem Stand. Von null auf neunundneunzig.

Zwei Tage später wusste ich Bescheid: Privatinsolvenz, Gerichtsverfahren wegen Unfall mit Todesfolge, Unterhaltsklage wegen eines unehelichen Kindes, Grundstück gepfändet. Dauerkrank geschrieben wegen Depression. Ich war froh, dass es nur bis neunundneunzig gegangen war.

Probleme habe ich allein. Ich brauche keine neuen. Zwei Wochen später hörte ich, dass er die ganz große Liebe gefunden hat. Die zwölf Jahre jüngere, sehr attraktive Einkaufschefin einer großen Handelskette. Sie will mit ihm seine unübersichtlichen Probleme lösen.

Ich habe den Verdacht, dass Männer das schaffen, weil sie davon überzeugt sind, einfach toll zu sein, egal, wie wenig sie zustande gebracht haben. Und weil sie zutiefst davon überzeugt sind, eine liebende Frau verdient zu haben.

Der Partnermarkt ist ungerecht

Wer kennt nicht diese Geschichten: Armer, glatzköpfiger Bauchträger findet ins sehnsüchtige Herz einer netten Frau. Ein barockes Weibchen mit Hartz IV dagegen geht eher leer aus. Wer eine Ältere nimmt, der will, dass sie wenigstens jünger aussieht und für sich selbst sorgt – und gern auch für ihn! Eine frisch und schlank gebliebene Fünfzigerin guckt allerdings auch oft in die Röhre, wenn sie einen Gleichgesinnten sucht, denn ihren mehr oder weniger berechtigten Ansprüchen genügen meist nur Jüngere.

Der jüngere Mann aber, der souverän genug ist, uns zu nehmen, den können wir mit der Lupe suchen. Es gibt sie, ja. Und es gilt in manchen Kreisen schon fast als hip, eine Ältere, aber natürlich total jung Gebliebene, zu lieben.

Meine Nachbarin hat einen zwölf Jahre Jüngeren geheiratet, meine Mutter einen achtzehn Jahre Jüngeren, eine Freundin ist gerade mit einem sechs Jahre Jüngeren zusammengezogen – und über die obercoole Hannelore Hoger und ihren jungen Mann wurde in allen Medien regelmäßig berichtet. Natürlich, klar, ein jüngerer Mann, das wäre manchmal die Lösung. Aber gute Männer sind rar, egal in welchem Alter.

Frauen ab fünfzig, die Humor haben und gut aussehen, haben gewisse Restchancen. Manchmal glauben wir nicht mehr dran – die Erfahrung sagt, es ist unwahrscheinlich. Aber es gibt für alles ein Gegenbeispiel. Und andere Erfahrungen. Also glauben wir einfach, was wir glauben wollen.

Die Geschlechterungerechtigkeit nimmt im Alter allerdings tatsächlich noch zu. Nicht nur bei der Partnersuche. Altersarmut ist weiblich. Mehr Frauen bleiben im Alter allein. Tatsachen, von denen wir alle jeden Tag hören. Auch wenn wir uns nicht persönlich fürchten – diese Dinge schüren Angst. Angst vor dem Ausgemustertwerden. Angst, mit dem Elend in einem Boot zu landen.

Die Angst ist oft völlig unberechtigt. Immer noch schöpfen wir aus dem Vollen. Längst nicht sind wir die armen Gestalten, die heimlich gefilmt werden, um die Zustände im Pflegeheim anzuprangern. Aber unsere eigene Bedürftigkeit, das eigene Defizit flackern auf, wenn wir fremdes, weibliches, altes Leid sehen. Wir beziehen es auf uns.

Dabei wollen wir eigentlich nur einen Mann – um *jetzt* nicht allein zu sein. Was später ist, das klären wir später.

Trügerische Wort- und Zahlenspiele

Vor einigen Jahren hat mich ein Mann verlassen. Er ist zu meiner fünfundzwanzig Jahre jüngeren Vorgängerin zurückgegangen. Weil sie ihn wiederhaben wollte. Ein Glück. Sonst hätte ich meinen neuen Freund nicht kennengelernt. Der übrigens fast vier Jahre jünger war als ich und neun Jahre jünger als sein Vorgänger. Aber das ist nun wirklich Nebensache.

Es stimmt einfach nicht, dass alle Männer eine Jüngere wollen. Wenn sie nicht blöd sind. Oder prominent – was ihnen eine bestimmte Rolle aufnötigt. Zu der gehört eine möglichst junge Frau. Gönnen wir sie ihm. Er hat es auch nicht leicht damit. Jeder, auch er selbst, wird denken: Geld macht Liebe. Wie traurig.

Kluge Männer gehen dem Stress mit der Jüngeren (Kinderwunsch, körperliche Anforderungen, Discobesuche, berufliche Unsicherheit) aus dem Weg.

Allerdings fand eine Freundin ihren neuen Lebenspartner nur, weil sie in der Antwort auf seine Anzeige »neunundvierzig« geschrieben hatte statt »einundfünfzig«. Als wir ein Jahr später zu dritt bei einem guten Essen saßen, sagte ihr Neuer liebevoll: »Ein Glück, dass sie geflunkert hat, ich dachte, Frauen über fünfzig sind nicht mehr so.«

Er selbst ist über fünfzig, und genau deswegen sollte seine neue Freundin Frischluft in sein Leben bringen. Das tut sie nun auch, und zwar heftig. Woher sollte er ahnen, dass das auch Ü-Fifties können? Es hat sich noch nicht zu allen herumgesprochen. Und wir zeigen es auch viel zu zögerlich. Es gibt noch zu viele Faltenröcke, Trauerblicke und Dauerwellen im Straßenbild.

Männer fürchten, was wir auch fürchten: So ist es als Frau im mittleren Alter. Die Einzigen, die daran etwas ändern können, sind wir selbst. Schwung, Power, Witz – alles da, alles gut erhalten. Manchmal sind wir nur zu geizig zum Teilen. Wir müssten lauter sein, öfter dabei sein, wenn etwas los ist, mehr rausgehen und zwar aus uns selbst. Schüchternheit und Scham sind Eigenschaften, die jungen Mädchen gut stehen können – uns grenzt diese Art Aura aus. Für uns gilt: Wer etwas will, muss sich zeigen.

Zurück zu meiner Freundin und ihrem Schummelbeispiel: Das ist die Krux mit den Partnerschaftsanzeigen. Sich in zehn Worten beschreiben – wie soll das gehen? Da reduziert sich alles auf Zahlen und Fakten. So alt, so groß, der Beruf, das Gewicht eventuell noch. Wie auf dem Kamelmarkt. Nur der große Wunsch, den anderen zu finden auf dem riesigen Erdenrund, der kann die latente Kränkung erträglicher machen, die in diesem Zahlenspiel steckt. Und immer wieder klappt es ja auch. Wenn nämlich etwas mehr stimmt als die Zahlen.

Meine besagte Freundin ist ein lustiges Haus. Beinahe hätte ihr Gefährte, den sie nun seit drei Jahren hat, das nie erfahren, wenn sie nämlich ihr Alter wahrheitsgemäß angegeben hätte. Aber: Es waren nur *zwei* Jahre, die sie weggeschummelt hat. Da war nicht die Suche nach »der Jüngeren« im Spiel. Der Mann wollte eine Frau, die etwa in seinem Alter, aber nicht ältlich ist. Darum guckte er nach dem etwas jüngeren Datum. Heute sagt er, er hätte sie auch gewollt, wenn sie fünf Jahre älter wäre. Weil sie ist, wie sie ist, weil sie lachen kann wie ein Kind, weil sie über die Wiese springt, die sie selbst einst angelegt hat, weil sie Drahtmänner baut, weil sie Hähnchen in Zitronengras kochen kann, weil sie diese Augen hat. Na, weil sie alles hat, was Mann eben braucht. Und das hat sie auch in zehn Jahren noch.

Wegen des jüngeren Fleisches jedenfalls wurde ich nie verlassen. Und besseren Sex – was ist eigentlich besserer Sex? – hat die Neue vermutlich auch nicht geboten. Ich denke so nicht.

Andere haben das sofort gedacht. Andere wissen aber nicht, was ich weiß. Dass dieser Mensch ein massives Helfersyndrom hatte und diese junge Ukrainerin massiv Hilfe brauchte, dass sein Selbstwertgefühl bei einer Frau mit Kleinkind und ohne Job, die auf ihn existenziell angewiesen ist, natürlich in die Hände klatscht. Das kann ich nicht bieten. Muss ich darüber traurig sein? Wertet mich das ab? Hat das was mit Lachfalten um die Augen und dem Bindegewebszustand zu tun?

Nein, ich biete Partnerschaft. Und Partnerschaft findet nun mal unter Gleichen statt. Ist Geben und Nehmen. Männer, die das nicht können, *müssen* zu Jüngeren gehen.

Liebe als Tauschgeschäft

Natürlich gibt es auch die Magie der Liebe, die nicht nach dem Alter fragt. Diese animalische Anziehung, gegen die keine von uns ankommt. Die Frage ist aber: Worin besteht dieser unausweichliche Magnetismus, der zwei zueinander hinzieht? Er fällt ja nicht aus dem Liebeshimmel herab, er ist jeweils die Antwort auf unsere inneren Fragen und eine chemische Reaktion.

Liebe, wie wir sie heute praktizieren, ist oft ein Tauschgeschäft. Einer hilft dem anderen, sodass er sich besser fühlt. Wenn sich Männer besser fühlen, weil sie einer unerfahrenen, noch ungefestigten, jüngeren Frau mehr zu bieten haben als einer, die sich und das Leben im Griff hat – müssen wir Älteren uns darüber wundern, uns aufregen über diese Ungerechtigkeit? Müssen wir das als Abwertung erleben?

Das müssen wir nicht! Das ist geradezu Blödsinn! Wir können aber darauf achten, dass wir nicht die unbeugsamen Bessermenschen sind, die dem Mann die Hemden aussuchen und Bescheid geben, wo es langgeht. Der Mann in der Lebensmitte will ganz gewiss kein Navi mit ins Bett nehmen, sondern eine warme, weiche Frau. Und da gucken sie auch nicht mit der Lupe, ob alles glatt und straff ist.

Das sind unsere eigenen Vorurteile. Unsere freiwillige Selbstabwertung, dass wir glauben, mit Busen und Hintern nicht mehr locken zu können. Sofern beides vorhanden – findet sich auch eine streichelnde Hand. Zugegeben, nicht immer gleich. Und es wird auch nicht leichter.

Aber es sind nicht die Schönen, Perfekten, die zuerst (wieder) einen Partner finden. Es sind oft die weicheren, großzügigeren, offeneren Frauen, die sich schnell wieder in eine neue Katastrophe namens Mann stürzen können.

Am besten wäre, unser neuer Liebeskandidat würde so auf uns

abfahren, dass wir keine Zeit zum Nachdenken hätten. Der würde die gebotene Vorsicht unterlaufen, uns mit seinem Sehnen und Glühen anzünden, die Sorge, nicht mehr begehrenswert zu sein, im Sturm wegfegen. Und zwar gleich mit handgreiflichen Argumenten. Ein leidenschaftlicher Kuss, der unser Denken ausschaltet, könnte schon eine Menge (Selbst)Zweifel beiseitefegen.

Ja, das wäre romantische Liebe im mittleren Alter. Der seelenstarke Mann, der körperlich topfitte Mann, der Mann, den wir nie hatten. Der Mann, der uns so rasant findet, dass er Schwangerschaftsstreifen und Falten am Po gar nicht wahrnimmt und einfach jedes Pfund an uns schätzt. Der auch ohne Viagra voll einsatzfähig ist, weil er nicht anders kann, als uns zu beglücken (und sich mit).

Wir erwarten viel. Das Kribbeln im Bauch, den atemberaubenden Sex. Und dazu natürlich die unerschütterliche Zuverlässigkeit eines Mannes ganz für uns allein. Jetzt wollen wir das, was wir nie hatten. Endlich. Wir sind kompromissloser geworden – weil wir uns besser kennen. Wissen, was wir wert sind. Es gibt Frauen, die sagen: »Mein Singleleben gebe ich nur auf für einen, bei dem alles stimmt.« Das habe ich neulich in einem Interview gelesen. Die wird ihr Singleleben garantiert behalten. Mit strengen Maßstäben, mit höchsten Erwartungen.

Wie wir bekommen, was wir verdienen

Zum ersten Mal seit Tagen blaue Fetzen am Himmel. Milchiges Sonnenlicht. Schnee taut, bildet Rinnsale auf den Autodächern. Irgendwie liegt Optimismus in der Luft. Ich will weg von den Äußerlichkeiten, um die wir uns alle immerzu solche Sorgen machen. Es geht ja, wenn wir Liebe wollen, um ganz andere Reichtümer. Oder Defizite. Je nachdem.

Wir könnten eine Menge von den Männern lernen. Wenn wir wie sie die tiefe Überzeugung nähren könnten, ganz schön toll zu sein (was ja sogar stimmt!) und Liebe verdient zu haben (was ebenfalls stimmt), dann würden wir sie wahrscheinlich auch bekommen. Eher jedenfalls als mit dem verdrucksten schlechten Gewissen, dass wir überhaupt noch solche Wünsche haben – in dem Alter! Die heimliche Scham ist es, die vielen von uns zu schaffen macht. Sie bremst uns aus beim Flirt, sie macht uns missmutig, sie stört ganz einfach.

Nichts macht so schön wie gute Laune, Lebenskraft und Humor. Selbst fiese Falten fügen sich in eine ansehnlichere Lachordnung, wenn unser Gesicht sich freundlich zeigt. Darum sind Gram und Groll über die große Geschlechterungerechtigkeit beim Älterwerden sinnlos und schädlich. Frauenrechte sind wichtig. Aber: Geliebt werden gehört nicht dazu.

Es ist ja normal, dass wir so herumschlingern in der Bewertung unserer Partnerchancen. Es gab schließlich noch nie Frauen vor uns, die in Ruhe fünfzig werden konnten, ohne ihren Sex-Appeal zu verlieren (von Ausnahmen abgesehen). Es gab nie diesen unbeirrten Anspruch, weiter Frau zu bleiben, obwohl unsere Fruchtbarkeit Geschichte ist.

Die Frauen vor uns haben verbittert ihren Platz in der Ehe gehalten, auch wenn der Mann anderweitig unterwegs war – meist bei der berühmt-berüchtigten Jüngeren. Sie blieben Witwen, wenn sie es denn einmal geworden waren. Und sie waren tapfere Kämpferinnen für ihr Leben und das ihrer Kinder, wenn sie vom Mann im Stich gelassen wurden. Sexy sah das selten aus. Und der nächste Mann zum Kuscheln und Verlieben war auch selten ihr größtes Problem.

Erst wir sind so anmaßend, noch Liebe, Sex und Zärtlichkeit zu wollen. Nach dem Mama-Dasein, nach der Ehe, nach dem Klimakterium. Als Großmutter. Mit einem neuen oder dem vertrauten Partner wieder neu.

Gehen, wenn es uns reicht beziehungsweise nicht mehr reicht – für uns (fast) kein Problem. Erwarten wir doch eigentlich hinter der nächsten Straßenecke einen anderen, ein neues Abenteuer. Wenn dieses »eigentlich« nicht wäre. Denn eigentlich sagen wir uns auch: Was wir wollen, gibt es ja doch nicht. Der Mann, der uns gut genug ist, ist niemals frei. Oder gerade auf der anderen Halbkugel.

Als ich mit flotten dreißig Jahren geschieden war und unbekümmert meinte, ich müsse ja nicht ewig allein bleiben, sagte ein garstiger Kollege zu mir: »Tja, gute Männer sind knapp.« Und recht hatte er. Wie recht er hatte, das kann ich ihm leider nicht sagen, wir kennen uns nicht mehr.

Allen Erfahrungen zum Trotz gehen wir auf Männerjagd. Wir wissen: Gute Männer sind knapp. Und denken: Aber einen für mich wird es doch wohl geben. Zugegeben, nicht alle sind so optimistisch, aber immer mehr.

Und wir machen oft dumme Kompromisse, weil wir unsicher sind. Nicht wissen, wie anziehend wir in diesem speziellen Alter in den Augen anderer sein können. Weil wir das Singleleben auf die Dauer eben auch nicht so überzeugend finden. Jetzt glauben wir zu wissen, wie Beziehung geht. Jetzt wollen wir unser Wissen in die Praxis umsetzen. Fehlt nur der klasse Mann, der das alles zu schätzen weiß. Männer glauben gelernt zu haben, dass Frauen allein klarkommen. Wir haben ihnen das erfolgreich eingeredet. Nun haben wir den Salat: Sie tun sich schwer. Finden ihren Platz nicht, jedenfalls nicht den neben uns.

Als sie dreißig waren, haben sie sich dennoch neben uns gedrängelt, ihr Drang nach Frau war stärker und die Auswahl geringer. Heute überblicken sie Generationen von Frauen – von siebzehn bis siebzig. Ein ganzes weibliches Universum tut sich vor ihnen auf – jedenfalls theoretisch. Ihre Lust, sich für eine von uns, für eine Einzige anzustrengen, beflügelt das nicht gerade.

Es könnte also sein, dass wir nach der Paarungszeit bescheidener, mutiger und zugleich egozentrischer werden müssen, wenn wir wieder einen Mann finden wollen.

Bescheidener: Das heißt, Träume zu sezieren, ob sie noch taugen. Sind Abschiede von Idealbildern nötig?

Mutiger: Das heißt, etwas anders zu machen, ein Experiment zu wagen, einem anderen Typ eine Chance einzuräumen.

Egozentrischer: Das heißt, von uns selbst auszugehen, nicht auf ihn zu starren (was will er?), sondern auf uns zu vertrauen. Dann sind wir authentisch, stark, echt. Und genau das macht sexy.

Männer haben's auch nicht leicht

Schauen wir uns durchschnittliche Interviewpartner in den Nachrichten aus Politik und Wirtschaft an: was da an Nasen, Brillen und Bärten aufmarschiert. Und das sind noch die Intelligenteren. Die etwas mitzuteilen haben. Manchmal könnten wir verzweifeln. Nur bringt das gar nichts.

Wir schmunzeln und denken: Und wie sehe ich eigentlich vor der Kamera aus? Weil wir gerecht sind. Oder?

Der Mann, der nicht mehr Familienmensch und Kindesvater werden soll, sondern nur Mann sein darf, den können wir nur mit einer einzigen Haltung finden und behalten: mit ganz, ganz viel Toleranz. Das ist nicht einfach, weil wir ja so unendlich viel wissen – und das alles müssen wir bei der Partnersuche weitgehend außer Acht lassen, wir müssen mit dem Herzen sehen. Mitgefühl statt Ansprüche zeigen.

Der Mann unseres Alters hat es nämlich auch nicht leicht. Wer eine Chance bei ihm will, muss zuerst ihm eine Chance geben. Und wir wissen ja, sie sind oft langsamer, ängstlicher, komplizierter als wir. Sie sterben eher, sind öfter krank, wenn sie als Single leben. Sie müssen gründlich checken, was wir mit ihnen vorhaben.

Erzogen worden sind sie von unseren Vorgängerinnen. Da sind sie abgehauen. Oder wegen Schwererziehbarkeit abgeschafft worden. Das schleppen sie nun mit. Sie sind betrogen worden oder haben betrogen. Sie haben nicht genügt. Sie haben tonnenweise Vorwürfe abbekommen, als die Ehe zu Ende ging. Und endlose Traurigkeit vielleicht. Sie fühlen sich schuldig – meist mit Recht. Und haben ein schlechtes Gewissen.

Nun fürchten sie, dass sie tatsächlich beziehungsmäßige Versager sind – wie es ihnen enttäuschte Frauen oft genug an den Kopf geknallt haben. Gern ließen sie sich ja durch uns vom Gegenteil überzeugen. Aber Vorsicht: Wie ein Seismograf erfasst so ein schwerbeschädigter Mann, ob unerfüllbare Erwartungen auf ihn lauern, ob er beispielsweise wieder eine Aufgabe vor sich sieht, der er nicht gewachsen ist.

Ob er an seinem Vorgänger gemessen wird, den er gar nicht kennt, ob er überhaupt gemeint ist – und ob nicht einfach eine Stelle als Mann zu vergeben ist.

Wer sich jetzt noch mal bindet, der will kein Platzhalter sein. Und auch nicht Platzhirsch.

Was wir können – und was ihm fehlt

Wir Frauen sind mächtige Wesen. Manchmal vergessen wir das. Die Männerwelt tut viel dafür, dass wir nicht übermütig werden. Werden wir dann aber doch irgendwann.

Seltsam. Jetzt, da wir nicht mehr Mutter werden können, fällt es uns auf, wie viel Macht diese Fähigkeit in sich birgt. Wir schenken Leben. Wir sind pure Lebendigkeit.

Wir brauchen keinen Mann, der uns Leben in die Bude bringt. Oder die Lebendigkeit unseres Körpers spüren lässt. Wir müssen uns nicht durch den Mann erfahren. Wir brauchen ihn nicht zum Leben.

Wer sich das ganz klarmacht, kommt direkt zum Wesentlichen. Zweisamkeit. Liebe. Sex. Erotik. Intimität. Zärtlichkeit. Sinnlichkeit. Glück schenken und empfangen. Nehmen und genommen werden. Das ist der ganze große Bereich, auf den unsere Suche gerichtet ist.

Nicht weniger als die Krönung unseres Frauenlebens wünschen wir uns. Frei und ganz Frau zu sein – als Milva damals diese Worte sang, fand ich sie kitschig, schwülstig. Heute verstehe ich sie.

Wahrscheinlich ist es so simpel, was wir brauchen: ganz frei und ganz verbunden zu sein. Vielleicht zu viel, zu kompliziert für einen Mann?

Frauen sind im Alter glücklicher – was wir überall um uns herum sehen können, wissenschaftliche Untersuchungen belegen es. Wir können demnach sechs Dinge, die dem Mann fehlen:

Wir können allein leben. Uns hat nie jemand versorgt. Das erwarten wir auch jetzt nicht.

Wir haben viele Freunde und Freundinnen. In der Ehe haben wir für ihn Telefonnummern aufbewahrt, falls er mal einen Bekannten anrufen wollte, aber meistens haben wir es für ihn getan, eingeladen, Kontakte gepflegt. Der Singlemann kennt oft nur Kollegen und die Männer unserer Freundinnen.

Wir pflegen unsere Neugier. Unsere Generation hat sich von Anpassung und Unterordnung abgenabelt – wir leben zwischen Rebellion und Erfahrung. Da ist ganz viel offen. Männer verharren oft in alten Rollenvorgaben, vielleicht weil sie für sie so viele Vorteile hatten.

Wir lieben Veränderungen. Studium, Kinder, Job, Mutterzeit, unser Leben verlief mit Brüchen, wir waren immer flexibel. Auch jetzt können wir auf dieses Talent zurückgreifen. Männer reagieren auf drastische Veränderungen, zum Beispiel auf den Tod der Partnerin, oft verzweifelt. Frauen finden Lösungen. Gründen vielleicht eine Alters-WG.

Unser Selbstbewusstsein ist nicht so sehr an den Job gekoppelt. Der Ruhestand kann uns nicht überflüssig machen, so wie Männer es für sich fürchten. Wir haben viele andere Wichtigkeiten im Leben.

Wir behalten unsere Bedeutung als Mutter oder soziale Anlaufstelle. Wir haben uns nie nur über die Stellung in einer Firma definiert. Auch wenn wir keine Kinder haben – Frauen sind immer besser sozial vernetzt. Wir haben eine Mutter, um die wir uns kümmern, eine Nachbarin – oder wir sind als Chefin wichtig für soundsoviele Mitarbeiter.

Traditionelle Männer haben weniger Standbeine im Leben. Wenn ihnen eines wegbricht, stehen sie schief. Sie haben oft alles auf eine Karte gesetzt: den Beruf. Die Familie, die war da, und dann war sie weg. Wenn sie Pech haben, haben sie nie kapiert, warum eigentlich. Nun stehen sie vor uns und wollen unter unseren warmen Flügel kriechen, und um dahin zu kommen, müssen sie paradoxerweise so tun, als brauchten sie uns nicht, als gehe es ihnen auch ohne uns wahnsinnig gut. Weil sie immer noch Stärke mimen müssen. Etwas anderes fällt ihnen nicht ein. Laden wir dazu ein, Schwäche einzugestehen? Haben wir nicht schenkelklopfend gelacht, als wir zum ersten Mal die Worte »Warmduscher«, »Sitzpinkler« und »Frauenversteher« hörten? Die Peinlichkeit der Männergruppe, die haben sie sich doch niemals allein ausgedacht. Und wenn, dann haben sie damit nur ihre geheime Angst vor unserem harten Urteil ausgedrückt.

Wer nicht wagt, der nicht gewinnt

Wie geht es eigentlich den Frauen um mich herum mit der Männerfrage? Eine nicht repräsentative Umfrage, die ich fast wöchentlich aktualisiere, weil wir alle immerzu über die Liebe, die Männer und das alles sprechen, besagt: Die einen sagen so, die anderen sagen so. Da sind zufrieden miteinander Ältergewordene, die Ehekrisen überwunden und sich nun umso fester aneinander gebunden haben. Die reden übrigens am wenigsten. Die leben einfach miteinander. Wahrscheinlich sind sie die Glücklichsten.

Dann gibt es die frisch Verliebten, die nach Trennungen und Enttäuschungen wieder einen Neustart hinlegen. Sie wirken erleichtert, froh, jemanden gefunden zu haben, der hoffentlich passt. Denn die Unsicherheit, die sitzt ihnen in den Knochen. Und die ist es auch, die das ganze neue Beziehungsgebilde jederzeit zum Einsturz bringen könnte. Eine Freundin, die gerade eben zu ihrem neuen Freund gezogen war, sinnierte ausführlich darüber, was sie tun würde, wenn er mit einer Jüngeren … Was für ein wackeliger Start!

Dann sind da die mehr oder weniger Suchenden. Denn viele Frauen geben es nicht zu, dass sie mit dem Suchblick herumlaufen. Sie haben noch Omas Worte im Kopf: Eine Frau ist ein Geschenk. Soll heißen: Ich will gefunden werden. Pseudostolz über alles.

Und die offen und aktiv Suchenden, die schwanken täglich zwischen Hoffnung und Frust. Sie leben anstrengend und sagen sich zehnmal am Tag: Scheiß drauf, dann bleib ich eben allein. Basta. Und dann suchen sie emsig weiter. Ihre Selbstachtung ist manchmal angeknackst, sie müssen sich stark machen gegen den inneren Angreifer, der trompetet: »Das hast du doch gar nicht nötig. Du kannst doch auch allein glücklich sein.«

Ja, das kann das gestandene weibliche Ich in aller Regel. Es hat viele Glücksquellen gefunden. Die pflegen wir auch bewusst, sofern wir nicht auf den Kopf gefallen sind. Konzert, Ausstellung, Reise, Garten, Bücher, Haustiere – viel Schönes ist hängen geblieben auf all unseren Wegen. Wenn jetzt ein Mann dazukäme – perfekt. Also suchen wir weiter, ganz unauffällig.

Aber auch die, die scheinbar in Sicherheit sind, können ganz schnell auf die andere Seite geraten. Das wissen wir alle. Als eine Freundin verlassen wurde, wurden die Taschentücher knapp im Umkreis von drei Meilen. Ich zupfte sie aus den Tütchen für sie heraus und hörte ihr zu. Nach dem Klagen über den Schuft und das Schwein in einer Person kamen wir zum Wesentlichen: Wie geht's weiter?

Mir fiel nichts Besseres ein als: »Du findest einen anderen. Nach fünfundzwanzig Jahren ist es Zeit für einen Wechsel.« Ich wollte sie zum Schmunzeln bringen. Das tat sie auch und schnäuzte sich. Dann sagte sie: »Ich weiß doch gar nicht mehr, wie das geht. Ich kann mich doch nicht vor einem fremden Mann ausziehen.«

Ja, das hatte ich nicht bedacht. Wer lange in einer monogamen Beziehung gesteckt hat, ist aus der Übung. Und mit fünfzig ist das Thema körperliche Beschaffenheit ein Stück brisanter als früher.

Ich war verschiedentlich verheiratet und öfter verbandelt, in allen Altersphasen. Mein Älterwerden fand statt, während ich mich verliebte, entliebte, suchte, fand, mich trennte, wieder verliebte. Ich musste nicht so weit springen wie meine Freundin nach der Silberhochzeit.

Wir sprachen lange über Erotik, über junge und alte Körper, über Liebe und Sex. Und wir wussten: Sprechen genügt nicht. Wir müssen es einfach wagen.

Anpassung – geht nicht, bringt nichts

Sonntag. Stille. Ich allein zu Haus. Kein Schwein ruft mich an. Also arbeiten. Gut, dass ich mich beschäftigen kann, als Singlefrau. Gut, dass ich meine Arbeit mag. Gut, dass ich mich nicht alt, einsam und hässlich fühle.

Fühle ich mich manchmal doch. Allen Beteuerungen zum Trotz. Alleinsein, ohne es gewählt zu haben, kann belastend sein. Kann unser Alter zum Klotz am Bein machen. So alt und immer noch oder schon wieder allein.

Koppeln wir das Alter einfach ab von dem Thema. Meistens hatten wir das Problem früher schon. Es kommt einem bekannt vor. Nur dachten wir damals: Das löst sich noch. Das ist nur jetzt gerade so. Und nun ist die Zeit gekommen, in der das Problem gelöst sein sollte. Wir sollten endlich wissen, wohin wir gehören. Jetzt sollte der Liebste uns sicher sein. Wunschvorstellungen aus früheren Zeiten – unerfüllt. Das tut weh. Und lässt zweifeln. Leider zu sehr an uns selbst.

Viele von uns haben schon den Vorwurf gehört: Du bist zu selbstbewusst, zu stark, zu anstrengend für die Männer. Zu gut also – so könnten wir es auch ausdrücken. Was heißt hier »zu anstrengend«? Dass der Mann nicht so schnell mitdenken kann? Dass wir ihm nicht andächtig genug zuhören, während er das Zeug erzählt, das wir vor zehn Jahren schon durchdacht hatten? Dass er uns nicht folgen kann? Dass unsere Pläne seine Möglichkeiten überfordern?

Oh, das ist wahrlich anstrengend. Gute Frauen sind anstrengend, liebe Männer. Und es geht eine Mär, die sich genauso hartnäckig hält wie die Mär von der Jüngeren, die sie angeblich alle wollen. Außerdem wollen, so sagt man, nämlich alle eine Frau, die leicht zu handhaben ist. Die nicht widerspricht, die gehörig begeistert ist von ihm, die nicht mehr verdient als er, die ihn zu schätzen weiß und keine Wünsche hegt, deren Erfüllung ihn aus seinem Trott bringen würden.

Wir sind selbst schuld. Wir haben Männern mit unserer Emanzipation die Macht über uns entzogen. Das wollten wir so, und es war richtig. Das Ergebnis: Sie üben hinterrücks ihre Macht aus. Verweigerung. Rückzug. Und die Mutigsten, Frechsten und Schillerndsten von uns, die werden gleich ganz ausgeschlossen aus dem Liebesspiel. Bekommen das Prädikat: zu anstrengend.

Wer sich wiedererkennt, sollte nicht den Fehler machen, das Alter für schuldig zu erklären. Das Alter ist es nicht. Das könnte den Fall eher mildern. Wir wissen, dass wir vielleicht auch mal den Mund halten können, wenn er sich gerade in seiner Rede gefällt. Wir drehen den alten Spieß um und sind höflich, lassen ihm den Vortritt. Na ja, wenn es sich lohnt. Und er dafür einen netten

Anblick bietet. Und später eine stabile Erektion. Unterhaltsam sind wir starken Mädels ja allein. Wenn er dafür schön und sexy ist, darf er ruhig das Gefühl haben, brillant zu parlieren.

Dass wir älter geworden sind, mildert eher unsere anstrengende Komponente. Früher waren wir gleich auf hundertachtzig, wenn er nicht kapierte, wovon die Rede war. Wir waren schneller enttäuscht. Wir wussten noch nicht, was wir heute wissen: Männer sind nicht grundsätzlich stärker, schlauer, besser. Wir glaubten eine kurze selige Zeit Omas Märchen von der Männlichkeit: der Mann als Ritter und Retter.

Dann passierten die Unfälle: lauter Knappen und Kranke. Wir suchten weiter, trafen neue Problemfälle. Oder wir leisteten Entwicklungshilfe und wurden Therapeutin. Dann dauerte so ein Unfall schon mal fünfundzwanzig Jahre. Bis zur Silberhochzeit. Egal, wie wir unsere Männerbekanntschaften gestalteten, irgendwann waren die meisten wieder weg. Und wir waren aus Erfahrung klug geworden.

Uns jetzt vorzuwerfen, wir seien anstrengend, ist ungefähr so logisch, wie dem Immunsystem vorzuwerfen, dass es nach einer Impfung Masern abfängt. Wir sind geimpft gegen Lügner, Spinner, hilflose Anhängsel, Verlierertypen. Aber wir sind nicht zu anstrengend. Männer, die uns genießen können, sind einfach nur eine sehr seltene Spezies. Kein Grund, nicht an einen Zufallsfund zu glauben.

Männersuche nach langer Ehe ist also das eine. Es fühlt sich sicher ganz anders an als Männersuche nach jahrelangem Beziehungs-Hopping. Beide Arten von Frau brauchen eine Erklärung dafür, wie sie in ihre jetzige Lage gekommen sind. Die eine analysiert immer wieder ihre Ehe. Fragt sich beispielsweise, warum sie so lange ausgeharrt hat. Warum sie den überhaupt geheiratet hatte.

Die andere stellt nach vielen Selbstanklagen vielleicht fest: Ich bin zu stark. Das mögen Männer nicht. Diese Meinung ist durch nichts bewiesen, sie hält sich aber hartnäckig. Es gibt immer mehr starke Frauen, und es gibt immer mehr Scheidungen. Wo ist der Zusammenhang? Da in der Mehrheit der Fälle die Frauen zum Anwalt gehen, zeigt das nur: Frauen müssen nicht mehr alles ertragen, was sich in der Ehe so abspielt. Sie sind stark genug, allein klarzukommen. Das ist besser, als in einer einengenden, verlogenen, demütigenden Beziehung zu versauern. Das ist einfach nur toll. Sind wir zu stark? Wohl kaum.

Dennoch wird der starken Frau von allen Seiten geflüstert: Neben dir hat kein Mann Platz. Er findet seine Rolle nicht, fühlt sich nicht gebraucht. Was für ein schrecklich schlichtes Gesülze. Alle Frauen mit viel Persönlichkeit kennen diese Theorie.

Fatal der Reflex, sich selbst auszubremsen. Sich symbolisch ein Bein hochzuschnallen, damit sie nicht besser, schneller, schlauer ist als er. Die Starke muss leider so lange mit sich selbst froh sein, bis sie ein extra starkes Gegenstück findet. Das kann sie auch. Sie ist ja stark. Sie ist natürlich auch weich und klein, und natürlich wäre da Platz für einen Mann, aber eben nicht für irgendeinen. Er muss schon selbst wissen, was er wert ist. Sollte ihre Stärken nicht als Wettbewerbsaufruf sehen. Muss so stolz auf sich sein, dass er ihr ihren Stolz lassen kann.

Wenn eine starke Frau sich zurücknimmt, damit ein ungeeigneter Kandidat sich nicht vor ihr fürchtet, kann es nur Kuddelmuddel geben. Früher oder später werden die Kräfteverhältnisse doch klar, und ein Schwächling fühlt sich gelinkt. In der Regel haut er dann ab und tritt noch mal nach, um sich für die Kränkung zu rächen, dass er ihr nicht standhalten konnte.

Wenn ein Mann eine Frau abwertet, bedeutet das, dass er sich neben ihr erhöhen muss. Er rächt sich für ihre Größe, stellt ihre Fehler in den Mittelpunkt, lässt sie warten und so weiter. Mancher testet sogar mit gezielten Frechheiten, wie viel er ihr bedeutet – so unsicher ist er.

Wenn mir so etwas begegnete, war ich früher ganz schnell weg. Mein Instinkt war ungetrübt: Das tut nicht gut. Ein falsches Wort, eine Enttäuschung, und aus war es. Irgendwann kapierte ich, dass so ein Verhalten Gründe hat, ich lernte Mitgefühl für meine Partner. Das war fast mein Untergang. Ursprüngliche, gesunde Empörung wandelte sich in therapeutisches Verständnis.

Das führte dazu, dass ich nachgiebiger wurde, dass ich oft den Mann besser als mich selbst verstand. Männer lernten also zunächst eine offensive, fröhliche Frau kennen, und dann hatten sie plötzlich eine nachsichtige, zurückweichende Partnerin, die sich alles Mögliche gefallen ließ. Eine Mogelpackung also.

Die Kunst ist wohl heute, trotz Erfahrung und Verständnis authentisch und sich selbst treu zu bleiben. Ein Mann, der mir meine Vorzüge verübelt – was will ich denn eigentlich von dem?

Auf der Suche nach dem Glück

Draußen hat sich der Winter festgebissen. Dauerfrost, der Schnee ist hart und trocken, mein Herz ist warm und voller Fragezeichen. Eine Liebe ist zu Ende. Ich weiß, welche Fehler wir gemacht haben. Waren sie vermeidbar? Wohl kaum, denn wir haben sie ja nicht vermieden. Und keiner von uns ist vor drei Jahren in diese neue Verbindung gegangen, um wieder zu scheitern.

Hundertmal schon habe ich die Probleme analysiert. Und jedes Mal lief es auf diesen Punkt hinaus: Wir waren fertige Menschen, als wir uns trafen, gefestigt in unseren Urteilen, geprägt durch unsere Wünsche, Ängste und Sehnsüchte. Und jeder von uns hat zu seinen Dellen die Ausbuchtung im anderen gesucht. Wir wollten uns wie Legosteine zusammenklicken und gemeinsam ein Ganzes sein.

Nur: Eine Beziehung ist kein Baukasten. Und Liebe ist kein Konsumprodukt. Wer vor allem darauf achtet, was er in einer Beziehung bekommt, wird vermutlich nicht genug bekommen. Und wem genug nicht genug ist, dem ist nichts genug. Das ist eine Krankheit. Aber ich bin keine Ärztin.

Wer zu bedürftig an den anderen herangeht, sucht Trost für altes Unrecht und nicht wirklich neues Glück. Wie viele Frauen tun genau das! Und vermindern damit die Chance, einem Mann offen zu begegnen. Entweder suchen wir ängstlich vermeidend: bloß keinen Spielsüchtigen mehr! Der Nächste muss aber genießen können. Treu sein. Über alles reden. Und so weiter. Und dann treffen wir einen, der genusssüchtig ist und alles Spielerische verloren hat.

Aber auch Männer tun genau das: Sie bringen alte Kränkungen mit, reagieren ungerecht, erwarten das Falsche – weil sie Trost brauchen und Bestätigung.

Deswegen müssen wir erst mal unsere alten Wunden verarzten, bevor wir einen neuen Partner anpeilen. Der Umgang mit ihm wird sowieso neue Probleme mit sich bringen. Wer sich an das Projekt neue Partnerschaft heranwagt, bittet geradezu um neue Enttäuschungen.

Wir sollten uns also darüber klar sein, was wichtiger ist: unsere fröhliche Autonomie, in der nur eins fehlt – der Mann. Oder ein Leben als Teil einer komplizierten Zweierbeziehung.

Schwer, kurz vor dem Altgewordensein diesen Wunsch nicht zu denken: zusammen alt werden. Oder: bloß nicht allein alt werden. Er ist allgegenwärtig, ob wir nun in oder nach der Ehe leben. Dieses Altwerden, das vor der Tür steht, wirft Fragen auf. Und einige der Fragen sind: Ist dann jemand für mich da? Werde ich haben, was ich brauche? Geld? Kontakt? Zuwendung?

Halten wir fest: Der Wunsch nach Mann ist immer ein Wunsch für *jetzt*. Zusammen alt zu werden ist eine schöne Fantasie, ein Traum wie andere Träume.

Wir wissen nicht einmal, wann wir richtig alt sein werden. Wie lange, wie gesund, wie gebrechlich? Alles offene Fragen.

Wir wissen nicht, was bis dahin alles passiert. Es kann sein, dass wir noch zwei oder drei Partner treffen, die sich alle nicht zum gemeinsamen Altwerden eignen, mit denen aber die kommenden Jahre bunt werden.

Es kann sein, wir haben nie wieder einen Mann im Arm. Es kann sein, er sitzt mit uns im Rollstuhl auf dem Balkon – in dreißig Jahren. Es kann auch sein, wir erleben das hohe Alter gar nicht. Dann ist die Angst erst recht überflüssig. Was wir aber oft am wenigsten ertragen können, sind Nicht-Wissen, Ungewissheit, Unplanbares. Dabei wissen wir doch, wie anders es immer kam, als wir gedacht hatten.

Abschied vom alten Beuteschema

Eine Freundin hatte sich nach der Trennung wieder verliebt. Wunderbar. Er war der zweite Mann in ihrem Leben. Und, oh Wunder, er war ein Kollege ihres Mannes. Er hatte ihr schon gelegentlich auf Partys Avancen gemacht, als ihre Ehe noch normal lief. Jetzt war sie frei, da streckte er die Fühler nach ihr aus. Und sie gab nach und machte ihre zweite Erfahrung mit Männern. Da war sie fünfundvierzig.

Die Sache ist längst beendet. Der Typ war wankelmütig, sagte so tödliche Sätze wie: »Aus uns wird nie ein Paar. Ich bin doch nur der Übergangsmann.« Recht hatte er. Er war der zum Üben. Meine Freundin nahm den, der ihr vertraut erschien. Dieselbe Branche wie ihr Mann, ein Ersatzmann.

Er hat ihr wehgetan. Und er hat ihr gutgetan. Sie hat erlebt, dass Sex auch ohne Trauschein und ohne die ganz große Liebe Spaß macht. Und sie hat sich gelockert für das, was danach kam. Inzwischen lebt sie ziemlich glücklich mit einem ganz anderen Typ, den sie früher kaum genommen hätte. Allerdings kannte sie ihn schon vom Schulhof und von ersten Kussübungen mit dreizehn. Sie bleibt doch lieber im kleineren Kreis. Andere schwärmen weit aus, bereisen die Welt, halten die Augen offen nach einem Männerexemplar. Doch auch bei ihnen schafft es nur ein Typ Mann unter das Radar.

Wie eine befreundete Kollegin nach ihrer Scheidung feststellte: »Ich lande immer wieder bei den bösen Buben, bei denen, die mir das Herz brechen wollen.« Sagt sie. Und kennt kein Entkommen. Andere törnen sie nicht an. Liebe, nette, gute Männer haben wenig Sex-Appeal für uns, wenn wir gefährliches Prickeln lieben.

Schade. Jetzt wäre die Chance, alte Fehler nicht zu wiederholen. Nehmen wir das Muster: Frau liebt unerreichbaren Mann. Millionen Frauen kennen das. Denn Millionen Töchter sind durch das Verhalten ihrer Väter geprägt auf Kampf um das hohe Gut Liebe. Nur *der* Mann ist wertvoll, den wir *nicht* so leicht haben können. Der liebe, anhängliche Typ, der uns gleich alle Wünsche von den Augen abliest, ist langweilig.

Auf diese Weise haben viele von uns sich schon früher unglücklich gemacht. Und jetzt? Schaffen wir es, uns umzupolen? Uns selbst auf die Schliche zu kommen und endlich den Mann zu mögen, der gut für uns ist? Wir könnten versuchen, das eigene Beuteschema zu erkunden und uns umzuprogrammieren. Taucht dann ein Männerexemplar auf, das auf den ersten Blick nichts bei uns auslöst, können wir sicher sein, dass er nicht aus der alten gefährlichen Kiste der Frauenverletzer stammt.

Wir sollten genau dem Mann eine zweite und dritte Chance geben, bei dem es nicht gleich funkt. Funken sind keine Garantie für eine gute Beziehung. Sie sind eher eine Garantie dafür, dass einer unser altes, gefährliches Beziehungsmuster trifft. Also nichts wie weg, wenn es sofort knistert. Ja, ich weiß, das ist zu viel verlangt.

Unsere uralte Sehnsucht nach Männern, sie ist viel älter als wir selbst. Und deswegen führt sie uns oft in die Irre. Obwohl wir glauben, ganz viel kapiert zu haben. Haben wir auch. Aber Gefühle sind langsamer als der Verstand. Wer sich wieder verlieben will, fällt ins Unbewusste zurück, ist weitgehend unbekannten Mechanismen und archaischen Verhaltensmustern ausgeliefert.

Deshalb die Erkenntnis, dass Liebe sich immer gleich anfühlt – mit siebzig wie mit siebzehn. Diese Binsenweisheit besagt: Dein

Gefühlsapparat entwickelt sich nicht mit. Du wirst zwar älter, klüger und stärker, aber dein Liebessehnen bleibt auf dem Stand des Teenagers, der in den 1970ern im Fernsehen Dietmar Schönherr in der Science-Fiction-Serie *Raumpatrouille* angehimmelt hat.

So zerfallen wir in Bauch und Kopf. Jetzt noch mehr als früher. Der Kopf sollte Oberhand behalten, denn er sagt uns: Nur die Liebe zählt. Nur das Gefühl füreinander. Die Fürsorge, die Zuverlässigkeit, die Verantwortlichkeit, mit der einer in die Partnerschaft einsteigt. Der Mister Right von früher kann uns in Wahrheit gestohlen bleiben, auch wenn er mit Leichtigkeit den gewissen Kick bei uns auslöst. Status, Geld, Macht, Muskeln – der stärkste Affe ist nicht der liebste. Und jetzt wollen wir endlich den liebsten. Denn das andere, das haben wir alles selbst. Nicht leicht, sich selbst auf die Schliche zu kommen, aber nötig. Wenn wir bei einem Mann landen wollen, der uns auch morgens vor dem Schminken lieb hat.

Deswegen: weg mit dem alten Beuteschema. Wir müssen unter den freilaufenden Jungs nur den mit dem feinsten Herzen erkennen. Auch wenn er jünger, ärmer, kleiner und nicht der Allerschönste ist.

Das letzte Mal, als ich nach meinem üblichen Beuteschema gesucht und gefunden hatte, habe ich sofort gemerkt, dass etwas nicht stimmt. Ich habe den Funken Misstrauen beiseitegeschoben. Zu sehr wollte ich, dass es gut wird. Zu sehr wollte ich den Mann mit den schönen Augen, den schlanken Hüften, dem Erzählwitz, dem kultivierten Selbstbewusstsein.

Dabei spürte ich bei seinen großzügig ausfallenden Komplimenten ein leichtes Unwohlsein. Was, wenn ich nicht mehr sexy aussehen würde? Wenn meine Haare nicht mehr glänzen und meine Hände Altersflecken bekommen? Wenn ich zunehme? Mir nicht immer die neusten Klamotten kaufen könnte? Es lag zu viel Eitelkeit zwischen uns. Der Platz für tiefere Zuneigung war besetzt mit

Bewunderung für äußeren Tand. Ich habe gelernt: Unterscheide sorgfältig zwischen Bewunderung und Liebe.

Jetzt endlich können wir einsehen, dass wir nichts für unser Glück tun können, als da zu sein, offen zu sein. Oder einfach nur sein – das allerdings mit Energie und Mut. Ja, Mut.

»Und wenn ich sterb, sterb ich an 'ner Überdosis Sehnsucht nach Liebe und Mut«, singt Marianne Rosenberg auf ihrem bislang letzten Album voller Balladen und Jazzklänge. Was für ein Weg. Sie sang, was wir damals belächelten: »Er gehört zu mir, nananana nanana.« Sie war die klirrende Kitschtante vom Dienst. Heute, mit Mitte fünfzig, singt sie mit immer noch engelsklarer Stimme Nachdenkliches, Brüchiges, Eigenes. Unser Lebensgefühl. Wunderbar.

Und immer noch und wieder Lieder von der Liebe. Weil Liebe ein Lebensmotor ist. In einem Lied heißt es: »Kann man leben ohne Mann?« Manchmal muss man. Und dann drüber lachen – das ist die ganze Kunst des Älterwerdens.

Partnersuche im höheren Alter verlangt Selbsterkenntnis, Menschenliebe, Souveränität. Dazu kommen Sport, vernünftige Ernährung, Lebenskultur und guter Stil. Die Sache mit dem Aussehen läuft eigentlich auf einen einzigen Punkt hinaus. Sind wir wiedererkennbare Solitäre? Individualität, Originalität, Unverwechselbarkeit sind gerade für unser Alter Attraktivitätskriterien. Unauffälligkeit und Zurückhaltung führen direkt in die Graumäusigkeit.

Das ist eine Erfahrung, die mir einige Männer bestätigt haben. Sie haben nicht Ausschau gehalten nach jüngeren Körpern, sondern nach jüngerem Geist. Und der drückt sich unter anderem auch aus in unangepasstem, höchst persönlichem Outfit. Besondere Frauen drücken sich auch in Haartracht und Garderobe aus. Viel zu viele von uns tragen den praktischen Kurzhaarschnitt, das simple Hennarot, die altbackene Dauerwelle.

Der Weg zum Ich

Zurück zum Inneren, zur dringend notwendigen Selbsterkenntnis. Wer seine Beziehungshausaufgaben nicht gemacht hat, hängt vielleicht noch immer in alten Abhängigkeiten fest, folgt unguten Mustern. Sucht im Mann die Macke, die zur eigenen Macke passt. Suchen kann zur Sucht werden. Beziehungssucht wird in diesem Alter erst richtig schmerzhaft.

Mit dreißig, vielleicht sogar mit vierzig können wir getrost glauben: Mir ist der Richtige noch nicht begegnet. Und das Leben als ewiges Drama gestalten. Das ist nicht schön, aber nie langweilig. Viel Licht, viel Schatten – viel Verliebtheit, viel Trennungsschmerz, und unterwegs vielleicht ein, zwei Kinder. Anstrengend, diese Suche nach dem richtigen Doping fürs Herz. Und dann: Peng, bist du fünfzig. Und es wird langsam spät im Leben.

Jetzt wird endgültig klar: So geht es nicht. Die Beziehungssüchtige muss ihre Sucht austrocknen. Muss lernen, ihre Angst auszuhalten. Die Angst vor der Leere, vor dem Verlassensein. Vor dem Leben. Frühkindliche Ängste. Nicht selten unter uns. So weit die vielfach abgesicherte Theorie.

Die Praxis ist, dass Frauen, die in diesem Alter auf der Suche sind, alle ihre vollgepackten Seelenkoffer mit sich herumschleppen. Und sie haben alle ähnliche Wünsche: ihn abzusetzen, anzukommen, ihn nicht mehr allein weiterzuschleppen, ihn vielleicht sogar auspacken zu dürfen.

Und wozu sonst brauchen wir noch einen Mann, wenn nicht für das, was jetzt dran ist? Bewusstes, reifes, wahrhaftiges Leben mit uns selbst. Einer, der das auch für sich will, wäre willkommen. Und wäre wieder ein Spiegel. Aber nicht wie einst für unsere sexuelle Attraktivität, sondern für unsere Einzigartigkeit.

Es ist schön, sich Rechenschaft abzulegen, sich zu verstehen, sich zu verbessern. Schöner ist es zu zweit. Wenn es einen interessiert, wie wir sind und warum. Wenn einer tröstet und sagt: Das kenne ich. Oder: Stimmt doch gar nicht, du bist doch nicht spröde, dominant, egozentrisch. Ich liebe dich.

Ja, das würde uns den Lernprozess, das Zu-uns-Finden enorm erleichtern. Versüßen. Aber notfalls können wir es auch allein.

Partnersuche nach der Paarungszeit führt nicht unbedingt zum idealen Mann, sondern im Idealfall zu uns selbst. Wenn sich nebenbei auch noch ein Mann einfindet – umso besser!

Den Traumprinzen begraben

Wumm, es hat geknallt. Bei einer Freundin. Das freut uns. Wir wittern Morgenluft. Es geht also noch. Sie ist verliebt, sie sendet und empfängt, tippt ununterbrochen SMS, sie lächelt entrückt und schaut in die Ferne, während wir Kuchenrezepte austauschen. Die Krankheit Verliebtsein, wir erkennen sie längst ohne Worte.

Wie ist er? Was kann er? Wie sieht er aus? Wir sind neugierig, finden ihren Zustand natürlich interessanter als das Kuchenbacken. Ein Foto kreist. Würde ich den nehmen? Na ja, schon. Doch, nettes Lächeln. Schöner Mund.

Die Freundin sagt: »Ich habe den besten Sex meines Lebens.« Neid, Freude, Vorfreude. Dass es das noch gibt! Wir wussten es ja. Würden gern Details hören. Sie lächelt. Und schweigt. Logisch, ich würde meinen Liebsten auch nicht auf den Seziertisch der Frauenrunde legen.

Es ist ganz einfach: Sie fliegt auf ihn, und da stimmt die Chemie. Und er ist eines jeder seltenen Schätzchen, das wir alle gern hätten. Arzt, ordentlich geschieden, Sohn längst aus dem Haus. Bindungswillig. Fürsorglich. Liebesfähig. Sportlich. Belesen. Der Haken? Er ist exakt so groß, beziehungsweise klein wie die Freundin. Ihre hochhackigen Schuhe hat sie vorerst verbannt, selbst die neusten Exemplare. Sie dürfte sie aber hervorholen, wenn sie wolle, hat er gesagt, er liebe große Frauen.

So viel Selbstbewusstsein. Vielleicht musste der Kurzgeratene es entwickeln. Was ist schon Länge. Kleiner Witz über andere Längen kursiert. Die Freundin grinst vielsagend. Na gut, lassen wir das. Wir wissen jetzt, dass es geht, dass es auch für uns gehen kann.

Ach so: Sie hat ihn übrigens aus dem Netz geangelt. Er hatte ihr wochenlang geschrieben, bis sie sich endlich trafen. Sie hatte es lange hinausgezögert. Wegen des fehlenden Gardemaßes. Sie dachte, auf den würde sie nicht fliegen. Weit gefehlt. Wieder lächelt sie vielsagend. Beim zweiten Date lag sie in seinen Armen.

Andächtiges Lauschen. Eine kritische Stimme: »Schon beim zweiten Mal?« – »Es hat sich so ergeben, ich habe nicht angefangen«, verteidigt sie sich.

Wir sind gespannt, wie es weitergeht, und denken: Kommt nach dem Höhenflug der Absturz? Oder gibt es doch noch Wunder?

Auf einen Mann fliegen. Muss das eigentlich sein? Brauchen wir die viel zitierten Schmetterlinge im Bauch? Oder anders: Muss Liebe wehtun? Ist Liebe überhaupt Voraussetzung für eine Partnerschaft, die ins Alter hineinreichen kann?

Wenn wir an all die Irrtümer der romantischen Liebe denken, ganz eindeutig: nein! Das brauchen wir nicht mehr. Für immer dein und das alles, das ist sehr schön und macht auch zeitweise glücklich. Aber jetzt könnte eigentlich Schluss sein mit Kitsch. So sehr wir ihn mögen – wir glauben nicht mehr an ihn.

Ich brauche einen Mann, mit dem man Pferde stehlen kann, sprich: der mit mir Äpfel erntet, ans Meer fährt, Bücher tauscht, Kaffee im Bett trinkt, kocht und wandert. Der sich meine Erinnerungen anhört, mir seine erzählt. Der Sachen kann, die ich nicht kann, und Dinge schätzt, die ich kann.

Ja, und Sex, der soll auch nicht fehlen. Der ordnet sich ein in all die feinen Sachen, die man miteinander tun kann, weil man sie eben gern tut. Der Traumprinz ist begraben – es lebe der real existierende Mann mit seinen vitalen Fähigkeiten.

Das Ende der Jagdzeit

Der Mann unseres Alters kann durchaus auch auf Fünfundzwanzigjährige zurückgreifen. Wir *können* ihm nicht verübeln, dass er zumindest mit dem Gedanken spielt. Es ist sein genetisches Programm. Er kann allerdings mit einem erlernten kulturellen Programm dagegen ankämpfen. Und wir können ihm dabei helfen, indem wir ihn ein kleines bisschen an die jüngeren Jahre erinnern: wehendes Haar, blitzender Blick, flacher Bauch, gepflegtes Dekolleté. Signale, die einen Hauch Erinnerung in sich tragen, die bindungswilligen Männern das Verlieben leichter machen.

Denn auch sie wollen meist nicht mehr an der Erhaltung der Art arbeiten, sondern ihren Hafen finden. Eine Frau, die versteht, wärmt, amüsiert – die der ewigen Jagd ein Ende macht.

Wir stehen in Konkurrenz mit mindestens zwei jüngeren Frauengenerationen. Eine Konkurrenz, die niemand Geringeres erfunden hat als die Schöpfung selbst. Oder sagen wir – die Natur. In der Disziplin Genoptimierung können wir nicht mithalten. Egal, wie viel Hektoliter Creme und Bodylotion wir bereits verarbeitet haben.

Ein Mann mit Grips und Kultur sieht trotzdem, was er bei uns finden kann. Unter anderem: Entspannung. Nach der Jagdzeit gehen wir gemeinsam mit gleichaltrigen Männern zum gemütlichen Teil über – wenn wir das Glück haben, auf einen solchen zu treffen. Denn Glück ist das vor allem. Wer keinen trifft, hatte dieses Glück *bisher* noch nicht. Das ist keine Gesetzmäßigkeit, weil wir nicht mehr jung sind. Es ist in jedem Alter Glück, wenn zwei sich zur Liebe finden.

Als ich kapierte, dass ich meinen Freund verlieren würde, war mein erster Impuls: Das war es. Jetzt bleibe ich allein. Ich will nicht mehr. Ich kann nicht mehr. Es ist doch unwürdig, in meinem Alter auf der Pirsch zu sein.

Alles hat letztendlich geklappt in deinem Leben, nur die dauerhafte Liebe nicht. Finde dich damit ab. Du kannst nicht alles haben. Und so weiter. Dazu kam tröstlicher Trotz: Die Männer hatten ihre Chance, auf mich müssen sie verzichten. Ich lerne Klavier und bestelle meinen Garten. Das ist ja auch sehr schön.

Dann telefonierte ich mit einem guten Freund. Er sagte: »Warum willst du denn jetzt alles anders machen? Bloß weil manche Frauen dir einreden, dass du allein sein können musst. Bloß weil die allein sind und nichts dagegen tun können. Du kannst das, du hast es immer gemacht! Such weiter! Sieh es als Sport. Und wenn sich was ergibt, hast du wieder zwei schöne Jahre vor dir und bist nicht allein.«

Das war Balsam gegen meine Ängste.

Ich sagte: »Ja, aber dann bin ich bald sechzig, und wenn ich dann wieder allein bin, weil es wieder nur zwei Jahre waren?«

»Na, dann suchst du dir wieder was Nettes, so lange, bis du wirklich alt bist – und vielleicht keinen mehr willst«, sagte der Freund. Das hatte durchaus Logik.

So einfach kann nur ein Mann denken. Ja, warum soll ich nach Psychologielehrbüchern leben? Warum sollen wir alles richtig machen, wo wir doch gar nicht wissen, was genau das Richtige ist?

Richtig ist jedenfalls nicht, sich zu grämen, anderen zu grollen. Das macht krank. Und hässlich. Und die Lebensuhr tickt gnadenlos weiter, während wir kostbare Zeit mit Bitterkeit verbringen.

Natürlich gehört Trauer zum Leben. Das wissen wir alle. Und

manchmal sieht es aus, als ob sich die Trauer häuft und das Glück sich zurückzieht. Aber wir haben es in der Hand, Dinge und Menschen zu betrauern – und trotzdem unseren Weg zu verfolgen, nicht zusammenzubrechen, nicht zu resignieren.

Ich trauere um meinen Freund, der mir nicht vertraut hat, dem ich nicht vertraut habe. Es war eine gute Zeit. Gut, dass ich es so sehen kann.

Auch eine beendete Ehe können wir so sehen, dann tut es gleich etwas weniger weh. Und die Kräfte, die uns aufstehen lassen, die die Mundwinkel wieder nach oben ziehen, kehren zurück. Das Wichtigste beim Älterwerden: lachen. So viel und so oft es geht. Das schmeichelt dem Faltenverlauf im Gesicht, das lässt gute Botenstoffe kreisen, das stärkt in jeder Hinsicht.

Über sich selbst lachen: die hohe Schule des Älterwerdens. Immer sind wir selbst beteiligt an den Schlappen, die uns ereilen. Entweder haben wir uns etwas vorgemacht, hatten falsche Ziele, haben Signale überfahren, haben uns übernommen – was auch immer, wir sind nicht Opfer.

Wir alle gestalten selbst mit, was uns begegnet. Wir können eben nur nicht hinter die nächste Kurve gucken. Das lässt Katastrophen nahen, ehe wir ihnen ausweichen können. Damit müssen wir leben, wenn wir nicht sofort sterben wollen.

Paarungszeit im Internet

Virtuelles Liebessehnen

Betrachten wir uns die Zahlen, erkennen wir einen Riesentrend. Immer mehr Menschen suchen Liebe im Netz. Laut Umfragen wird heute ein Drittel aller Kontakte, die zu einer Partnerschaft führen, über das Internet aufgenommen. Und die Zahl nimmt zu.

Von den sogenannten Silver Surfern finden sieben Prozent schon heute ihren Partner online. Dreiundvierzig Prozent beispielsweise der Parship-Mitglieder sind um die fünfzig.

Unter den Singles über fünfundvierzig Jahre soll sich jeder Sechste schon einmal übers Internet verliebt haben. Die Suchintensität nimmt mit steigendem Alter zu. Rund achtzig Prozent der über Fünfundvierzigjährigen nutzen sogar zwei Online-Partnerbörsen parallel.

Millionen Frauen und Männer jedes Alters sind mit ihrem Liebessehnen virtuell unterwegs. Jeder, der sich gegen Gebühr einklickt, bekommt innerhalb von Sekunden Dutzende Partnervorschläge auf den Schirm. Ein scheinbares Überangebot an potenziellen Kandidaten ploppt auf. Und wir rutschen ungewollt ins Konsumieren.

Derweil wir unsere Suchkriterien verfeinern, unsere Wünsche genauer identifizieren, definieren wir uns selbst neu. Keine schlechte Übung. Aber daraus entsteht eine Sucht nach Optimierung. Finde ich ein nettes Gegenüber und tausche ein paar freundliche

E-Mails aus, wispert es schon im Hinterkopf: Ob der Nächste nicht noch besser ist?

Wir verfallen in eine Art Suchzwang. Die immer genauere Definition unserer Vorstellungen vom Wunschpartner führt zu einer Vorläufigkeit der Auswahl.

Wir sind Konsument und zugleich Ware. Wir alle auf dem virtuellen Liebesmarkt. Lustig, aber auch verletzend.

Schon haben Paarforscher herausgefunden, dass viele Internetbeziehungen eine kurze Gültigkeit haben, jede Wahl ist vorläufig. Selbst wenn wir uns gut kennen, erste gemeinsame Erlebnisse und Pläne haben, bleibt ein großes Trennungsrisiko. Wenn es schwierig wird – und es wird irgendwann schwierig –, glauben wir schnell, dass die Suchkriterien fehlerhaft waren. Das Spiel beginnt von Neuem. Wer einmal gefunden hat, der denkt, er findet auch wieder – etwas Besseres.

Experten warnen, dass dabei die Bindungsfähigkeit verloren gehen könnte. Das Internet führe quasi zur permanenten Partnersuche. Angeklickt, weggeklickt – das Leben als digitales Puzzle. Liebe geht anders. Vorsichtiger. Zarter. Langsamer vielleicht.

Mit dem leicht gefundenen Glück aus dem Netz ist oft Enttäuschung programmiert. Fast kein Produkt hält dauerhaft, was es verspricht. Die Selbstdarstellung eines Menschen muss nach der Werbungsphase der Wirklichkeit standhalten. Der Anspruch aber steigt weiter. Wer die Partnersuche optimiert, verfeinert zugleich seine Maßstäbe, die ohnehin im Laufe eines Lebens schon sehr speziell geworden sind.

Fortlaufendes Suchen impliziert fortlaufendes Scheitern. Und der Leidensdruck rund um das Thema Partnerschaft, Partnersuche nimmt zu. Die Praxen der Psychotherapeuten seien voll mit depressiven Angstpatienten, ausgelöst durch Partnersuche, so sagen die Warnenden. Zu jedem neuen Anlauf gehöre ein Verlust.

Vielleicht stehen wir ja am Beginn einer neuen Definition von

Liebe, die die Vorläufigkeit jeder Partnerbeziehung voraussetzt. Ewige Bindung ist vielleicht bald schon kein tiefer Liebeswunsch mehr.

Aber brauchen wir nicht andererseits die Überzeugung, jetzt wirklich den Richtigen zu haben, um die nötige Anfangsenergie aufzubringen? Wir Silver Surfer stehen vor einem Dilemma. Wir haben ohne Computer lieben gelernt. Sogar ohne Handy. Jetzt nutzen wir selbstbewusst die neuen, schicken Wege. Und ahnen kaum, was das mit unseren Gefühlen anstellt.

Mir schreiben auf Internetplattformen Männer, die mich augenblicklich müde machen. Ein Sportlehrer, der sich nie von seinem Dackel trennen würde. Ein Ingenieur, der selbst schätzt, dass er ein paar Kilo zu viel hat, das aber sofort ändern würde, wenn es sich lohnte. Ein Pensionär, der mir auf meinen Reisen die Koffer tragen möchte. Ein Berater, was immer das ist, der sich in einem potthässlichen Hotelzimmer fotografiert hat und selbst hervorragend zur Tapete passt. Ein Unternehmer vor einem dürren Gummibaum am leeren Schreibtisch – entweder er ist in der Gründung oder in der Abwicklung. Ein Anwalt mit Mundwinkeln, die tiefer abgestürzt sind, als sie es bei Angela Merkel in zehn Jahren sein werden. So viel wahres Leben ist manchmal kaum auszuhalten.

Erinnerung an den Schulhof. Alle, die sich nach uns umdrehten, waren doof. Der eine, der die Augen von Paul McCartney hatte, den haben wir nicht gekriegt. Wenn wir jetzt wüssten, wie es der Ehefrau von Schulhof-Paul heute geht, wäre das praktisch. Dann wüssten wir nämlich, dass wir wahrscheinlich nichts versäumt haben.

Arroganz ist dumm. Das sind sicher alles ganz reizende Mitmenschen, die sich da auf dem Schirm zeigen. Nur: Was habe ich mit denen zu tun? Ach ja, ich erinnere mich: Ich habe sie eingeladen, übers Internet. Ich habe mich angeboten. Woher sollen die wissen, was ich weiß: Ich bin nur für einen Auserwählten zu haben. Und den wähle ich und wähle und warte und siebe und glaube fast nicht mehr dran, und dann trifft mich vielleicht irgendwann ein Sonnenstrahl, und all die schöne übermütige Lust ist wieder da.

Und schon marschieren sie auf, die selbstgerufenen Geister. Ist nicht so schlimm wie beim Zauberlehrling. Ich habe ja den Bannspruch nicht vergessen. Klick und weg. Bleibt ein winziges Gefühl der Befriedigung: Ich habe Nein gesagt. Sechs auf einen Streich.

Keine Chance auf den Jackpot

Das Internetdating spiegelt uns zahlenden Nutzern (für etwa 250 Euro im Halbjahr) eine Art Jackpot vor: hunderte Männer, die wir alle haben könnten, wenn wir uns für sie erwärmen würden. Das beruhigt das einsame Herzlein.

Aber es ist wie beim Lottospielen: Den Jackpot knacken immer nur die anderen.

Mit der Zeit sammeln sich Chiffren, Benutzernamen und zum Kontakt gewordene Menschen auf meinem Online-Konto. Klicke ich einen an, kommt meist schnell Langeweile auf. Ich suche den Hauptgewinn unter all den Fünfzig- bis Neunundfünfzigjährigen. Den, der für mich gemacht ist.

Wir wissen zwar, dass es keine Vorbestimmung gibt, wir wissen, dass wir unverdrossen immer wieder auf dieselben Muster hereinfallen und den am tollsten finden, der am wenigsten geeignet ist. Trotzdem: Es gibt Gefühle, es gibt Neigungen, es gibt Abneigungen.

Ab und zu schreibt mir ein älterer Herr, der drei Jahre jünger ist als ich. Der aber für Blick, Haartracht, Selbstbeschreibung und Ausdruck in der deutschen Sprache durchaus die Bezeichnung

»älterer Herr« verdient. Seltsam, dass er an meiner Diktion und meinem Auftreten auf dem Foto nicht unverzüglich erkennt, dass aus uns nichts werden kann.

Großmütig zügle ich meine Ressentiments gegen Halbglatze, Warzen auf der Nase, Bart und beige Bügelfaltenhosen und antworte trotzdem dem einen oder anderen – den ich garantiert nie treffen werde.

Gestern telefonierte ich nach mehrmaliger Aufforderung mit einem Sozialwissenschaftler namens Ludger. Sein Porträt erinnerte mich an ein freundliches Tierparktier und an meinen Vater – wie er vermutlich in dem Alter ausgesehen hätte.

Sein dritter Aufruf zum Anruf war mit »Nur Mut« überschrieben, und das hat mich wohl animiert. Stimmen sind ja sehr aussagekräftig. Und das Freundliche, das musste ja nicht gleich harmlose Unsexyness bedeuten.

Seine Stimme klingt jung – der erste Eindruck frisch. Intelligent, akzent- und dialektfrei. Ich komme ins Plaudern. Vergesse das Bild vor meinem inneren Auge. Sage kokett: »Hoppla, ich rede sicher ein bisschen zu viel.« Und peng, da ist es wieder! Mein Bauchgefühl war goldrichtig: ein lehrerhafter Bravling, ein unorigineller Bessermensch. Er sagt: »Ja, das ist mir auch schon aufgefallen.« Oh, wie blöd. Ich habe meine gedanklichen Perlen an ein Tierparktier verschwendet, das sie gar nicht verdauen konnte. Er sagte dann noch, er lese »Junge Welt«. Das ist eine linke Weltverbesserer-Zeitung, die ich niemals lesen würde. Trotzdem ziehe ich mich nicht zurück.

Schließlich hatten wir zwanzig Minuten geplaudert, ich war bereit, mich nächsten Donnerstag, 19 Uhr, mit ihm zu treffen. Wo, das würde er mir rechtzeitig mitteilen. Ja, Papa, dachte ich. Und wusste, dass das nichts ist. Trotzdem kriegte ich noch eins aufs Haupt, indem er nämlich von sich aus absagte. Er schrieb einen Tag später, er habe meinen Namen gegoogelt und er denke, es passe nicht mit uns. Da hatte er recht. Aber ich hätte es gern zuerst gesagt. Wie dumm, sich einen Korb zu holen, den man selbst zu verteilen gedachte.

Mein Jackpot, der muss nicht schön sein, hässlich aber auch nicht. Er muss das gewisse Etwas haben. Sichtbar: Humor, Intelligenz, Lustlust, Genussfähigkeit. Wer das hat, der zieht sich nicht grauenhaft an, sondern passend. Der kleckert und schmatzt nicht bei Tisch, sondern benimmt sich lässig gekonnt. Der kann sowohl unterhaltsam reden als auch intelligent zuhören. Den stören meine Hängepartien am Hals nicht, der sieht meine grünen Augen und freut sich über mich.

So viel zum Jackpot unter den Hunderten von Online-Suchern. Ich finde nicht, dass ich besonders anspruchsvoll bin. Eher besonders normal. Wie alle besonderen Frauen.

Auf der Online-Resterampe

Fast wie im richtigen Leben: Es gibt Chancen, ja, aber sie alle sind mit irgendeinem Pferdefuß behaftet. Es scheint, als komme es nur darauf an, den zu finden, der in unseren Augen am wenigsten hinkt.

Das Licht ist draußen hellgrau, die tote Zeit vor der Dämmerung. In meinem Rücken brennt ein kleines Feuer im Eisenofen. Und ich frage mich: Wie soll es weitergehen? Mein letzter Fund in der Männergemeinde zwischen fünfzig und sechzig offenbarte schnell eine Sinnkrise. Ich sagte schlicht: Bindungsangst. Und er sagte: Die hast du doch auch! Und plötzlich eine vage Ahnung: Haben wir uns gerade deswegen gefunden? Auf der Online-Resterampe, die alle Sehnsüchte und Unfähigkeiten nivelliert, auf der sich Gestrauchelte aller Altersklassen tummeln?

Bisher habe ich es nie so gesehen. Das Internet hat die ganze Welt verbunden, also ist Online-Kontaktanbahnung zeitgemäß. Kein Grund zur Peinlichkeit. Millionen tun es. Immer mehr über fünfzig tun es. Sie haben sogar diesen Namen, diesen schmeichelhaften, weil sie Umsatz bringen: Silver Surfer. Na also. Online-Partnersuche ist die Chance, über den Tellerrand zu gucken. Und sogar über den Gartenzaun.

Wer nach dem verbreiteten Alleinseinsfrust mit oder ohne Ehe nicht zufällig von seiner Sandkastenliebe wiederentdeckt wird, kann so dem Schicksal auf die Sprünge helfen. Dachte ich. Und nun? Man hat sich getroffen, hat sich gefallen, hat sich beinahe eingelassen. Und aus. Was jetzt? Zusammenziehen? Besuchsbeziehung? Und wohin mit der großen Sehnsucht danach, dass endlich und zu guter Letzt alles gut wird? Gehört die vielleicht bei einer Therapie entsorgt, verabschiedet – für immer?

Ich nehme zuallererst Abstand von Lösungen, die *für immer* sind. Und ich nehme etwas Abstand von mir.

Erlaubt ist, was gefällt

Das Beste an den ganzen Online-Portalen zur Partnersuche ist: Wir kommen uns selbst auf die Schliche. Wir finden immer etwas, nicht unbedingt den Traummann, aber zum Beispiel das eigene Beuteschema, das Suchmuster, das einen schon ewig unbewusst lenkt – auf einmal wird es sichtbar.

Wenn ich beispielsweise meine Daten eingebe und mein sogenanntes Profil anlege, ploppen unverzüglich 174 Partnervorschläge vor mir auf. 174 Männer, die aus irgendwelchen Gründen zu mir passen sollen. Natürlich lese ich mir nicht die Antworten und Vorstellungen aller 174 Männer durch – das wäre langwierig und deprimierend. Ich klicke mich durch. Zuerst sehe ich mir Beruf, Alter und Größe des Paarungswilligen an.

Wer die WWW-Partnersuche noch nicht probiert hat, denkt vielleicht: lauter Ladenhüter. Das ist Quatsch. Das ist das Leben. Ladenhüter laufen auch auf der Straße herum. Und sitzen im Nachbarbüro. Außerdem: Ich bin kein Ladenhüter, die andern sind's also auch nicht.

Es geht so: Wir melden uns auf einer Plattform an und haben ab sofort richtig gut zu tun. Dutzende von Kandidaten werden per Chiffre angekarrt. Einen Meter achtzig groß, neunundvierzig Jahre alt, Arzt, geschieden, Gelegenheitsraucher, zwei Kinder, ein Hund, zupft gern Gitarre. So in etwa. Das sagt natürlich noch nicht viel.

Und verlieben können wir uns schon gar nicht in einen Steckbrief. Aber gemach. Wer seine Hausaufgaben macht, nähert sich einem interessanten Punkt. Es sind einfach zu viele, um allen zu schreiben. Wir beginnen, die Spreu vom Weizen zu scheiden. Anhand von drei bis sechs Parametern. Und jetzt passiert etwas ganz Interessantes: Wir lernen uns selbst kennen.

Auf diese Weise ist mir endgültig klargeworden, dass ich mehr auf Künstler und Freiberufler stehe als auf Bankangestellte oder Beamte. Im richtigen Leben sind mir beide Spezies begegnet. Und entweder da war ein Funke (echt oder herbeigewünscht) und eine Gelegenheit (Einsamkeit zum Beispiel, ganz ungünstige Basis) oder nicht. Meine Kriterien waren stimmungs- und situationsabhängig, außerdem auch manchmal alkoholbedingt.

Bei der WWW-Wahl schlägt der Zeiger genauer aus, weil kein Duft, kein Blick und keine schwüle Kneipenstimmung die Sinne vernebelt. Wir klicken alle weg, die unter einen Meter sechzig groß, über siebzig Jahre alt und meinetwegen Versicherungsangestellte sind. Bloß als Beispiel.

Eigentlich genügen diese paar Daten, um das Interesse zu stimulieren oder stillzulegen. Alle Klischees und Vorurteile dürfen mitmischen. Ist ja nur virtuell, tut nicht weh. Versicherungsvertreter: Ich denke an Loriot und den Staubsaugervertreter – Lachkrampf statt Lust. Lehrer: Ich will keinen Besserwisser oder Weltverbesserer, ermüdende Vorstellung. Beamter: Der will bestimmt um 18 Uhr sein Abendbrot und seine Hausschuhe, ach Gott, nichts für mich. Und so weiter.

Das E-Mailen mit diversen geeigneten Kandidaten ist so schön unverbindlich, da läuft das Kennenlernen wie nebenbei. Schreiben ist ein tolles Medium. Ich kann alles dreimal korrigieren, ich kann es auch lassen. Ich habe nichts zu verlieren.

Sind am Ende also drei charmante, liebenswürdige, mehr oder weniger verkrachte Künstler übrig geblieben, kommt's drauf an, wer besser schreibt. Und was wir mögen. Ich mag nicht, wenn einer mir Gedichte schickt, die er garantiert als Serienmail verteilt und sowieso irgendwo abgeschrieben hat. Vorsichtshalber mag ich in der Anbahnungsphase überhaupt keine Gedichte.

Also, klick, weg mit dem »Italiener«. Das ist ein Pseudonym, das ich ihm gegeben habe, weil er ständig von Italien geschwärmt hat. In Wahrheit war er aber schon zum Abschuss freigegeben, als er in die Betreffzeile schrieb: »Einsame Weihnachten«. Wer will denn so was. Ein Mann, der schon vor dem Kennenlernen jammert und nichts mit sich anzufangen weiß.

Ebenso verdächtig ist es, wenn wir unser Foto freigegeben und damit übermäßiges Schwärmen ausgelöst haben. Was soll das? Komplimente sind nett, aber zu fett dürfen sie nicht sein. Sonst ahnen wir den Zweck und sind verstimmt.

In Phase zwei geht's dann um den ersten Augenschein. Beim Kaffee, der Operndramaturg Max reist tatsächlich aus Hamburg an für eine Tasse Kaffee mit mir. Schmeichel, schmeichel. Sollten vorher Liebeskummer bestanden haben und Versagensängste oder so – mit der Verabredung wird eine Menge geglättet.

Aber dann – die Realität. Der Unglücksmensch redet als Erstes von der Toilette, auf die er muss, wenn er zu lange im Kalten gewartet hat. War er zu früh da? Hat er was mit dem …? Unsäglich, noch vor dem Du darüber zu sprechen. Der Mann ist erledigt, aber den Kaffee trinken wir noch aus.

Herausgesiebt wurden zuletzt: ein Architekt, ein Medienunternehmer, ein Programmierer, ein Journalist, ein Arzt, ein Fotodesigner. Berufe mit gewisser Bandbreite. Kopfjobs. Beim Alter bin ich genauso Macho wie die Männer. Ab dreiundsechzig ist Schluss. Warum? Vorurteile!

Ein Mann von fünfundsechzig kann mehr draufhaben als ein Fünfundvierzigjähriger. Das wissen wir. Aber bevor wir es/ihn nicht gesehen haben, sortieren wir frei nach Vorurteilen.

Die haben wir nun mal. Und eine Mehrheit der mittleren Generation sorgt dafür, dass sie neue Nahrung bekommen. Die Generation Beige, die Bequem-Schuh-Fraktion: Sie scheinen an manchen Tagen das Stadtbild zu dominieren. Schwer, sich selbst in die Straßenszene einzufügen, den eigenen Platz realistisch zu erkennen. Besser, man grenzt sich ab. Und pflegt seine Vorurteile.

Die Sache mit dem Online-Alter

Ich finde ja, wer im Internet nach einem Mann sucht, kann sich ohne Gewissensbisse ein paar Jahre jünger schummeln. Das erweitert den Kandidatenkreis. Wenn wir uns an der Supermarktkasse begegnen, sieht er auch nicht, ob ich sechsundfünfzig oder einundfünfzig bin.

Schummeln, damit wir überhaupt zum Casting eingeladen werden! Warum nicht! Wer sich mit achtundfünfzig fühlt wie achtundvierzig und immer wieder gesagt bekommt: Du siehst zehn Jahre jünger aus, der kann sich locker sechs Jahre jünger machen, ohne dass beim ersten Date die Gesichtszüge des Kandidaten entgleisen. Funkt Sympathie auf, können wir die Notlüge schnell aus der Welt schaffen. Funkt nichts, treten wir unentdeckt den Rückzug an.

Mit dem Schummeln umgehen wir nur die gängigen Vorurteile, die wir selbst ja genauso haben und fördern. Wir wollen auch keinen Achtundsechzigjährigen, wenn wir erst vierundfünfzig sind. Da sind wir genauso oberflächlich wie die Männer, die keine über fünfundfünfzig wollen. Sitzen sie uns dann gegenüber, und es gibt Lustiges und Spannendes zu erzählen, fliegen die Jahre von uns, der Charme der Situation und die Anziehung, die in jedem Alter entstehen kann, schieben sich in den Vordergrund.

Vorsicht: Wenn nichts dergleichen entsteht, hat das mit dem eigenen Jahrgang wenig zu tun. Es sei denn, wir sitzen im engen Blümchenkleid da, das Bauchwülste und ein schrumpeliges Dekolleté zur Geltung bringt statt Charisma und Schlagfertigkeit.

Seien wir nicht ungerecht. Wir scannen ebenfalls ganz genau, wie der Kerl gegenüber angezogen ist. Viele Frauen gucken gezielt nach der Uhr und nach den Schuhen – der Mann hat dasselbe Recht, uns zu begutachten. Das Outfit sagt nämlich eine Menge über uns. Sind wir up to date, also innerlich jung geblieben? Haben wir Stil, wissen also, was uns steht? Die Optik lässt allmählich nach, also wird das Drumherum wichtiger. Das hat nichts mit Oberflächlichkeit zu tun, sondern mit Ästhetik.

Allein schon die Vorbereitung auf so ein Blind Date mit einem aus dem Netz macht gute Laune: Was ziehe ich an? Die Frage aller Fragen – jetzt stellt sie sich neu und mit ungewohnter Brisanz. Einen Unbekannten zu treffen, von dem ich nur die Zentimeter, den Jahrgang (falls er stimmt) und den Beruf kenne, und dabei eine gute Figur zu machen. Eine echte Aufgabe. Alle Erfahrungen sagen: Wir tragen das, worin wir uns wohlfühlen. Aber worin fühlen wir uns wohl?

Im Laufe des Lebens bestimmen wir ab und zu unseren Stil neu. Erstens wandeln sich die Moden, zweitens verändern wir uns. Drittens geht es darum, das Outfit zu finden, das uns ganz sicher aus der ältlichen Ecke holt. Logisch, dass wir Angst haben, uns zu vergreifen. Töchterchens Outfit – wie Madonna es gewagt hat und wofür sie weltweit im Internet verspottet wurde –, das ist nicht unser Ding. Aber zu viel Vorsicht steht uns auch nicht.

Jede von uns muss sich selbst gut im Blick haben. Nicht, um zu gefallen. Sondern um sorgsam mit sich zu sein. Wer will schon andauernd falsch eingeschätzt werden? Mit der falschen Aufmachung passiert das garantiert. Aber aktuelle Mode – vorsichtig kombiniert – macht attraktiv.

Drunter gern auch das eine oder andere neue Dessous. Fühlt sich klasse an, wenn's passt. Äußeres dringt ja auch nach innen. Wer über die Straße federt, knackig, fröhlich im Bauch, dem pfeift schon mal aus Versehen ein Bauarbeiter hinterher – sinnbildlich gesprochen. Denn darum geht es in Wirklichkeit nicht. Ist nur Erinnerung. Nett.

Wir wissen, was wir wollen: gut aussehen, gut ankommen, vielleicht einen Mann beeindrucken. Zumindest im Rennen bleiben.

Und dann: abends im völlig vereisten Berlin. Ich habe ein Date mit dem schicken Filmmann. Bei einem Italiener am Prenzlauer Berg. Der Mann, nennen wir ihn Hugo, scheint ein Volltreffer zu sein. Groß, gut aussehend, ansprechend gekleidet, locker, selbstbewusst, charmant.

Auweia, denke ich, der kann ja jede haben. Jede, die meinen Geschmack teilt. Und das sind garantiert viele zwischen dreißig und sechzig. Warum sitzt er dann hier und ringt mit mir um die Redehoheit an diesem Kneipentisch? Er muss wohl auf der Suche sein – nach etwas, das ihm fehlt. Nach mir?

Erst mal gestehe ich, dass ich mich im Internet sechs Jahre jünger gemacht habe, damit überhaupt Kontakte in meiner Altersklasse zustande kommen. Er lächelt und zuckt die Schultern, es ist ihm nicht wichtig, ob ich einundfünfzig oder siebenundfünfzig bin. Außerdem: Er hat sich auch jünger gemacht. Er ist dreiundsechzig.

Die junge Frau, mit der er zuletzt zusammen war, war nur zufällig so jung, er liebte sie, *obwohl* sie so jung war, nicht, *weil* sie so jung war. Und sie wollte ein Kind. Sein Sohn ist aber schon über zwanzig, er ist raus aus der Papi-Phase, wie ich raus bin aus der Mutti-Zeit.

Und schon sind wir bei unseren Kindern, die wir vergöttern, wie sich bei den Schilderungen herausstellt. Das gefällt mir. Hugo ist ein Familienmensch. Und ich kann ihn mir auch als Partylöwen vorstellen. Und als Firmenchef. Aber als meinen Mann? Kaum.

Er ist die schillernde Figur, die wir von ferne anschmachten, vor der wir uns aber hüten sollten, wenn wir neue Verletzungen fürchten. Aber wegschicken würde ich ihn nicht. Und das weiß er. All mein Selbstbewusstsein ist gefragt. Wir tauschen die Handynummern, knutschen wild und ausgiebig vor meinem Auto, mit den Beinen bis zur Wade in einer Schneewehe steckend, ach, aufregend.

Wie mit zwanzig, das wird nie anders. Und: Er hat angefangen. Bei meinem letzten Freund habe ich damals angefangen. Keine Ahnung, ob das was zu sagen hat.

Und die Liebe, die geliebte Liebe? Sie ist flüchtig und schüchtern wie das Glück. Sie lugt hinter der Kastanie hervor, die neben meinem Auto steht. Sie hält sich bereit. Wird sie zugelassen sein? Es gehören zwei dazu. Und beide fürchten sie ein wenig.

Ein paar Tage später sieht die Welt anders aus. Ich rekapituliere: Er sprach viel. Und meldete sich nicht wieder. Ich war ein Abziehbild. Immerhin, er fand mich attraktiv. Das genau wollte ich ja herausfinden. Sein Blick: mein Spiegel. Es hatte funktioniert. Für diesen *einen* Abend.

Aber, ehe das abschätzig bewertet wird: Wie viele einmalige Treffen gab es früher, als wir uns mit jungen Männern verabredeten? Ein Funkeln in den Augen, ein Kuss zum Abschied – das war es dann. Selten wird eine Begegnung zur Liebesbeziehung. Auch wenn gegenseitiges Gefallen bekundet wird.

Also: Das Treffen war ein schöner Abend, ein einziges großes Kompliment. Nichts weiter. Gut genug für eine, die gerade älter wird und einen neuen Freund sucht.

Die Typen aus dem Netz

Der virtuelle Partnermarkt kommt schnell zum Punkt. Jeder ist auf dem Sprung. Jeder hält Kontakte, versucht ein paar Dates, siebt und wählt und optimiert. Das kann kränkend werden, wenn wir keine Zocker sind.

Ich rege mich gerade auf, dass ein Werbetexter, der mir auf dem Foto angenehm war, nach dem Austausch mehrerer E-Mails nicht mehr antwortet. Davor aber beschwert sich ein Sozialwissenschaftler bei mir: Du wolltest dich doch melden! Nicht mehr interessiert? Menschen werden zu Milchtüten. Oder Brötchensorten. Wir laden sie in den Einkaufswagen, und bevor wir zur Kasse kommen, tauschen wir sie aus, packen doch lieber Bio oder Vollkorn ein.

Liebevoll geht anders. So ruppig und berechnend Liebe suchen – kann das überhaupt gut gehen? Es kann. Aber wenn wir Paare ansehen, die sich online angenähert haben, erkennen wir, dass sie gerade die Anbahnung längst aus ihren Erinnerungen ausklammern. Die Liebe begann immer erst, als sie sich schon kannten. Wo die Initialzündung stattfand, wird ausgeblendet. Weil es nicht ganz zur Legende von der Einzigartigkeit der Liebe passt.

Die komische Alte mit lockerem Lebenswandel tummelt sich natürlich gern im World Wide Web. Technik macht ihr keine Angst. Auf die Idee, dass das nichts für sie sei, kommt sie gar nicht. Sie liebt Neues. Und sie lässt nicht locker, bis sie auch twittern, skypen und bloggen kann.

Das Internet ist an sich schon ein Wunder. Wir sogenannten Silver Surfer nutzen es so selbstverständlich wie Föhn und elektrische Zahnbürste. Nun hat das Netz auch das Wunder der Liebe verändert, denn online ist alles anders. Zum Beispiel der Liebeskummer. Der kann extrem verkürzt werden, indem wir uns mit einem Stapel Taschentücher und einer Kanne Tee oder einer Flasche Rotwein an den PC setzen und mit fremden Männern flirten.

Da ist die Möglichkeit des Chats. »Ach, Blondy hat auch Liebeskummer? Ich auch, ärger dich nicht, alles wird gut.« Die Tasten klappern, das Herz fließt über, die Wut kocht – und alles verflüchtigt sich in die Unbestimmtheit von Raum und Zeit.

Selfmade-Therapie. Anteilnahme ist sicher, aufbauende Scherze auch, das Gefühl, so verdammt allein und verlassen zu sein, das zum Liebeskummer immer verschärfend gehört, kommt gar nicht erst auf. Da draußen leiden sie genauso. Tausende von Chattern können nicht irren: Das Leben ist doch ganz schön.

Auch Langeweile in der Partnerschaft ist gut über den Rechner auszugleichen. Wer sein eigenes Forum pflegt, kann getrost über den eigenen Alten abkotzen und wird zu lesen bekommen: Das ist doch noch gar nichts. Meiner erst …

Da springt sogar eine Einladung in den Schwarzwald raus. Gemeinsamkeiten machen Freundschaft. Der übellaunige Alte putzt sich erstaunt die Brille – und wir sind dann mal weg. Durchaus im Bereich des Wahrscheinlichen, dass er bei Rückkehr endlich wieder seinen berühmten Rehbraten serviert und die Aufmerksamkeit in Person ist, heißer Sex inklusive, denn er muss sich ja vergewissern, ob er noch angesagt ist.

Also: Online-Kontakte sind immer gut, nicht nur zur ernst gemeinten Partnersuche. Doch gerade bei der ist es immer wieder erstaunlich, zu sehen, was sich da so alles im Netz tummelt auf Männerseite. Nach einem halben Jahr kennen wir sie fast alle und können sie einordnen – die Typen aus dem Netz.

Der Zuhörer

Gestern traf ich einen richtig guten Zuhörer, mit dem ich zuvor fünf E-Mails getauscht hatte. Auf jede meiner Fragen hatte er geantwortet, das würde er lieber mit mir persönlich besprechen, schreiben sei nicht so sein Ding. Na gut, dachte ich. Das Foto sah nett aus. Machst du dir mal wieder einen fröhlichen Abend mit einem Fremden.

Er hörte aktiv und interessiert zu. Und wenn er sprach, dann zur Sache, nicht so sehr zur Selbstdarstellung. Er lächelte. Es zeigten sich gelbliche Raucherzähne. Und da nutzte das Zuhören gar nichts. Obwohl es so wärmend war, wie er sagte: »Das ist ja wie bei Bulgakow, wie bei *Der Meister und Margarita*.« Er kennt mein liebstes Buch! Und er assoziiert frei darüber.

Ich hatte ihm erzählt, dass das Haus, in dem ich wohne, von außen klein und innen groß sei. Und da fiel ihm das Buch ein. Aber die Zähne und die schlecht frisierten Fusselhaare – schade. Wahrscheinlich bin ich nicht einsam genug.

Diese Internetdates haben den entscheidenden Nachteil: Wir denken gleich immer an *alles*. Ist das der Mann für alles? Nein, mit diesen Zähnen kaum. Hätte ich ihn in der U-Bahn getroffen, und es hätte sich ein Gespräch entsponnen, wären mir wahrscheinlich eher seine Schlagfertigkeit und die Bildung aufgefallen. An Beziehung, gar Liebe, hätte ich nicht gedacht, folglich auch die beanstandeten Zähne nicht beachtet.

Genauso werden wahrscheinlich wir auch betrachtet. Dick? Schrumpelig? Strähnige Haare? Trüber Blick? Schon können wir das Feuerwerk unserer inneren Werte nicht mehr abfackeln. Schon sind wir als Liebhaberin gestrichen.

Es ist ein gefährliches Geschäft, auf das wir uns da einlassen. Und der Erfolg ist genauso fraglich wie der eines Volkshochschulkurses für Photoshop, auf dem wir mehr männliche Teilnehmer vermuteten. Dann aber lauter Frauen treffen, die dasselbe wollen wie wir. Männer kennenlernen.

All diese Aktivitäten haben nur den einen Sinn: dass wir aktiv sind, dass wir etwas probieren, nicht versauern, nicht warten, nicht abschlaffen. Jedes Date ist eine Erfahrung. So gesehen ist kein Treffen umsonst, auch wenn die Männerausbeute absolut dürftig bleibt.

Der Schönling

Unter meinen Partnervorschlägen taucht ein Sahneschnittchen auf: schlank, lässig gekleidet, viele edel angegraute Haare, einundsechzig, viel jünger aussehend. Ich weiß, dass er Humor hat, geschieden ist, Kunst und Musik liebt. Er scheint sich selbst klasse zu finden. Na gut, ich finde mich auch klasse. Dann wird er sich ja nicht vor mir fürchten.

Früher war ich gut aussehenden Männern gegenüber skeptisch. Waren die nicht alle sehr selbstverliebt? Ich wollte schön gefunden werden und mich nicht mit Mädels prügeln, weil sie alle auf denselben flogen. Ich suchte das Besondere. Die Schönheit, die nur ich sah. Die mit dem Inneren korrespondierte. Das schien mir Garantie für Tiefe, Echtheit. Nun, wie wir sehen, bin ich immer noch oder wieder einmal solo. Jeden Tag wechselt meine Einstellung zu dieser Tatsache.

Einerseits: Es ist gut so, das gehört zu mir.

Andererseits: Ich will das nicht.

Es muss doch möglich sein, mein Pendant zu finden. Mal ödet es mich an, dass ich allein lebe, mal genieße ich es. Also lebe ich jeden Tag, wie er kommt. Und lenke mich ab – zum Beispiel mit Männern.

Ich will gucken, was geht. Ich setze mich Blicken aus. Ich setze mein schönstes Lächeln auf. Ich ziehe mich sexy an – Jeans, enger Pulli mit V-Ausschnitt, Stiefel, in denen ich mich sicher fühle. Ich werde sehen, ob ich infrage komme für einen, der auch eine zwanzig Jahre Jüngere haben könnte. Ob er infrage kommt, ist eine ganz andere Sache. Ich habe keine Punktetabelle im Hinterkopf, die ich abhaken könnte, wenn ich einem Mann begegne. Ich lasse mich in den ersten drei Minuten berühren. Oder nie.

Den Schönen will ich treffen, aber ich will es ihm nicht so schnell zeigen. Ich antworte erst mal wortkarg auf seine blumige Selbstanpreisung.

Der Vorbeuger

Typen, die sich bei der Online-Partnersuche tummeln, sind nicht immer gefährlich, aber oft schwierig. Sehr verbreitet: der Vorbeuger. Ehe er richtig getrennt ist, sucht er schon nach Ersatz. Weil er nämlich Angst hat vor dem Alleinsein. Das kennen wir, das müssen wir ihm nicht übel nehmen.

Nur: Wenn er doppelt unterwegs ist, bevor seine eigentliche Beziehung zu Ende ist? Wenn er noch zusammenlebt mit einer Frau, von der er nicht mehr so ganz überzeugt ist? Wenn er uns prophylaktisch anbaggert, bevor seine Lebensabschnittsbegleiterin gewarnt ist? Wenn die neue Online-Bekanntschaft einfach nur Ergänzung der häuslichen Langeweile oder Gegenpol zum ehelichen Einerlei sein soll? Dann stehen wir ehrlichen Sucherinnen vor einer Falle, die wir nicht gleich erkennen können.

Ich denke vielleicht, wow, so ein netter Mensch, schöne Augen, dynamisch in den Knien und im Hirn, warum ist der wohl allein? Den mag ich. Und dann – böses Erwachen, er ist gar nicht allein!

Wenn die Bombe platzt, ist die Enttäuschung gewaltig. Zu groß war die Hoffnung, das Liebesglück zu erhaschen, zu groß die Freude, gegen alle Weissagungen einen getroffen zu haben, der einem mit allen seinen Lebensspuren gefällt.

Der Bumerang

Eine Freundin hat einen Online-Kontakt direkt aus München nach Berlin beordert. Ich fand es riskant, sie fand es lustig.

Am selben Abend landeten sie, nachdem sie sich ihre Leben im Telegrammstil erzählt hatten, im Bett. Sie sagt, es war schön. Sie mochte sein schwarzes Wuschelhaar, die warme Stimme. Von der Rückfahrt gab es liebe SMS. Auf bald, du Schöne. Und dieser Kram.

Dann hatte sie zwei Wochen später in München zu tun, das schrieb sie ihm und fragte, ob ein Besuch genehm wäre. Ab da hörte sie nie wieder etwas von ihm.

Ein Treffer bei der Online-Partnerbörse kann schnell zum Bumerang werden, der mitten ins eigene Herz trifft. Das hätten wir nun nicht gebraucht. Mutig, optimistisch machen wir uns auf und wagen unseren Einsatz – und dann das, wir werden getäuscht, enttäuscht, verarscht.

Diese Gefahr gehört zum Internetspiel. Wir müssen uns darauf einstellen. Das World Wide Web ist unendlich, wie der Name schon sagt. Hüten wir uns also vor schneller Begeisterung. Wer einen One-Night-Stand mag, der kann ihn garantiert finden, wer aber mit einem Mal nicht zufrieden ist, guckt womöglich in die Röhre.

Online-Partnersuche ist genauso wie Lottospielen. Nur eine vage Möglichkeit. Kein Wunschkonzert.

Der Einkäufer

Im Netz am häufigsten zu finden ist der Einkäufer. Er merkt auf einmal, dass ihm etwas fehlt. Eine Frau. Wärme. Ansprache. Sex. Er ist davon überzeugt, dass ihm das alles zusteht. Flugs macht er sich auf und behauptet in seiner Selbstdarstellung, er sehe gut aus, sei schlank und zärtlich und einfühlsam. Auf dem Foto undeutlich ein glattes Gesicht mit Brille. Oder ohne.

Die Suchende sieht nichts, was sie anzieht, aber auch nichts, was sie abstößt. Also trifft sie sich mit ihm. Er redet sofort auf sie ein, stürmt los in seiner Selbstdarstellung. Erzählt ungefragt über sein neustes Projekt, seinen Hund, seine Ansichten zu Politik und Wirtschaft.

Jetzt dürfen wir klugen Frauen nicht ungeduldig sein oder gar beleidigt, weil er uns gar keine Frage stellt, und wenn, mit einer Ein-Satz-Antwort zufrieden ist, um gleich selbst wieder loszuquasseln. Machen wir uns klar: Er wirbt. Um uns. Er will Eindruck machen. Er preist sich an, spreizt das Gefieder. Ist doch schmeichelhaft, dass wir das bei ihm auslösen. Immerhin: Er rennt nicht weg. Er bleibt brav auf dem Kaffeehausstuhl sitzen und stellt sich dar. Weil er uns einkaufen will. Ist das nicht schön?

So einer war der Schöne, der mir vor einigen Tagen geschrieben hatte. Wir trafen uns zum Frühstück in einem Café. Es blieb kühl zwischen uns. Er war hektisch, er redete ununterbrochen, es wirkte unehrlich, desinteressiert, unerotisch. Trotz der schönen Züge im Gesicht.

Der Irrläufer

Der fünfte Normalfall: der Irrläufer. Immer wieder begegnen uns Sätze wie: »Wenn ich nichts zu tun habe, dann fahre ich mit meinem Cabrio aufs Land.« Oder: »Drei Dinge, von denen ich mich niemals trennen würde: Erstens, meine Jaeger-le-Coultre-Uhr …« Dann denke ich: der Arme, der möchte mit Geld punkten. Wie wenig interessant muss er sich fühlen, wenn er auf sein Vermögen hinweist.

Klar, etwas Geld stört überhaupt nicht, wenn wir im fortgeschrittenen Alter noch einmal durchstarten wollen. Aber die Betonung desselben stört uns Frauen schon.

Warum wissen sie das nicht? Warum irren sie sich so in unseren Vorlieben? Ganz klar: weil sie entsprechende Erfahrungen gemacht haben. Und zwar mit unseren lieben Schwestern.

Wir können uns gar nicht oft genug klarmachen, dass männliches Fehlverhalten mit unserem Einfluss zu tun hat. Erst haben wir ihnen als Mütter gezeigt, wie unentbehrlich und großartig sie sind, und dabei versäumt, ihnen auch die Vorteile von Bescheidenheit und Aufmerksamkeit nahezubringen.

Dann haben wir sie als Jugendfreundinnen angehimmelt und ihren Größenwahn so richtig angefacht. Später wurden sie als Ehemänner verwöhnt – wir waren ja so froh, einen brauchbaren Mann an der Seite zu haben. Dafür haben wir neunzig Prozent der Familienarbeit übernommen. Auch wenn er nicht der Ernährer der Familie war, war er doch der Mittelpunkt derselben. Und trotzdem wurde er irgendwann unruhig, machte sich auf die Suche nach dem, was wir nicht hatten, nicht waren, nicht konnten. Um sogleich in die Arme einer anderen zu sinken, die sich einen Dreck darum kümmerte, dass die Scheidung noch nicht mal eingereicht war.

Dabei gilt eine Faustregel: je höher sein Platz auf der sozialen

Werteskala, umso jünger die Neue. Die junge Trophäenfrau denkt natürlich, dass sie ihn liebt. Sie ist ja keine Nutte. Aber sie liebt Dinge an ihm, die ihm nicht die Mutter und nicht die Natur in die Wiege gelegt haben, sondern Attribute, die er sich im Laufe eines langen Lebens erarbeitet hat, mit uns als loyale Ehefrau an seiner Seite: Erfahrung, Charisma, Macht und Möglichkeiten – und vielleicht auch sein Cabrio oder Ähnliches.

Geht der Mann also planvoll zu Werke und sucht nach der einen oder anderen Kapriole im Internet eine Partnerin, die wirklich zu ihm passt, möchte er mit diesen Dingen punkten – so er sie denn aufweisen kann. Wir sollten ihm dafür nicht böse sein. Wir dürfen uns geschmeichelt fühlen. Er versucht doch nur, uns zu beeindrucken mit dem, von dem er glaubt, dass es uns gefallen könnte.

Natürlich fliegen wir gestandenen Frauen selten auf Geld – das haben wir oft genug selbst –, sondern auf einen interessanten, liebenswerten, körperlich und geistig frischen Mann.

Wir wollen Gespräche. Wir wollen Sex. Wir wollen Geborgenheit. Wir wollen nicht alles allein machen.

Der Zauberer

Hüten sollten wir uns auf jeden Fall vor dem Zauberer, der uns schon früher die Sterne vom Himmel holen wollte und dann mit der besten Freundin Sex im gemeinsamen Bad hatte. Der überall Furore macht mit seinem gefährlichen Lächeln und seinen flotten Sprüchen. Der uns mit einem tiefen Blick in die Augen die Ahnung vom multiplen Orgasmus beschert.

Der Zauberer bringt größtes Unglück über Frauen, die er verzaubert. Davor schütze uns nun unsere Reife, wir können ihn rechtzeitig erkennen, entlarven und den ersten Impuls, seinem Zauber noch einmal zu erliegen, bannen. Zauberer sind geistreich, witzig, gefährlich – Typen, über die Filme gemacht werden.

Eine Freundin hat es erlebt. Er heftete sich an ihre Fersen, machte glaubhaft, dass sie füreinander bestimmt wären, und verliebte sich dann in ihre Tochter. Sie sagt, es hätte sie fast das Leben gekostet. Und das Verhältnis zu ihrer Tochter erholte sich nur langsam.

Drama-Liebe – jetzt bitte nicht mehr. Wir sind dünnhäutiger, bedürftiger als früher. Trickser und Zauberer nicht auf Armeslänge an sich herankommen lassen: eine lebenserhaltende Maßnahme.

Wer allerdings den real greifbaren Mann fade findet, weil der eben nicht zaubert und nicht trickst, der hat Pech. Der muss immer und immer wieder reinfallen, muss sich Starkstrom durch das Herz jagen lassen. Schweben zwischen Glück und Qual. Sicher aufregend, aber im fortgeschrittenen Alter überaus ungesund.

Der Unpassende

Aber vielleicht versteckt sich ja doch die eierlegende Wollmilchsau unter den Frauensuchern? Der gut aussehende, jung gebliebene, humorvolle, eigenständige, unterhaltsame, aber gut zuhörende Kerl, bei dessen Anblick uns Gänsehaut statt Cellulitis überzieht?

Ich habe nachgeguckt. Und festgestellt: Der schicke Medienproduzent ist mehr von sich eingenommen als von seiner noch zu findenden Partnerin – das wird beim E-Mail-Austausch schnell klar. Er schreibt witzig-spritzig von sich, begeistert über seine Einfälle. Und er stellt keine Fragen.

Der Arzt erstickt in Kontaktanfragen und klickt neue Anwärterinnen weg.

Ein zweiter Arzt posiert im weißen Anzug mit einem Mikrofon. Ich stelle mir meine geliebten verranzten Cowboystiefel dazu vor. Grausam.

Der Journalist scheint ein Alkoholproblem zu haben, wenn man sein Foto betrachtet.

Der Fotodesigner, der ohnehin zu klein ist, beschimpft mich prophylaktisch. Ob ich eine frustrierte Emanze sei, die sich an den Männern rächen will? Dabei hatte ich nur meine Zweifel angedeutet, ob ich im Netz wohl den Passenden finden könne.

Bleibt der Programmierer. Aber auch er wird einen prekären Grund haben, warum er mit fünfundfünfzig Jahren noch nie verheiratet war und keine Kinder hat. Auf Befragen schreibt er: Es sei noch nicht die Richtige dabei gewesen. Und warum er es jetzt auf dieser Plattform versuche, wenn er doch schon so lange allein klarkomme? Sex, ihm fehle der Sex. Na, schönen Dank.

Der Täuscher

Ein Freund sagte einmal zu mir: »Willst du einen Trinker oder einen Fremdgeher?« Sollte heißen: Irgendwas ist immer. Wir hatten uns über verschiedene Paarkonstruktionen in unserer näheren Umgebung unterhalten, hatten Chancen analysiert.

Bei einem Paar war der Mann nach einem halben Jahr in ihre Wohnung gezogen, er einundfünfzig, sie neunundvierzig. Und sein Alkoholproblem zeigte sich zwei Wochen nach dem Einzug. Das hatte sie nicht gewusst. Und da war seine Wohnung schon gekündigt, und seine Waschmaschine stand in ihrem Keller.

Bei einem anderen Paar stellte sich nach drei verliebten Monaten heraus, die Ex war noch gar keine echte Ex, sie spielte noch aktiv mit in seinem Leben. Und die Verliebte fand sich sehr überrascht in einer *ménage à trois* wieder.

Also: Trinker oder Fremdgeher? Gibt es denn nur die Wahl zwischen Pest und Cholera?

Den Marktwert testen

Online-Partnersuche ist auf jeden Fall eine Art Testinstrument für den eigenen Marktwert. Selbst wenn kein männliches Prachtexemplar aus dem Schirm springt und uns für immer glücklich macht, lernen wir: Es geht noch. Es ist genug Weiblichkeit, Charme, Erotik vorhanden, um einen Mann mittlerer Begabung und Attraktivität zum Balzen zu bringen.

So manchen Abend, den ich mit einem Buch auf dem Sofa oder in der Wolldecke vor dem Fernseher hätte vergammeln können, habe ich mir damit aufgebessert. Indem ich einen fremden Mann traf, ihn antichambrieren und die Rechnung bezahlen ließ. Und dann ging ich wieder. Oft genug froh, dass ich allein gehen durfte.

Das ist nicht unmoralisch, das ist Seelenpflege. Das arme weibliche Ego, das ab vierzig schrumpft und schrumpft, das mit Ende fünfzig kaum noch wahrnehmbar zusammengefaltet in irgendeiner vergessenen Ecke unseres Herzens hockt, es braucht Nahrung. Möglichst lebendige.

Das kann der Mann aus dem Netz mindestens geben: Salatteller, Rotwein plus Komplimente und begehrlichen Blick – alles kostenlos.

Wir werden ihn nur im allerseltensten Fall in unser Leben lassen, aber für zwei, drei Stunden männliches Horsd'œuvre genießen und wieder abziehen, das kann ganz entspannend sein. Immerhin haben wir innerlich Nein gesagt. Obwohl wir in Betracht gezogen wurden.

Dazu muss ich sagen, dass ich die Männer, die im Laufe von Jahren in ähnlichen Erwartungshaltungen vor mir saßen, oft als eher bescheiden empfunden habe.

Statt geschmäcklerischer Kritik, wie sie in mir immerzu abrollt, ähnlich den Laufstreifen unterm TV-Bild beim Nachrichtenkanal, habe ich immer wieder wohlwollende Blicke, freundliches Interesse, verschiedene Arten von Lob erfahren. Ich glaube, Männer sind bereit, sich an uns zu freuen – und sind nicht so misstrauisch wie wir. Sicher haben sie Gründe dafür. Unter anderem, dass wir sie nicht so oft hängen lassen, nicht so oft anlügen, nicht so oft mit Jüngeren abhauen.

Das ist praktisch, dafür bekommen wir die wohlverdienten Komplimente. Wir müssen nur bereit sein, sie abzuholen.

Nun höre ich in meinem Inneren die strenge Emanzenstimme: »Hast du das nötig? Dir von hergelaufenen Kerlen Punkte zuteilen zu lassen?« Und mein intaktes Ego antwortet: »Ja, das habe ich nötig, verdammt.«

Und viele andere Frauen meines Alters auch. Weil wir unseren Wert, wie er sich nach außen darstellt, nicht mehr so gut einschätzen können. Weil wir uns zu lange an Jugendlichkeit orientiert haben, in verzweifelter Bekämpfung von Altersspuren verfangen waren, den Wahn mitgemacht haben, dass Frauen eines gewissen Alters nicht mehr gefragt sind, unser Alter sogar verleugnet und uns selbst gekränkt haben. Darum haben wir das nötig. Den eigenen Weiblichkeitsfaktor in Stellung bringen, ihn auf ein hilfloses männliches Exemplar richten und gucken, was passiert. Das Internet liefert uns als Übungsfeld genug Versuchskandidaten.

Und es ist ja nichts Schlimmes dabei, der Mann geht in der Regel unversehrt daraus hervor und hatte sicher einen angenehmen Abend – in der Illusion, eine gute Figur gemacht zu haben. Würden sich mehr Frauen trauen, diesen Selbstversuch zu starten, würden weniger von uns herumlaufen und das böse Märchen von der unsichtbaren Frau ab vierzig verbreiten. Männer sind so unendlich dankbar, wenn wir nicht fett, eingerostet und humorlos sind. Sie sind weniger kritisch als wir. Das steht fest.

Nie habe ich einen Mann sagen hören: Sie hatte nicht die richtige Frisur, ihre Handtasche war geschmacklos. Diese Dinge bringen nur wir zur Sprache. Klar, Männer scannen unsere Figur, aber weniger pingelig, als wir glauben. Für sie muss es im Großen und Ganzen stimmen, Busen, Po- und Taillenumfang sollten irgendwie in vertretbaren Proportionen zueinander stehen, aber mehr auch nicht.

Ich bin überzeugt, ihnen fallen all die Kleinigkeiten, die wir an uns so hassen, überhaupt nicht auf. Die Tiefe der Lachfalten, die kleine Bauchrolle, der Altersfleck unterm Pony – das guckt sich weg. Der Gesamtauftritt ist entscheidend. Und der hat – wir wissen es alle – ganz viel mit Ausstrahlung zu tun.

Wer sich fertigmacht wegen der untrüglichen Zeichen der real vergangenen Jahre, dem fehlt genau die dafür verbrauchte Energie, um toll rüberzukommen. Oder anders: Wer unbedingt die arme, alte, graue Maus spielen will, kann das tun – es ist aber nicht nötig.

Richtig warten können

Wenn es in der Liebe einen Vorteil wegen des Älterseins gibt, dann ist es Selbstdisziplin. Aus Erfahrung. Nein, ich warte nicht, dass der küssende Filmemacher sich wieder meldet. Er wird sein Casting weiterbetreiben. Vielleicht will er ja nur schnell in die Kissen und hat in mir nicht die flinke Variante gesehen? Auch das wäre ein indirektes Kompliment. Wer will denn jetzt noch als idealer One-Night-Stand eingestuft werden? Obwohl mancher von uns eine auflockernde Nacht guttun würde. Es muss ja nicht gleich der Mann für den ganzen Rest des Lebens sein.

Gerade Frauen, die früh geheiratet haben, dann ein halbes Leben lang ihrem Ehemann treu waren und nun plötzlich ins Singleleben geschleudert sind, könnten ein paar sexuelle Lockerungsübungen gut gebrauchen.

Eine Freundin hat es versucht. Drei sympathisch aussehende Kerle hat sie innerhalb eines Jahres näher erkundet. Und sich von ihnen erkunden lassen. Keiner war gut für länger. Und ein bisschen geziept hat es schon, als der Netteste sich nach einer Woche einfach gar nicht mehr meldete. Aber die anderen beiden hat wiederum sie fallen lassen. Kein Grund also, an sich zu zweifeln. Sie weiß wieder, wie es geht. Und dass sie verführerisch genug ist. Und sie weiß, dass sie Nein sagen kann, so groß auch der Partnerwunsch manchmal ist.

Das ist das Tolle an der Internet-Suchfunktion in Sachen Liebe: Wir können üben und aufpassen, dass wir jedes Mal schön weich fallen.

Warten können, ohne zu warten – das ist eine Fähigkeit, die wir mühsam lernen müssen. Es nicht abwarten zu können – eine Unart aus der Kindheit, die sich besonders in der Vorweihnachtszeit zeigte. Heute wissen wir: Weihnachten kommt garantiert, schneller als gedacht. Gut wäre, diese Gelassenheit auch auf das Liebesleben zu übertragen. Ungeduld zur Untugend zu erklären. Wer sucht, der findet – ein sehr kluger Spruch. Machen wir doch daraus die Sicherheit, dass es alles für uns gibt, was wir brauchen. Nur nicht immer und nicht immer gleich.

Ich warte also nicht mehr auf den Küsser unter der Kastanie. Ich werde sein Geheimnis nie erfahren. Was er wollte und warum, woran es lag, dass unser Weg sich kurz gekreuzt hat – kein Problem. Eine Erfahrung eben. Manche Menschen streifen uns nur. Und oft ist es auch gut so.

Als es noch kein Handy und kein Internet gab, auch keine Anrufbeantworter und kein Fax: Da waren wir junge Liebende. Da hatten wir unsere ersten Beziehungen. Da mussten wir warten, warten, warten. Der jeweilige Junge stand überraschend und verlegen vor der Tür. Und wenn wir zusammen aus waren, mussten wir uns für das nächste Mal verabreden. Von Samstag zu Samstag zum Beispiel.

Einmal stand mein Künftiger vor der Schule, und ich konnte ihn in der letzten Stunde, ausgerechnet Mathe, durch das Fenster unten stehen sehen. Gut, dass wir in jungen Jahren ein junges Herz hatten – manche Situationen waren einfach herzinfarktträchtig. Wie er beim Tanz durch die ganze Halle und quer übers Parkett auf uns zuschritt und die Ohren summten und der Kopf hämmerte: zu mir? Kommt er zu mir?

Ja, wir wurden aufgefordert. Beinahe vergessen. Völlig überholt. Genau wie die Wahnsinnsgefühle, die dazugehörten.

Was bleibt? Was machen unsere strapazierten, viel gefühlten Gefühle heute mit uns? Oder ist ein Gefühl stets neu? Kaum, es gibt ja diese Datenautobahnen im Gehirn, auf denen die Elektronen herumsausen und Synapsen gewohnheitsmäßig miteinander verbinden. Ständig benutzte Bahnen werden ausgelatscht wie Waldwege von Wanderern.

Haben wir nun also ausgeleierte Gefühle? Dafür sind wir zu vielseitig, dafür gibt es einfach zu viele Schaltungen im Bewusstsein und erst recht im Unterbewusstsein. Auf alten Autobahnen können auch neue Flitzer auftauchen. Zum Glück. Immer wieder sind wir überrascht, wenn es eine Überraschung gibt. Und wenn wir uns verlieben, ist es jedes Mal wie beim ersten Mal.

Aber wir haben Gefühle, die uns bekannt vorkommen. Das große Ereignis Liebe ist nicht mehr ganz neu, auch wenn der zugehörige Mensch ganz neu sein mag. Wir kennen uns in dieser oder jener Situation. Immer kramt das Hirn nach Vergleichen, es funkt: Kenn ich schon, Vorsicht. Oder: Ah, das war schon mal toll, will ich wieder. Abgeklärtheit ist aber der Feind von großen Gefühlen.

Staunen können – ein Attribut der Jugend. Wir können es uns bewahren, uns bewusst machen, dass nichts selbstverständlich ist, dass jeder Mensch, dem wir begegnen, eine ganze Welt ist – auch wenn er männlich ist.

Wir kennen die üblichen Exemplare, die uns nun via E-Mail-Bewerbung vor die Füße schlittern. Männer, die sich nicht festlegen wollen/können. Männer, die mehr nehmen als geben. Männer, die nicht zuhören. Männer, die sich selbst nicht verstehen, geschweige denn eine wie uns. Männer, die Verantwortung scheuen. Männer, die kein Ei braten können. Männer, die in unsere Angelegenheiten dreinreden wollen. Männer, die sich erhöhen wollen, indem sie uns kleinkriegen. Die Liste ist unvollständig. Das sind nur die Zumutungen, die mir auf Anhieb einfallen. Und immer noch wollen wir einen von denen?

Nein. Von denen keinen. Immer noch haben wir den Traum von dem Mann, den wir nie bekommen haben. Dem liebevollen, fantasiebegabten, wuschelhaarigen, zärtlichen Typ, dem nur eins zum Leben fehlt: ich. Und wenn er mich dann gefunden hat, ist er so glücklich, dass er nie wieder verschwindet, keine andere mehr anschaut, mir jeden Wunsch von den Augen abliest.

Übrigens: Biete das Gleiche. Will für ihn da sein, mit ihm lachen, ihn bewundern, ihm was kochen, ihm vorlesen, ihm zuhören.

Das ist sowieso das Schwerste am Singleleben: wohin mit meiner Liebesenergie? Ich will etwas für andere tun. Das tue ich natürlich auch. Immer mal wieder. Ich richte Feste aus, ich lade ein, ich sorge für viel Spaß, wenn ich das tue. Dann schmücke ich mein

Haus, mache mich selbst auch schön und habe gute Laune. Und wenn Freunde bei mir übernachten, gibt's natürlich auch noch tolles Frühstück.

Warum will ich das alles eigentlich exklusiv für einen Auserwählten tun? Keine Ahnung, aber ich kriege es schon noch raus.

Ohne Paarung glücklich

In der Mitte ankommen

Ein Wintersturm heult im Schornstein. Das ist für heute Heulen genug. Ich verbiete mir, alle drei Minuten den Posteingang in meinem Computer zu prüfen – seit Tagen keine interessante virtuelle Begegnung mehr. Ich kann es aushalten, weil ich muss. Ich kann meistens, was ich muss. Eine tolle Erfahrung, auf die ich zurückgreifen kann, wenn es mal eng wird. Du hast schon dieses geschafft und jenes erreicht. Du hast Kinder großgezogen, Enttäuschungen überwunden, ein ruiniertes Haus renoviert, ein fremdes Land zu deinem Zuhause gemacht. Wachsende Selbstsicherheit sollte in der Regel die Folge sein. Und nicht schleichende Selbstabwertung.

Es ist die gefühlte Mitte, in der wir uns befinden. Auch wenn wir nicht mehr so viel Zeit haben, wie wir schon hatten. Wir sind in der Mitte des Lebens angekommen. Daher auch das ganz natürliche Bedürfnis, jetzt spätestens die eigene innere Mitte zu finden. Wissen, was wir wert sind, stolz sein auf das Erreichte, uns einiges zutrauen. Nichts bereuen. Viel gelernt haben. Viel verloren, viel gewonnen.

Aus dieser Fülle heraus erscheinen die Dinge wie im Weichzeichner. Wir haben von allem viel. Viel Schmerz hat uns durchzogen, viel Glück lag dicht daneben. All die Dinge sind in uns, sie haben sich eingenistet als Lebensgeschichte. Und sie sitzen abrufbereit im Unterbewusstsein.

Immer, wenn eine neue Situation auftaucht, eine neue Aufgabe, ein neuer Mensch, sind Millionen Nervenzellen damit beschäftigt, Vergleiche zu liefern. Einkerbungen im Gehirn, die vom Bewusstsein zwar vergessen, von der Erinnerungszentrale aber aktiviert werden können. Kenn ich schon, hatte ich schon, will ich nicht mehr – immer öfter kommen wir zu ähnlichen Schlüssen.

Erfahrungen sind ein Schatz, schützen uns vor Gefahren, denen wir rechtzeitig ausweichen können. Aber sie sind auch eine Last. Wenn sie neue Wege blockieren, dann können, dann müssen wir sie in die Schranken weisen. Dann können wir sie passieren lassen, ihnen nachschauen und denken: Ja, das ist meine *bisherige* Erfahrung, aber jetzt mache ich vielleicht eine neue. Das verlangt präzises, glasklares, ehrliches Nachdenken. Erfahrungen verwerfen, um neue zu machen – das ist notwendig, wenn wir nicht auf der Stelle treten wollen. Erfahrungen zu nutzen, um neue zu machen, ebenfalls.

Unsere Mitte ist da, wo wir in Ruhe die sein dürfen, die wir sind. So stark, so schwach, so kompliziert, so anschmiegsam, wie es uns entspricht. Diese Mitte immer genauer zu erkennen und zu verstehen – um sie dann zu verteidigen –, das ist unser Privileg als Ältere.

Wir haben nicht umsonst all das getan, was uns heute ausmacht. Wir haben das aus uns gemacht, was wir nun sind. Machen wir niemand anders dafür verantwortlich als uns selbst. Dann haben wir die volle Verantwortung, den ganzen Handlungsspielraum, die freie Wahl. In der Mitte ankommen – eine tolle Leistung, ein überwiegend gutes Gefühl.

Ein Paradox des Älterwerdens: Jetzt, wo wir unsere Bedürfnisse mühsam identifiziert haben, müssen wir sie womöglich loslassen. Und im Fall der Männersuche zum Beispiel einen nehmen, der nicht alles hat, nicht alles kann, nicht alles ist.

Über die schnellen Internetmöglichkeiten habe ich gelesen, sie machen etwas Wichtiges kaputt. Unsere Sehnsucht. Da wir gleich wieder auf die virtuelle Piste können, sobald wir uns allein und verlassen fühlen, müssen wir nicht alle Phasen der Trauer durchleiden, die Trennung nicht sauber verarbeiten. Unsere Gefühle bündeln sich nicht. Wir müssen sie nicht gründlich erleben. Wir trösten uns mit Liebes-Fast-Food.

Warum nicht schnell trösten, denken wir, warum soll ich so viel leiden? Ich bekomme ja bei einer Operation auch eine Vollnarkose und muss nicht Qualen ausstehen. Ja, sagt der philosophisch gebildete Fachmann, aber wer sein Defizit nicht in ganzer Größe wahrnimmt, ist womöglich nicht erneut bindungsbereit. Soll heißen: Wer nicht richtig Appetit hat, dem schmeckt's auch nicht so gut.

Genauer: Eine lange Phase des Alleinseins, in der wir altes Leid abstoßen, uns stabilisieren und nach der wir stolz darauf sind, was wir geschafft haben – so eine Phase macht uns bereit für neue Liebe. Nur in dieser Zeit samt Tränen und Kontemplation spüren wir, wie gern wir wieder einem anderen nahe wären. Dann fällt konsumgieriges Powerdaten flach. Dann spüren wir, was es zu spüren gibt. Bedürftigkeit erst macht empfänglich für Möglichkeiten. So weit sollten wir es kommen lassen, wenn uns lange keiner vom Hocker reißt. Einfach mal eine Weile allein sein.

Zwischen Vernunft und Träumerei

Der angetaute Schnee ist wieder festgefroren, alles rutscht, Autos schleichen. Das Fernsehen berichtet von Wetterkatastrophen. Früher nannten wir das Winter. Und es gab immer Schnee in den Winterferien. Und sechs Wochen Sonne ohne Regen in den Sommerferien. Damals ahnten wir nicht, dass manche Probleme zu Zwickmühlen werden.

Viele von uns wandeln auf dem sehr schmalen Grat zwischen Vernunft und Träumerei. Ohne Vernunft stürzen wir uns in neue verschleißende Abenteuer, ohne Träumerei aber verlieren wir die Lebendigkeit.

Wie diese Balance finden, die Offenheit genauso möglich macht wie kluges Abwägen? Auf diesem unsicheren Weg wackeln, zappeln und stolpern wir wie auf dem Eis da draußen. Kein Wunder. Wir haben uns nichts vorzuwerfen. Pragmatismus und Naivität – beides wird gebraucht, um sich verlieben zu können. Wir kennen uns, wir wissen, was wir brauchen.

Der Verstand genügt, um uns zu sagen: Als Single bist du auf der sicheren Seite, es fehlt etwas, aber es ist alles überschaubar, steuerbar, niemand kann dir etwas tun.

Und die Naivität gehört dazu, wenn wir uns wider alle Erfahrung in die Liebe stürzen, wenn wir knutschend ins Kissen sinken, wenn wir Sex genießen, ohne uns von Sorgen um den Zustand unseres Hinterns bremsen zu lassen. Vielleicht fällt es deswegen so vielen Frauen schwer, sich einzulassen. Sie wissen zu viel. Sie denken zu viel. Sie machen sich zu viele Sorgen. Sie haben Angst.

Es ist die Nadel im Heuhaufen. Es ist der Sechser im Lotto. Es ist die große Kunst, Liebe zu nehmen und zu geben, wo immer sie sich zeigt. Es ist leicht, mit dem Finger auf die Männer zu zeigen und empört zu rufen: Die wollen uns ja nicht mehr! Die Wahrheit ist doch: *Wir* wollen *die* nicht mehr.

Wer innerlich rund und komplett geworden ist, der braucht keinen Partner mehr zum Ausgleich eigener Defizite, auch nicht zum Schutz vor Unsicherheit und Angst. Das alles war einmal, und es war auch damals nichts anderes als Missbrauch. Und hat mit zärtlicher Liebe nichts zu tun.

In der Jugend suchten wir die andere Hälfte, das passende Gegenstück, weil wir uns unvollkommen fühlten. Sichere Instinkte führten uns zu dem Menschen, der uns am besten den

Spiegel vorhalten konnte. Und wir dachten natürlich, es seien seine schönen blauen Augen. Wir haben uns an ihnen abgearbeitet, an den Männern unserer Jugend, wir haben mit ihnen gekämpft, wir haben sie verflucht und verfolgt. Und unter Schmerzen sind wir die geworden, die wir jetzt sind. Gelassener, weiser, zufriedener mit uns selbst. Jetzt haben wir zur Not immer noch uns, wenn wir allein sind. Wir verlieren uns nicht, wenn ein Mann geht.

Männer spüren das. Es zieht sie an, es stößt sie ab. Sie müssen uns beschnuppern dürfen wie eine Katze, bis sie die berechtigte Sorge verlieren, sie könnten mal wieder von einer klugen, starken Frau dominiert werden. Dann erst setzt der echte Dialog, das wirkliche Kennenlernen ein.

Brauchen wir wirklich einen Mann?

Eisregen. Feine Nadeln in der Luft. Wer jetzt nicht rausmuss, bleibt schön drinnen. Und träumt vom Frühling.

Die Suchfunktion hatten wir eigentlich schon ausgeschaltet. Oder? Haben wir etwa gedacht, dass wir mit über fünfzig noch auf die Pirsch gehen würden? Früher war das klar. Wir gründeten eine Familie. Wir wollten den Papa für unsere ungeborenen Kinder. Dann brauchten wir eventuell den Partner, mit dem wir die vorhandenen Kinder großziehen konnten. Dann brauchten wir den Mann, der die Lücke nach der Ehe schloss. Oder in der Ehe den Mann, der den Alltag auffrischte. Jetzt ist es spät geworden. Jetzt müssen wir uns neu einstimmen.

Ein Mann ist heute ein anderes Wesen als damals. Er hat eine andere Funktion. Das ändert unseren Blick, lässt ihn milder werden, aber nicht ungenauer. Wir kennen und pflegen unsere Allergien – Goldkettchen, schlechte Zähne, Sardellenfrisur oder was auch immer. Da gibt es keine Abstriche. Wir wollen uns kein weiteres Problem an Land ziehen, Problemmänner liegen hinter uns.

Sondern wir wollen uns Freude bereiten. Aber welcher Mann ist schon reine Freude? Wer oder was tut uns gut? Wir müssen von Vollkasko auf Teilkasko umschalten. Das heißt, wir können unsere Ansprüche prüfen und ändern, denn wir können das meiste selbst, wollen keine Familie mehr gründen, müssen nicht heiraten, brauchen keine soziale Aufwertung. Der Mann muss nur lieb sein und warme Gefühle in uns auslösen.

Die allgemein prekäre Lage der älteren Männer suggeriert: Verzicht! Lasst sie! Überlasst sie denen, die wirklich nicht allein sein können.

Doch auch die tollste, stärkste, eigenständigste Frau triezt der Romantikstachel: Es wäre doch so schön, den Rosé heute Abend nicht allein auf der Terrasse zu trinken.

Müssten wir ja gar nicht. Es gibt immer eine Freundin, Nachbarin, Kollegin, die eigene Tochter oder Mutter, die sich dazugesellen würden, wenn wir riefen. Nur: Wir halten ja den Mann für die Krone der Schöpfung. Wir haben uns noch immer nicht davon gelöst, den Mann als Nummer eins im Leben zu sehen.

»Wenn ich dich liebe, bist du die Nummer eins in meinem Leben«, schrieb mir einer im Internet. Mein Herz juchzte auf. Ja, die Nummer eins sein, das wollte ich. Und dann wurde schnell klar: Der Preis war hoch. Er wollte nämlich eigentlich die Nummer eins sein. Er wollte meine Freunde nicht. Meine Hobbys waren ihm lästig. Er wollte dominieren.

Toll. Endlich hatte ich gelernt, selbst nicht dominieren zu müssen, schon kam einer und wollte mich unterdrücken. Für das bisschen Liebe mein Wesen verleugnen? Selbst wenn ich es gewollt hätte, es hätte nicht lange funktioniert. Der Geliebte ist das Wichtigste in der Welt der Liebe. Und dann gibt es noch die Arbeit, die

Familie, die Freunde – all die wesentlichen Dinge, die bleiben, wenn die Liebe sich wieder verabschiedet.

Spätestens wenn die eigene Lebenszeit überschaubarer wird, muss das aufhören: Premiumzeit mit dem Mann – und zwischendurch, ohne ihn, tapferes Absitzen unserer Tage mit diversen Ersatzbeschäftigungen.

Schadhafte Muster, die uns vorgelebt wurden. Der Mann war zu Zeiten unserer Mütter und Großmütter das großartigste aller Wesen. Auch weil sie knapp waren nach den jeweiligen Kriegen. Wer einen erjagt hatte, musste ihn halten, pflegen, ihm dienen. Wir dienen nun nicht mehr so sehr. Aber wir warten.

Wir warten oft noch viel zu dringlich. Männer haben sich dran gewöhnt und benutzen unsere Langmut als Freifahrtschein. Sie handeln tatsächlich in der tiefen Überzeugung: Wenn du nicht so bist, wie ich es will, ich finde eine andere, eine Bessere.

Wir erlauben ihnen diese Arroganz. Wir fördern sie. Mit unserem gefährlichen, liebenden Warten.

Vom Glück ohne Mann

Etwa ein Drittel der Frauen«, sagt der Trendforscher Matthias Horx im *Stern*, »macht heute beim Älterwerden einen Selbststärkungsprozess durch, bei dem sie statt älter eher stärker werden.« Genau. Der Trend ist also erkannt und benannt. Gut so. Bedauernswert die beiden anderen Drittel, die sich entschieden haben, älter statt stärker zu werden.

Aber diese Entscheidung fiel in grauer Vorzeit, lange bevor Älterwerden für uns ein Thema wurde. Wer nicht an sich glaubt, warum auch immer, wird anders alt. Vielleicht ist es einfacher, sich fallen zu lassen auf den Grund des Lebens und dem Ende ohne Gegenwehr entgegenzutrudeln. Aber einfacher muss nicht schöner sein. In Ruhe schrumpeln, Anteilnahme auf engste Familienmitglieder herunterfahren, ausführlich über Zipperlein und Todesanzeigen kommunizieren, sich bescheiden, sich drangeben – auch eine Art, das Leben vergehen zu lassen. Es muss sich etwa so anfühlen wie ganz langsames Ertrinken.

Diese Unterschiede im Verhalten gab es schon früher. Eine Schulfreundin hat beim Diskutieren der Berufswahl gesagt: »Ich will mich nicht anstrengen, ich mache das, was ich schon kann.« Sie wurde Friseurin. Sie bekam früh Kinder. Wie sie heute älter wird, weiß ich nicht, unser Kontakt hat sich verloren.

Ich habe damals die Zähne zusammengebissen und trotz Matheschwäche Abitur gemacht. Ich wollte meinen Traumberuf.

Und ich habe ihn bekommen. Erkämpft. Vermutlich ist das die Lebenshaltung, die später beim glücklichen Älterwerden entscheidend hilft.

Gerade ohne Partner lassen sich eigene Stärken besser ausbauen und genießen – einfach, weil wir müssen. Der Wunsch, einen Mann dazu zu haben, obwohl alles andere schön ist, mag vermessen sein. Perfektionistisch. Vielleicht lässt er deswegen auf sich warten – er hat zu wenig zu bieten, wenn eine Frau schon alles hat.

»Ich habe nicht das Gefühl, dass ein Mann mein Leben interessanter machen könnte.« Das sagt eine Freundin, die ein sehr buntes Leben führt. Sie ist seit vierzehn Jahren geschieden und Lehrerin, hat ungemein hübsche Halbmondaugen in einem sechzigjährigen Gesicht mit feinsten Linien, einen langen Pony und trägt tolle Klamotten. Sie möchte schon lange ein paar Kilo abnehmen, aber es klappt nicht recht. Wahrscheinlich hat sie ihr Idealgewicht und sollte zufrieden sein. Ich kann mit ihr schweigend neuer Musik lauschen – sie hat immer irgendwelche überraschenden Tipps. Ich kann mit ihr Nächte durchquasseln. Über Philosophie, Kunstgeschichte, Psychologie und die Liebe. Manchmal legen wir zusammen Tarotkarten. Ich will immer wissen, wie es mit dem nächsten Mann wird. Sie will eher wissen, wie sie besser mit ihrem Geld klarkommt, wann sie abnimmt und was sie sonst im Leben erwartet.

Meine schöne Freundin lässt keine spannende Ausstellung aus, die in Hamburg und Berlin läuft, hat Freunde in Budapest und fährt mit ihnen nach Bayreuth zu den Festspielen. Sie liest viel, kocht irre gut für viele Gäste, beschäftigt sich mit Musik jeder Stilrichtung, ist über aktuelles Zeitgeschehen bestens informiert.

Wenn sie einen Mann kennenlernt, kann sie ihm viel erzählen. Aber er ihr nicht. Außer er baut Modellflugzeuge oder Spielzeugeisenbahnen. Solche Männer kennt sie. Und sie weiß nun auch alles über Modellflugzeuge und Eisenbahnen.

Wer irgendwann einmal geschockt dagesessen hat, weil der Mann gegangen ist, hat Bewältigungsstrategien entwickelt. Sonst hätte die Schockstarre angehalten. Wer sie überlebt, ist stärker geworden. Weiß zumindest eines für alle Zeiten: Ich kann Schweres überstehen.

Manche finden wieder einen Gefährten, wenn sie sich einigermaßen berappelt haben. Manche brauchen lange, um zu verstehen, zu verzeihen. In der Zwischenzeit hält das Leben nicht an. Gewohnheiten entwickeln sich, neue Interessen entstehen. Statt Mann nun Oper, statt Ehe Frauenrunde, statt Sex Badminton, statt putzen, kochen und waschen Kreuzworträtsel lösen und DVD gucken.

Meine Freundin führt ein interessantes Leben. Ein Mann müsste schon sehr aufregend, sehr vielseitig und sehr intelligent sein, um sie zu bespaßen. Die Ansprüche erfüllt bislang keiner. Sie sind zu hoch. Und so bleibt sie, wenn nicht etwas ganz Außerordentliches geschieht, allein. Aber nicht, weil sie über sechzig ist, sondern weil sie ein so spannendes Leben mit sich selbst führt.

Glücks-Know-how sammelt sich mit den Jahren genauso an wie Rückschläge und Enttäuschungen. Bestimmte Fehler machen wir nie wieder, so bekommen sie ihren Sinn. Viele graben jetzt frühere Wünsche wieder aus, die sie zwischendurch vergessen hatten. Mit fünfzig doch noch Ärztin zu werden – wahrscheinlich nicht drin. Obwohl von über achtzigjährigen Studentinnen zu lesen ist, die erstaunliche Uniabschlüsse hinlegen. Und von über Fünfundachtzigjährigen, die zum Traualtar gehen.

Eine Falle bei der Wahl des eigenen Weges ist die Wahrscheinlichkeitsrechnung. In meinem Alter noch den Beruf wechseln? Einen Mann finden? Wer nimmt mich denn noch? Wer die Statistik zurate zieht, bekommt die vorhersehbare Antwort: Das wird wohl nix. Und doch schaffen es Einzelne, der Wahrscheinlichkeit zu trotzen und etwas Unwahrscheinliches zu vollbringen.

Die gelernte Bankangestellte und spätere Nur-Hausfrau, die mit vierundvierzig nach ihrer Scheidung einen Abschluss als Heilpraktikerin gemacht und sich dann eine eigene Praxis eingerichtet hat. Die arbeitslose technische Zeichnerin, die Ergotherapie studiert und mit siebenundvierzig in der Forensik angefangen hat. Die pensionierte Mathelehrerin, die mit zweiundsechzig an der Uni Musikgeschichte belegt und nebenbei Nachhilfe gibt, um ihre Rente aufzubessern. Jede Frau kennt solche Beispiele, aber zu viele halten fest an: zu spät, zu alt, geht nicht mehr.

Würden mehr Frauen solche Schritte wagen, sich nach dem Jungsein ein zweites Leben einrichten, mit dem überprüften Anspruch, was sie froh macht, würde die Wahrscheinlichkeitsrechnung sich ändern. Und das Bild vom Älterwerden mit.

Es ist nie zu spät

Vor meinem Fenster zeichnet Dauerfrost die Landschaft. Trotzdem rennt ein dick eingepackter Jogger, rot-schwarz gekleidet, seiner Gesundheit wegen auf dem ordentlich gefegten Kirchweg entlang. Tiefster Winter.

Das Leben setzen wir oft mit Jahreszeiten gleich. Dann wären wir jetzt also im Spätsommer angekommen, stehen vor dem Herbst. Altweibersommer. Fehlt nur noch das Wort »golden« davor. Der goldene Herbst – auch das eine Verniedlichung des Themas. Herbst. Da fallen die Blätter. Da zieht sich der Saft aus den Pflanzen zurück in die Wurzeln. Allerdings, um im Frühjahr wieder neu sprießen und treiben zu können. Sprießen und treiben wir noch?

Natürlich. Es gibt diese Tage, an denen Übermut und Tatendurst sich melden. An denen wir uns verführerisch und begehrlich fühlen. Die Wurzeln halten die Kräfte der vergangenen Jahre, und wenn wir gut mit ihnen umgehen, sind sie verfügbar, können wir (fast) alles machen. Wieder oder zum ersten Mal. Sport. Liebe. Kunst. Reisen. Viele müssen erst ihren Mann verlieren, um eine lustige Witwe zu werden.

Meine Tante hat mit zweiundsiebzig entdeckt, dass sie Gedichte schreiben kann, mit vierundsiebzig begann sie zu aquarellieren. Anregungen stammen von den vielen Wanderungen, die sie macht, seit sie siebzig ist. Um ihre Fitness dafür zu erhalten, geht sie neuerdings regelmäßig ins Fitnessstudio. Ganz trendy bietet es jeden Vormittag Kurse an, die etwas trocken »Fit im Alter« heißen.

Späte Talente müssen aber nicht schlummern, bis der Mann tot ist und die Pension rollt. Ausbau von Interessen beginnt früher. Sehen, erleben, dranbleiben – je mehr Zeit frei wird von Familiendienstleistungen und Karriereplänen, desto mehr kommen wir zu uns. Nicht das Bedauern bringt weiter, dass Gewohntes sich auflöst, sondern das Begrüßen der unerwarteten Offenheit unseres Weges.

Wer fragt: »Soll das alles gewesen sein?«, bleibt eher passiv. Die Frage deutet zwar auf eine Bereitschaft hin, sich zu bewegen, aber sie steht auch für eine verknöcherte Haltung. Die Welt muss mir mehr zu bieten haben als das, was ich bisher kenne. Das kann gut sein. Nur: Wir müssen der Welt die Chance dazu geben. In sie hineingehen, sie hereinlassen. In jeglicher Hinsicht offen für sie sein. Dem Glück Andockstellen bieten.

Warum manche Menschen nicht offen sind, das hat nur einen einzigen Grund: Angst vor der Welt. Wer aus seinen Verletzungen den Schluss zieht »Ich will das nie wieder«, der friert ein in seiner letzten Bewegung, der wird zum Standbild.

Unsere Zeit nutzen

Die Zeit, in der wir die wesentlichen Weichen stellten, ist also Geschichte. Berufswahl, Ausbildung, Heirat, Kinder, Umzüge, Scheidung, Weiterbildung, neuer Umzug. Wir haben nur dieses eine Leben und werden nie erfahren, was wäre, wenn. Vielleicht gibt es sie, die Wegkreuzungen, an denen wir uns heute anders verhalten würden. Vielleicht hätte ich in der Ehe bleiben sollen, in der meine Kinder geboren sind und in der ich mich nur ein wenig unwohl gefühlt habe. Vielleicht.

Wenn wir genug Zeit haben, können wir Gedankenexperimente machen. Erkennen, warum ich damals so und nicht anders gehandelt habe, bedeutet: locker bleiben. Es hatte seinen Sinn, sonst hätte ich es anders gemacht. An diesem Punkt sind wir längst angelandet. Uns vergeben. Anderen vergeben. Wer einmal erfahren hat, wie gut sich das anfühlt, wird es immer wieder tun. Die Vergangenheit ist der Humus, auf dem die Gegenwart ihre Blüten treibt. Und diese Gegenwart legt Samen für die Zukunft.

Ungeahnte Gefühle, Erkenntnisse, Einsichten stellen sich ein, wenn wir zur Ruhe kommen: mehr Energie bei uns selbst lassen, nicht mehr so viel schaffen müssen. Freiräume, die jünger machen.

Wir sehen uns endlich in der Kontinuität unserer Vorfahren. Verstehen Familiengeheimnisse. Deuten Verletzungen neu. Begreifen, wie alles zusammenhängt. Lange waren Onkel und Tanten für mich uninteressant. Jetzt sehe ich: Die sind wichtig. Die kennen mich von Anfang an. Meine ersten Schritte. Jetzt sind sie nur wenig älter als ich. Ein Stück nur voraus. Und ich freue mich, wie sie das packen. Putzmunter, gar nicht festgefahren.

Mein Urgroßvater kam aus Schlesien, er baute Straßen im wachsenden Berlin, von den Teerdämpfen bekam er Magenkrebs und starb früh. Seine Frau musste sich in der Verwandtschaft verdingen, um die sechs Kinder durchzubringen. Ich weiß heute, was das mit mir zu tun hat. Mit den Frauen in meiner Familie. Mit ihren Minderwertigkeitskomplexen, ihrem Größenwahn, ihrer Art, mich zu erziehen.

Wer seine Geschichte versteht, bekommt die Fäden in die Hand, kann anfangen, sich selbst zu verstehen. Manchmal denken wir dann: Warum hat es so lange gedauert? Warum wusste ich das nicht vor zwanzig Jahren? Tja, warum? Wir waren anderweitig schwer beschäftigt. Erst jetzt ist Zeit, die Dinge besser zu begreifen.

Plötzlich ist alles ganz einfach: wie wir sind, warum wir so sind und was wir wollen. Klarheit statt Suche, Zuversicht statt Angst – das sind gute Wegweiser.

Neulich beim achtundfünfzigsten Geburtstag meiner zweitältesten Freundin. Fünf Frauen am Tisch, eine hübscher als die andere – kein Witz. Ich habe genau hingeguckt, ich gucke in letzter Zeit sowieso genauer hin. Es waren wenige Pfunde mehr als vor ein paar Jahren versammelt, es waren Mimikfalten dazugekommen. Und es war viel Glanz, viel Wissen und viel Fröhlichkeit um uns. Allerdings saß auch die Kosmetikindustrie mit am Tisch, in Form von brillanten Haarfarben. Drei Dunkelblonde, eine Schwarze, eine Blonde. Die meisten in zwei, drei oder vier Jahren sechzig.

»Was soll sich mit sechzig ändern?«, fragt die eine, die mit der beneidenswerten Lockenmähne, mit der ich vor neununddreißig Jahren Abitur gemacht habe. Immer noch ist sie schlank, groß, schön angezogen. Ja, was soll sich ändern. Sie lebt ohne Mann, sie hat drei Töchter großgezogen. Sie arbeitet zum Broterwerb und malt und schreibt zum Vergnügen. Ihr Leben sieht rund aus, von außen. Wünscht sie sich einen Partner, mit dem sie alt werden kann? Es kommt in dieser Runde an diesem Abend nicht zu diesem kniffeligen Thema. Obwohl alle am Tisch allein leben. Alle nach Ehen, außer einer, die auch keine Kinder hat.

Von zweien weiß ich, dass sie eine Zeit lang aktiv gesucht, aber nicht einen gefunden haben, der sie vom Hocker gerissen hätte.

Eine andere hat auch gesucht und immer wieder gefunden. Mal diesen, mal jenen. Wie wir beim Trödler eine Kleinigkeit mitgehen lassen, konnte sie an jedem infrage kommenden männlichen Exemplar etwas Anziehendes entdecken. Sie wird dafür von anderen Frauen bewundert, belächelt oder beneidet, je nachdem. Sie war jedenfalls nie sehr lange allein. Aber immer wieder. Und wir flüstern abfällig: Die kann nicht allein sein.

Alleinseinkönnen gilt spätestens ab fünfzig als Schlüsselqualifikation fürs Weiterleben. Wir brüsten uns regelrecht damit: Ich kann gut allein sein. Ich bin mir selbst genug, ich habe meinen Frieden mit mir gemacht. Das ist schon wichtig, denn jede zweite Frau ab fünfundsechzig lebt allein. Ziehen wir uns also warm an, falls wir jede zweite sind.

Am Ende des Abends sind wir uns einig: Beim nächsten runden Geburtstag wird es auch nicht viel anders als jetzt sein. Es sind dann nur zwei Jahre vergangen. Und wie sie vergehen, darüber entscheiden wir selbst. Der Abend war entspannend: ohne Männer am Tisch und ganz ohne Männer in den Gesprächen.

Wir sind nicht allein

Ich kenne Frauen, die nach der Familie wirklich keinen Mann in ihrem Leben wollen. Es sind übrigens nicht die Unattraktiveren. Es sind die Klugen, die sich der Schwierigkeit, eine gute Partnerin zu sein, bewusst sind. Und es sind die, die hohe Ansprüche an einen Mann haben. Davon gehen sie nicht ab, nur weil sie keinen Porzellanteint mehr haben. Und dafür sind sie (wie zur Strafe) allein.

Natürlich nicht wirklich. Singlefrauen dieses Alters haben oft einen großen Freundeskreis, viele Interessen und einen guten

Draht zu ihren Kindern. Sie machen alles, was ihnen Spaß macht und guttut. Und die Lücke an ihrer Seite ertragen sie mit Humor.

Meine partnerlosen Freundinnen sind, ehrlich gesagt, die interessanteren. Nicht nur, weil ich sie unangemeldet besuchen kann, auch sonntags, sondern weil sie die Lücke, die so ein Kerl hinterlässt, zu füllen gelernt haben. Sie haben immer ein tolles Buch zum Weitergeben. Sie wissen, was gerade im Kino läuft. Sie haben Lust, für mich zu kochen oder zu backen. Sie trinken auch vor Sonnenuntergang mal einen Prosecco mit. Sie besuchen mich und freuen sich an meinem Garten. Sie sind aktiver als Frauen mit Mann, offener als diejenigen, deren Denken sich um eine Hauptfigur in ihrem Leben dreht.

Natürlich nehmen wir jede, die verlassen wird oder sich trennt, sofort wieder in dem Kreis derer auf, die sich gemeinsam philosophierend das Leben erklären und dabei gelegentlich zu erstaunlichen Selbsterkenntnissen kommen.

Ein Glück, dass ich immer einen Pool aus allein lebenden Frauen um mich habe. Ohne sie wäre das Leben sehr viel ärmer. Sie wissen, warum ich manchmal mies drauf bin, und sie wissen, dass ich da wieder herausfinde. Und sie sagen mir, wenn ich es gerade vergessen habe und das Licht am Ende des Tunnels nicht sehen kann.

Solofrauen sind die besten Gäste, sie müssen nicht pünktlich weg, sie wissen den Event zu schätzen, den die Gastgeberin organisiert. Sie strahlen mit ihrer Ungebundenheit auch Freiheit und Offenheit aus, denn in Wirklichkeit hätten sie ganz gern einen Freund, wenn sich einer zeigen würde, der ihrer würdig wäre. Und deswegen hängen sie nicht faul und unmotiviert in der Sesselecke herum, bis alle anderen Richtung Garderobe verschwinden, sondern sie sprühen, erzeugen Aufmerksamkeit, gestalten den Abend aktiv. Und sie haben etwas zu erzählen. Wer Zeit hat, tut mehr, als nur versorgen, bemuttern, von sich absehen. Der pflegt seine Interessen.

Eine Freundin baut Puppenstuben und strickt meterlange Schals. Eine schreibt Bücher und geht zu Mahnwachen, wenn sie sich aufgerufen fühlt, Einfluss zu nehmen. Eine kocht für ganze Fußballmannschaften und füttert auch meine Kinder mal durch. Eine hat immer neue Musik, brennt für mich die neuesten Entdeckungen. Eine kann alles Technische und berät mich in Computerfragen. Sie kommt auch, wenn ich einen Baum umpflanzen will, denn sie hat Bärenkräfte. Mit ihr zusammen brauche ich keine männliche Hilfe.

Wenn ich ohne Mann lebe, ist das Einzige, was mich stört, bremst und manchmal quält, dass ich nicht weiß, ob es für immer ist. Wüsste ich, das ist für die nächsten eineinhalb Jahre so, würde ich sagen: Toll, da mache ich was draus. Und dann kommt etwas anderes.

Aber wir wissen es nicht. Und wir sind ungeduldig, wir wollen unser Glück jetzt. Ganz ohne Leidenschaft und Leiden können wir das Glück ja jederzeit haben, wenn wir das, was gerade da ist, zum Glück erklären. Mit Mann, ohne Mann – es hat tatsächlich jeder Zustand seine Vor- und Nachteile.

Nicht für immer und ewig

Tiefschwarze Nacht, Ruhe im Ort, trübe Laternen, die Kirchturmuhr schlägt elfmal, gleich ist Geisterstunde. Ich habe keine Angst allein im Haus. Manche wundern sich darüber. Aber ich fürchte ganz andere Sachen. Überfälle von Kriminellen gehören nicht dazu. Das andere, das, was nicht von außen kommt, ist viel bedrohlicher. Und sehr, sehr alt. Die Möglichkeit, vom Planeten zu fallen, weil nichts einen halten kann. Seit ich das aussprechen kann, ist die Angst kleiner geworden. Gut, dass ich diese Zeit für mich schon hatte.

Ich brauche keinen Mann mehr – aber ich hätte gern einen. Das ist der entscheidende Unterschied. Solange ich in meiner ängstlichen Bedürftigkeit gefangen bin, suche ich falsch, gebe ich die falschen Antworten auf die falschen Anfragen. Das ist in jedem Alter ein echtes Beziehungshindernis.

Kommt aber die Altersangst dazu, wirkt es geradezu verheerend. Ich kann mich doch keinem mehr zumuten – wie oft hört man diesen Satz zwischen den Zeilen. Eine Bekannte spricht von ihren »Käthe-Kollwitz-Hängebrüsten«. Sie ist übrigens neuerdings nicht mehr solo, die dürren Brüste sind ganz offensichtlich kein Hindernis fürs Liebesglück. Unsere älteren Körper ins Rennen zu führen, genauer: im Bett vorzustellen und zur Lust zu nutzen – es ist ungefähr genauso tollkühn wie mit siebzehn beim ersten Mal. Aber das haben wir vergessen. Dass wir unsere Brüste zu klein oder zu groß fanden, dass wir glaubten, die verkehrten Beine zu haben. Und vor allem haben wir leider vergessen, dass es unserem Liebsten schon damals scheißegal war, Hauptsache, er durfte uns nah sein, uns anfassen, küssen und vögeln.

Und so ist es auch heute. Nur, das glaubt kaum eine. Der ältere Körper als Liebeshindernis? Es ist eher eine Schallmauer, die wir durchbrechen können, wenn wir es wollen. Und danach wird alles ganz leicht. Liebe, auch körperlich ausgedrückte Liebe gibt es in jedem Alter.

Es ist ein schmaler Grat zwischen Dichtmachen, Nicht-mehr-erreichbar-Sein für die Männer und der normalen Gelassenheit, die jede von uns braucht. Mit oder ohne Mann. Dichtmachen ist bockig, ist Rache an der Männerwelt, ist nichts als die Angst vor neuen Verletzungen. Verständlich, aber selbstverletzend. Frauen, die wegen vergangenen Frusts mit Männern jetzt keinen mehr zulassen, haben oft ein ungesundes Bedürfnis nach Ersatz: Essen, Alkohol, Zigaretten, Konsum. Das macht das Leben nicht gerade leichter. Zumal unsere seelische und körperliche Gesundheit unser höchstes Gut geworden ist. Gelassenheit ist schwerer zu erreichen als die tägliche Dosis Rotwein oder ein neuer Fummel.

Ich habe einen guten Freund, mein Jahrgang, der nie ein Mann für mich gewesen wäre. Wir sind uns vermutlich zu ähnlich. Er ist solo. Und er behauptet, es ganz gern zu sein. Allerdings hat er eine Freundin. Eine, die für ihn mitkocht, mit der er abends fernsehen kann, wenn er nicht allein sein will, mit der er den Korken zieht, wenn er Lust auf Wein hat. Er sagt, er führe eigentlich eine Luxusehe. Nur ohne Sex. Und das sei bei langjährigen Ehen doch auch oft der Fall – nur dass sie da noch sinnloserweise das Bett teilen und dem anderen beim Schnarchen zuhören. Sein Arrangement zerbricht, sagt er, in dem Moment, wo er eine neue Geliebte findet oder seine Freundin einen neuen Partner. Dann sei kein Platz mehr für diese Art Nähe.

Temporäre Beziehungen sind nicht jedermanns Sache, weil wir glauben, wir hätten nicht genug Zeit für Übergangslösungen. Das ist schade. Denn wir leben jeden Tag. Und jeden Tag allein dazuhocken, allein zu essen und allein einzuschlafen, nur weil das ganz große Wunder nicht geschieht, das ist nicht nötig.

Freude am Improvisieren wäre eine gute Eigenschaft für Leute, die gern jünger bleiben wollen beim Älterwerden.

Die Ehe ist tot – es lebe das unklare Verhältnis. Solange es Spaß macht und uns vor Gram und Einsamkeit schützt, ist *alles* okay.

Vielleicht müssen manche von uns ihren Ordnungssinn zurückdrängen, um die vielen kleinen Zwischenlösungen zu genießen, die das Leben jenseits der Jugend bietet. Wir brauchen keine Endlösung. Wir brauchen ein schönes Leben. Und mancher nette Mann, der nicht das ganz große Herzflattern in uns hervorruft, kann uns begleiten, bis ein besserer kommt.

Zufrieden im Sandwich

Schon wieder Schneegriesel. Von wegen Erderwärmung. Ab und zu fegt ein Windstoß weiße Schleier vom Dach vor die Fenster. Die Katze schnarcht. Pure Wohligkeit. Auch in mir. Ich denke an meine beiden erwachsenen Kinder in der Stadt. Sind sie warm angezogen? Sind sie mit dem Fahrrad unterwegs? Ach, sie können schon für sich sorgen. Ich vertraue ihnen.

Wenn wir von den eigenen Eltern abgucken können, wie es *nicht* geht im Alter, dann können uns jetzt auch unsere Kinder helfen. Groß sind sie geworden. Und wir mussten sie ziehen lassen.

Sie fangen das an, was für uns vorbei ist. Liebe, Beruf, finanzielle Eigenständigkeit, Familie, sie nehmen ihren Platz in der Gesellschaft ein. Und es ist eine ganz andere Gesellschaft. Ein größeres Land, mit weniger Grenzen. Statt Atomkrieg fürchten sie die Umweltzerstörung. Statt auf steile Karriere hoffen sie auf gute Projekte. Kinder kriegen sie später. Liebe nehmen sie sehr ernst. So ernst, dass sie oft lange allein leben. Warten auf das ganz große, richtige Glück.

Sie kennen unsere Scheidungen, wenn nicht in der eigenen Familie, so doch bei Nachbarn, Freunden und Bekannten. Unsere alten verhassten Strukturen, die wir damals bekämpft und erfolgreich aufgelöst haben in unseren vielfältigen Biografien – die kennen sie nicht mehr.

Viele unserer erwachsenen Kinder sind deswegen konservativer als wir – sie müssen sich nicht von sturen Regeln befreien. Sie müssen die Sicherheit erst finden, die uns einst zum Halse heraushing. Und jetzt ist der Punkt gekommen, an dem wir ihnen nicht mehr mit unserer Hilfe im Weg stehen dürfen. Ihre Aufgaben sind ganz anders. Ihre Bedingungen sind ganz anders. Ihre Erfahrungen sind ganz anders. Sie können uns den Spiegel vorhalten.

Ich glaube, sie schätzen es, wenn Ältere sie in Ruhe lassen. Sie schätzen es aber auch, wenn Ältere sich mit ihnen beschäftigen. Sie wollen ab und zu andere Ansichten prüfen. Neue Zuhörer. Sich ausprobieren. Haben wir ja auch gemacht.

Kluge, tolerante Ältere waren auch damals ein Gewinn.

So mancher Abend mit meinen Kindern und ihren Freunden hat mich mein Alter völlig vergessen lassen. Es gab so viel Spannenderes. Es gab Liebe und Respekt.

Nicht weil ich aus der Mitte des letzten Jahrhunderts stamme, scheine ich für Jüngere interessant, oder weil ich ein Land kenne, das es nicht mehr gibt. Nein, weil ich schon lange vor ihnen da war und noch lange nicht weg bin. Ich denke, ich bin eine Hoffnung für sie: dass Altwerden nicht wehtut.

Früher gab es Respekt für die Anzahl der Lebensjahre, die sich in Glatze, Bauch und Brille darstellten. Und in Unverständnis für die Gegenwart. Unsere Eltern hatten Krieg und Hunger überlebt – unvorstellbare Leistungen. Sie zogen sich anders an, sie verstanden uns nicht, versuchten es auch gar nicht erst. Ihre Würde bestand darin, dass sie viel erlebt hatten, worüber sie wenig sprachen. Respekt hieß: Distanz.

Wir leben mit unserem Expertenwissen über dieses Leben mit den Jungen in einer gemeinsamen Zeit, haben ähnliche Wurzeln, ähnliche Fragen, ähnliche Aufgaben. Wir lehnen uns nicht zurück und beschwören alte, bessere Zeiten. Die Generationen wechseln einander nicht mehr ab, sie überschneiden und vermischen sich. Respekt gibt's daher nicht für opulente Rückblicke auf viel vergangenes Leben, sondern für Durchblick heute.

Die »gute« Mutter

Männer kommen und gehen, Kinder bleiben. Mit denen will ich es mir keineswegs verderben.

Kinder loslassen: schwierig für Mütter, die ihr Kind zu sehr brauchen, auch wenn es erwachsen geworden ist. Auch im Verhältnis zum Nachwuchs fahren wir ja jetzt die Ernte ein. Oft anders als erwartet. Wer auf Dankbarkeit pocht, hat schon verloren. Dankbarkeit, sie kommt vielleicht, aber nicht auf Abruf. Wer finanziell hilft, hält die Kinder indirekt immer noch am Bändel. Dankbarkeit – Fehlanzeige.

Immer öfter reden wir über unsere Kinder. Sie scheinen die Verlängerung unseres Lebens. Und dann wandert die Tochter nach Südafrika aus. Oder sie heiratet einen Iraner. Und der Sohn vermeldet: »Mama, von mir wirst du nie Oma, ich bin schwul.«

Gibt es eine Garantie, dass sie uns nicht wehtun, unsere Kinder? Natürlich nicht. Allerdings können wir entscheiden, was uns wehtut. Erwartungen an die eigenen Kinder sind genauso unproduktiv wie Erwartungen an die Liebe.

Ein Bekannter hat einmal zu mir gesagt: »Ich wünsche mir einen Sohn, der meine Wertvorstellungen teilt.« – »Dann back dir einen«, habe ich wütend geantwortet. Ich kenne nämlich seinen Sohn. Und ich weiß, dass der Vater nicht oft da war, um ihm seine Wertvorstellungen zu übermitteln. Unsere Generation hat Schluss damit gemacht, die Gefolgschaft der Vorfahren zu sein. Das war richtig. Brechen müssen unsere Kids mit uns nicht. Aber unser Abklatsch sind sie ebenso wenig.

Trotzdem kenne ich Mütter, die sich furchtbare Sorgen machen, weil ihre Tochter mit einunddreißig noch kein Kind hat, weil der Sohn eine Festanstellung ausschlägt und lieber als Freiberufler arbeitet. Weil die Wohnungen unordentlich sind. Die Klamotten seltsam. Die Partynächte lang und all das.

Vielleicht müssen wir Mütter uns Sorgen machen. Vielleicht ist das unsere Form von Liebe. Nur, wenn es so ist, seien wir uns bewusst, dass diese Liebe nervt.

Selbst fortschrittliche, moderne Mütter glauben oft, ein Recht auf die Aufmerksamkeit ihrer Kinder zu haben. Wenn sie sie drei Tage nicht gesprochen haben, bricht die Welt zusammen. Ich frage: »Was ist daran so schlimm?« Antwort: »Ich mache mir Sorgen!«

Das ist es wieder: Sich Sorgen machen heißt, sie machen sich selbst wissentlich und bewusst Sorgen. Eine fürchterliche Lebenseinstellung, die im Älterwerden noch fürchterlicher wird. Was kann nicht alles passieren! Ja, und dann passiert es eben. Ganz einfach, weil Sorgenmacherinnen begierig jeden Beweis einsammeln, wie gefährlich das Leben ist.

Die Nachbarin hat Krebs, der Sohn der Kollegin ist vor einen Zug gesprungen. Der Onkel hat die Tante verlassen. Der Chef hatte einen Autounfall. Und der Hund hat sich die Pfote verstaucht.

Was soll das? Warum sammeln viele von uns so gern große und kleine Katastrophen? Haben wir sonst nichts zu berichten?

Tratsch ist ein wichtiger gesellschaftlicher Faktor. Wir netzwerken mit Tratsch, wir tasten uns ab, wir gleichen uns ab. Suchen und finden Gleichgesinnte. Reden über das, was so passiert, füllt Abende. Schnell gleiten wir ab in eine Gesprächsunkultur, bei der wir über alles quatschen und nichts sagen können.

Über anderer Leute Sorgen reden – ein sicheres Warnsignal für das Alt-geworden-Sein. Manche haben das schon sehr früh: senile Quatschsucht. Zu wenig Eigenes vermutlich. Ablenken von den eigenen inneren Konflikten, die man nicht wahrnehmen, nicht zulassen und nicht lösen will. All das.

»Wo warst du denn? Ich habe mir solche Sorgen gemacht.« Der Satz ist verboten!

Emanzipierte Mütter haben es leichter. Ein gewisser gesunder

Egoismus hat sie immer davor bewahrt, ein Muttertier zu sein, das ohne Mutterrolle sein Leben verlieren würde. Wenn die Kinder mein Leben waren, dann nehmen sie es mit sich fort. Das ist tatsächlich lebensgefährlich.

Jetzt bekommen wir den Lohn dafür, wenn wir früher ein schlechtes Gewissen aushalten mussten: Wer eine schlechte Mutter war, wer wenig Zeit hatte, wer zuerst auf sein eigenes Leben geschaut hat, statt alles auf den Nachwuchs auszurichten. Wer für Betreuungsmöglichkeiten bezahlt hat, um arbeiten zu gehen, wer nach der Scheidung einen Freund hatte, der dann auch wieder verschwand. Es gab unendlich viele schlechte Mütter, weil fast alles schlecht war, was nicht direkt auf die Interessen des Kindes zielte.

Schlechte Mütter werden im Älterwerden oft die guten. Sie brauchen ihre Kinder nicht. Jedenfalls nicht, um sich gut zu fühlen. Sie sorgen selbst für die Dinge, die sie brauchen.

»Wenn es meiner Mutter gut geht, kann ich mich besser um meinen eigenen Kram kümmern.« So ungefähr können wir uns die Gefühle unserer Großen vorstellen. Nachfühlen, wie es uns geht, das können sie nicht.

Für sie sind wir uralt. Einerseits. Einfach, weil wir so lange schon vor ihnen da waren. Und wir waren schon immer alt. Andererseits wollen sie davon nichts hören. Was, du bist alt? Quatsch, du bist doch noch nicht mal sechzig! Sagen sie. Und meinen: Nun pass schön selbst auf dich auf. Ich kann mich nicht um alles kümmern.

Eine Freundin bekam ein Jahr bei einer Online-Partnerbörse von ihrem Sohn geschenkt. Rührend. »Mama, du bist eine schöne Frau«, sagte er. »Und du musst nicht allein bleiben.« Er hat sogar die Fotos gemacht, die sie ins Netz gestellt hat.

Wenn wir für uns sorgen, tun wir unseren Töchtern und Söhnen gut. Eine Haltung, die uns schon früher zur Rechtfertigung diente. Was nützt eine Mutter, die 24-Stunden-Versorgung garantiert, dabei aber todunglücklich ist?

Ob sie uns mal pflegen werden, das steht in den Sternen. Lassen wir das. So weit sind wir noch lange nicht. Wer aber auch später Freude an seinen Kindern haben will, der sollte sie schön in Ruhe lassen. Es ist mit ihnen wie mit einem scheuen Geliebten. Den lassen wir kommen und genießen seine Anwesenheit. Aber wehe, wir drängen und zerren.

Wenn die Tochter mir als Erster erzählt, dass sie verliebt ist: tolles Kompliment. Ich habe kein Recht auf diese Information. Aber ihr ist es wichtig, dass ich es weiß. Wunderbar. Das macht mich glücklich. Müssen wir so bescheiden sein? Ich denke, ja.

Jede Familie tickt anders. Wie viel Kontakt, wie viele Regeln und Rituale – das ist ganz unterschiedlich. Was angemessen ist und was wir als Eltern erwarten dürfen, auch. Aber besser, wir bekommen mehr, als wir erwarten. Besser, wir sind nicht die Bedürftigen, um die sich die gute Tochter, der gute Sohn kümmern muss. Das Kümmern, das kommt vielleicht noch. Später.

Wenn unsere Omas Handys gehabt hätten, wer weiß, wie oft sie uns angerufen und gefragt hätten: »Was hast du heute zu Mittag gegessen?« Oder: »Hast du ein Hemd unterm Pulli?«

Während wir froh waren, dass wir überhaupt Zeit zum Frühstücken gehabt hatten. Nein, so sind wir nicht. Lieber eine Freundin anrufen und unsere schwarzen Gedanken bei ihr abladen, als unsere Kids in ihrem eigenen Leben stören. Dass wir damals ein schlechtes Gewissen hatten, kann nicht dazu führen, dass wir nun ihnen ein schlechtes Gewissen machen.

Sie brauchen uns nicht mehr täglich. Ein Glück. Und wir brauchen sie auch noch nicht täglich.

Leben in der Mitte

Wir sind die Sandwichgeneration. Alte, hilfsbedürftige Eltern, halb erwachsene Kinder. Und wir mittendrin mit unseren Plänen. Manche beschreiben die Doppelbelastung, die aus dieser mittleren Stellung erwächst. Da sollen wir Zuschüsse ans Pflegeheim zahlen, da muss ein Studium finanziert werden. Und wir wollen die geile Klamotte, mit der wir uns richtig toll fühlen.

Da ruft die Mutter an und hat Hexenschuss, der Sohn hat Grippe mit Fieber. Und ich will in die Badewanne und danach zum Rendezvous.

Verrückt. Großartig. Lebendig fühlt sich das an. Das Leben ist nicht perfekt, ist Konflikt, ist Provisorium. Wir mittendrin. Nicht jung, noch lange nicht alt. Unvergleichliche Premiumzeit nach der Paarungszeit.

Der Bogenschütze hat geschrieben. Ausführlich, anrührend. Er ist in einer spannenden Phase seines Lebens. Nachdenklich, aufarbeitend. Trennt sich von vielem Bisherigen, vor allem von seiner Ehe. Ist im Aufbruch. Will Menschen kennenlernen und nicht unbedingt die nächste Ehefrau. Sich austauschen. Mich hat er gegoogelt. Über meine Arbeit gelesen, meine Fotos gesehen. Und findet es gut, dass wir uns im Netz treffen. Wenn ich will, kann ich ihn kennenlernen. Mal sehen.

Gehen wir also kraft unserer Erfahrungen ruhig davon aus, dass wir alles haben, was wir brauchen, dass ein Mann uns nichts Wesentliches zu bieten hat. Dann kann alles nur besser werden. Ab jetzt geht's bergauf, wir sind unten angekommen – es gibt nichts auf dem Partnermarkt für uns. Gute Männer sind alle abgefangen, eingestallt, weg.

Wie fühlt sich das an?

Erleichternd? Weil wir nichts mehr tun müssen, als unser Leben zu leben. Gerade habe ich in *Geo* von einer Fünfundachtzigjährigen gelesen, die wie wild Tomaten züchtet, zehn Sorten Nagellack im Bad stehen hat, sich regelmäßig die Haare färbt und öfter neue Kleider kauft. Ich liebe solche Beschreibungen! Ich denke: komische Alte! Du lebst! Und ich werde mal auch so eine sein!

Der Winter ist vorbei

Heute ist der Himmel quietschblau. Durchgängiges Tauwetter. Die Vögel veranstalten ein Konzert. Aah! Ein Tag, an dem ich denken kann: Männer, wenn ihr wüsstet, dass ich euch gerade entgehe, ihr würdet euch sonst wo hineinbeißen. Nicht nur ich fehle euch, ohne dass ihr es wisst. Auch all die anderen guten Frauen.

Wir sind so nett und tun alles, damit ihr uns treffen könntet, aber ihr seid nicht da. Ihr seid im Job. Oder in der Kneipe. Oder vorm Fernseher. Oder am Computer, spielen, Pornos gucken. Oder in der Werkstatt, basteln, ablenken, Zeit totschlagen. Oder im Krankenhaus, Herzinfarkt, Schlaganfall – böse Quittungen für falsches Leben. Oder im Sportstudio, Muckis füttern. Oder in der Bude, Depression verstecken. Bei Mutti, Wäsche abgeben. Bei der Ex, durchfuttern. Im Technikmarkt, suchtshoppen. Oder einfach nur aufm Sonnendeck. Egal wo, ihr seid nicht hier, verdammt. Na ja, es gibt viele Möglichkeiten, guten Frauen auszuweichen. Ihr nutzt sie anscheinend alle.

Aber es gibt noch eine Möglichkeit: Vielleicht liegt ihr ja satt und glücklich in den Armen einer wunderbaren Frau. Das sei euch gegönnt. Und ihr auch! Wieder eine weniger, die sucht.

Die ersten wärmenden Strahlen locken ins Freie. Der Winter ist besiegt. Wieder einmal. Wie immer. Und doch immer wieder anders.

Danksagung

Danke sage ich allen, die mir gezeigt haben, dass allmähliches Älterwerden mitten im Leben stattfindet, dazu gehört meine Mutter zuallererst. Und auch der eine oder andere liebende Mann, der versucht hat, bei mir zu bleiben.

Dank an meine Kinder Lilly und Paul, die mich zwischen sich bisher nie alt aussehen lassen.

Und Dank an die Frauen, die mich dabei unterstützt haben, alles aufzuschreiben: Claudia Münster, Britta Hansen – und Claudia Krader mit ihrer besonders zartfühlenden Art zu lektorieren.